上海社会科学院创新工程“世界中国学论坛成果智库转化平台”
系列成果之一

乔兆红 / 主编

第六届
世界中国学论坛实录

上海社会科学院世界中国学研究所 / 编

目　录

导论

“中国改革，世界机遇”

——第六届世界中国学论坛要义解读

乔兆红

世界中国学论坛由世界中国学论坛组委会主办，是一个高层次、全方位、开放性的学术论坛，旨在为海内外中国学研究界提供对话渠道和交流平台，增进中国与世界的相互了解。论坛每两年在上海举办一届，自2004年以来，已连续举办了五届，共有900多位海外学者参加世界中国学论坛。

第六届世界中国学论坛由美国论坛和上海论坛组成。美国论坛于2015年5月4日在纽约启动。中宣部副部长、国务院新闻办公室副主任崔玉英，澳大利亚前总理、美国亚洲协会政策研究院院长陆克文，围绕“中国改革：机遇与挑战”这一主题，在亚洲协会分别发表演讲。5月6日至7日，世界中国学论坛在亚特兰大卡特中心举行学术交流活动。在为期两天的研讨会上，来自中美两国的33位知名学者、政策专家和资深外交家汇聚在亚特兰大，就中美关系、中国政治改革、中国经济改革、中国社会治理和中国文化传播等五大议题，发表了独到见解和观点。2015年11月20日至21日，第六届世界中国学论坛在上海成功举办。本届论坛的主题是“中国改革，世界机遇”。来自世界各地的300多名专家学者共襄盛会，就中国道路，中国经济发展的新常态，国家治理体系的新蓝图，文化传承、融合与创新，社会结构与社会发展，美丽中国与生态建设，中国学的现状与未来，“一带一路”与“利益共同体”，国际秩序与全球治理等九大议题进行了深入探讨，其研究视野尤为关注十八大以来中国的改革与世界的机遇等问题。

“全面深化改革”是当代中国的根本选择，也是世界各国关注的焦点。以第六届世界中国学论坛的举办为契机，来自世界各地的专家学者聚集一堂，共论世界背景下中国的改革。在新的历史际会中，海内外学者都在思考如何在视角和方法层面有所突破，进而从整体上推进对中国道路和世界发展的研究。

一、中国道路：历史抉择与发展机遇

发展是现代化的永恒主题。社会和经济的发展离不开广泛的社会动员，离不开有形和无形的社会资源的重新配置。要成功地推行现代化，第一个条件是，一个社会系统必须创造出新的政治体系，即用国家行为来推动社会和经济改革；第二个条件是，该社会系统必须有能力将新兴社会势力成功地吸收进政治体系之中，并由此获得经济要素之外的现代化动力。正是在这一意义上，政府力量与民间力量构成了推动现代化进程的两根最有力的杠杆，而能否正确处理二者的关系，又成为各国现代化成败的关键。中国梦就是要通过中国精神，凝聚中国力量，构建经济发展前提下新的软实力，通过中国梦，重塑新的价值观，实现新的预期。

香港中文大学政治与公共行政系教授王绍光指出，一个上十亿人口的大国，持续六十多年快速发展，这不可能是偶然的，也不是随便找个理由可以抹杀的，必有其制度上的优势。自从中华人民共和国成立，在过去六十多年的历史里，有一样东西如影随形，那就是五年计划。立足当下、擘画未来正是中国道路的一个独特之处。因此他从历史与比较的视角探讨了中国的五年计划的成就与演变，阐释了在市场经济条件下，制定中长期社会经济发展规划的必要性、可能性与重要性。中国人民大学重阳金融研究院执行院长王文指出，25 年前，美国学者福山说，历史终结了。但政治、经济、社会和金融的现实进展显示，真正的世界历史才刚开始。在治理互联网时代的世界政治、经济、社会、安全与金融方面，人类其实刚开始积累经验。人类在进步过程中，千万不要以为我们已经了解所有。过去那么多年，美国一些学者狂妄自大，以为世界只应有美国模式一种，这使 21 世纪初全球发展陷入了停滞。中国过去 37 年改革开放，有许多发展教训，需要批评，但整体上看，中国仍是全球犯错误最少的大国，尤其没有犯不可逆的战略错误。这样的大国发展经验，需要全球更多的研究，只有集思广益，历史的重新出发才能更顺畅。

上海春秋综合研究院高级研究员寒竹分析了中国道路的历史渊源与发展创新。他指出，中国道路有两个本质特征：一个是社会主义基本制度，另一个是现代市场经济体制。前者保证了中国社会在发展进程中基本的公平正义，后者使得中国经济能够充满活力地有效运转。所谓中国道路，就是中国深厚的历史传统与源自西方的科学社会主义理论、现代市场经济体制融汇于一体的具体发展路径。从这个意义上说，中国特色社会主义道路既是历史悠久的中华文明在今天的逻辑延续，也是中华民族以中学为本、化西学为中学的创新之路。复旦大学新政治经济学中心教授陈平指出了中国道路的实质是劳动分工的中国模式和它的可持续性。劳动分工是现代化的起点，历史上存在两种不同的分工模式：西方发展了节省劳力—消耗资源的分工模式，中国发展了节省资源—消耗劳力的分工模式。生态危机显示了西方模式的局限，而科技革命恢复了中国模式可持续的生命力。旅法学者宋鲁郑解析了中国模式的内涵及其未来。他指出，一个国家的模式应该包括三个层面：政治模式、经济模式和社会模式。中国模式的未来，则取决于这三方面是否能够继续完善和有效运作。

上海社会科学院国外社会主义研究中心研究员轩传树指出，社会主义是中国道路的本质属性。目前，当人们在叙述或解读中国改革开放以来所走过的发展道路时，实际上存在着前后（对待改革前后）、上下（官方宣传与民众认知）、内外（国内与国际）三个方面话语的不统一、不交融。这在客观上是由于中国自身发展所涵盖的历史任务的多重性和当代中国社会实践所呈现的复杂性，在主观上则是由于囿于“制度—手段”的思维逻辑和研究范式，一味强调“中国特色”而有意无意地忽略了中国道路的本质属性。因此，无论是对内凝聚共识，还是对外赢得理解和尊重，都到了转换研究范式、进而提出普遍化的概念和话语体系的时候。因此，在解析“道路”的内在结构的基础上，明确决定道路性质的是其为之追求的价值目标，而非用来实现价值目标的制度手段，更不是用来阐释目标和手段合理性的理论学说。

二、发展与治理：关于全面深化改革

以习近平为总书记的中央领导集体，把“国家治理体系和治理能力现代化”作为改革目标，是对从马克思列宁主义到毛泽东思想、邓小平理论的探索性继承和发展。北京大学国家发展研究院的李玲指出，1992 年邓小平在南方谈话中说，“恐怕要再过三十年，我们各方面的制度才能比较成熟定型”。今天的中国共产党人正在实践邓小平的愿望，那就是回答“共产党如何治理国家”的问题。如何通过一套完整的制度建设，使得执政之后的共产党始终保持本色，对市场、社会进行治理，从而实现公平正义，使国家长治久安，江山永不变色，并最终走向“自由劳动者的联合体”。十八大以来，对群众路线的回归，已经逐步为国家治理现代化奠定了基础。在相信群众、依靠群众的基础上，把群众组织起来，是中国共产党进行革命和建设的正确方针，也将是改革的正确方针。当前，随着工业化的深入、全民文化水平的提高、信息化的普及，许多过去曾经设想但难以做到的事情都已经或即将成为现实。

在美国分论坛中，中宣部副部长崔玉英从历史视野、世界视野和中美关系视野三个层面对中国改革进行了论述。她说，中国改革历经 37 年波澜壮阔的进程，深深地改变了当代中国的面貌。为实现经济的转型升级和可持续发展，中国改革已经从过去侧重经济改革，转变为经济、政治、文化、社会、生态等领域的全面深化改革；中国的改革不仅事关亿万中国人民的幸福，对世界发展与繁荣的影响也越来越大，中国与世界日益成为命运共同体；中国改革的成功，不仅有助于实现中国梦，也将造福世界各国人民，全世界都能从中分享中国改革的红利；中国改革将为中美关系发展注入新的动力，推动中美共同为世界的和平与发展贡献力量。

美国学者罗伯特・劳伦斯・库恩（Robert Lawrence Kuhn）就“习近平的‘全面治理’”发表大会演讲。他指出，任何一个关注中国的人都应该熟悉习近平主席的“四个全面”这个首要的政治理论。其背景就是习近平提出的“中华民族的伟大复兴”即他所说的“中国梦”。这个目标的初步实现确定为 2020 年，届时中国要进入“全面小康社会”。外国人常常将中国领导人的政治格言视为简单口号，但是这样他们就错过了一个了解中国现实的机会。中国官员当然会认真对待“四个全面”。“四个全面”中的每一个“全面”都有其特性及鲜明的语言风格，而且，每一个“全面”本身已经是前任领导们提出并支持多年的重要政策。因此，当前习近平将这四个方面整合在一起，目的是什么？共性何在？创新何在？通过分析习近平的“四个全面”，我们就能理解习近平主席治国理政的政治哲学。阿根廷救世主大学中国研究系主任乔治・马里纳（Jorge Malena）探析了法治在中国及中国法律制度的演变。他指出，十八大以来，中国改革的许多方面都与法治有关。与腐败作斗争是法治至高无上的工具。马里纳旨在探讨中国法律体系的转换，分析其演化进程，即从“人治”到“建立法律体系”，到“法治”

并最终到“宪政治理”。考虑到欧美视野下和中国视野下对“法治”含义的不同理解，其研究还从中国共产党的观点来解释“法治”概念，提出这一概念在西方人心中，最好可以理解为“社会主义宪政制度”。马里纳还就迈向现代治理的可能后果提出了若干思考，认为从乐观到悲观都有，并包括了一个最可能的前景：既不是“简单模仿新加坡”也不是“陷于混乱”，而是一种循序渐进的政治演化。

上海社会科学院经济研究所研究员钟祥财阐释了习近平经济思想的方法论特点。他指出，习近平的经济思想是在改革开放的时代背景下产生、发展和形成的。方法论在经济思想的构成中具有基础和引领的重要地位。分析习近平经济思想的方法论特点，有助于全面理解和深入研究习近平的治国理政方略。钟祥财从三个方面进行了研究：(1)习近平对十一届三中全会思想路线的实践和思考；(2)习近平对马克思《关于费尔巴哈的提纲》的研究；(3)十八大以来习近平关于经济改革方法的论述。中共中央党校教授李君如就“四个全面”与治国理政进行了深刻阐释。他指出，习近平提出的“四个全面”战略布局，是因应治国理政时代使命、破解治国理政时代难题的战略布局。协调推进“四个全面”，是一场对党的领导能力和执政能力的大考验。一是如何处理好“1”与“3”的关系。“四个全面”中，有“战略目标”和“战略举措”之别。只有让一大“战略目标”和三个“战略举措”构成一个有机的整体，才能成为一个战略布局。二是如何处理好“2”与“2”或“1＋1”与“2”的关系。“四个全面”中，前两个“全面”，要求我们在全面深化改革中进一步解放和激发社会活力，实现全面建成小康社会的战略目标；后两个“全面”，要求我们通过全面依法治国、全面从严治党以预防、避免和克服“活”中出“乱”。坚持“四个全面”要兼顾“激活”和“治乱”两个方面的要求。三是如何处理好“3”与“1”或“1＋2”与“1”的关系。全面建成小康社会，全面深化改革，全面依法治国，关键都在党。坚持“四个全面”要处理好“3”与“1”或“1＋2”与“1”的关系，使之发挥出相辅相成、相互促进、相得益彰的正能量。学习和落实“四个全面”战略布局，关键在干部。当前在县处级以上领导干部中开展的“三严三实”专题教育，是解决“乱作为”和“不作为”问题，落实“四个全面”战略布局的重要举措。

上海社会科学院中国马克思主义研究所研究员曹泳鑫就习近平总书记的治国理政理念提出了现实的应对，认为中国道路因国际和国内的特定历史环境而面临重重考验，反映出中国共产党领导人在新时期治国理政理念上的主要应对，其中包括如何处理几个最重要的基本关系：一是物质文明与其他各项文明的关系；二是改革创新与坚持继承的关系；三是中国与外部世界不断加深的复杂关系；四是社会主义与民族传统的关系；五是公与私的关系；六是执政党与人民群众的关系。中共中央编译局当代马克思主义研究所副所长杨雪冬探讨了全球化进程与中国的国家治理现代化问题，指出如何完善国家治理体系、提升治理能力成为各国共同面临的问题。十八大将推进国家治理体系和治理能力现代化，确立为全面深化改革的总目标，这是基于对中国建设、改革和发展经验的客观分析，也体现了对中国与世界关系发生历史性变化的敏锐判断。中国所要解决的问题不仅具有中国特色，也带有明显的全球性，应该将中国的国家治理现代化置于全球化这个宏观历史背景下进行理解。因此，中国的国家治理现代化是沿着对内和对外双轨进行的。在许多情况下，只有通过改进国际乃至全球治理，才能将国内与国际两种治理资源有效地调动和整合起来，并为国内治理问题的解决创造更有利的条件。中共中央对外联络部研究室副主任孔根红指出，中国是全球治理的积极参与者，并从三个方面进行了阐述：(1)中国是当代国际秩序的参与者、维护者；(2)中国是当代国际秩序的改革者、贡献者；(3)国际社会对中国参与全球治理的贡献有目共睹。第一，中国推进了全球治理的多元治理结构。第二，中国提升了全球治理理念(合作共赢)。第三，中国推动了全球治理对话协商、分担责任、分享权力的民主进程。

中共十八届三中全会《关于全面深化改革若干重大问题的决定》指出："全面深化改革的总目标是完善和发展中国特色社会主义制度，推进国家治理体系和治理能力的现代化。"因此，关于中国治理体系和治理能力的问题也是本次论坛的焦点。而推动国家治理体系和治理能力的现代化，首先并且最重要的是实现国家治理的法治化。围绕此问题，学者们就改革开放以来中国依法治国基本方略的演进轨迹、全面推进依法治国的理论与实践创新、全面推进依法治国的困境以及我国依法治国的实现条件等展开讨论。

上海社会科学院法学研究所副研究员邓少岭分析了中国法治的模式选择与现代国家建构问题，认为现代国家建构是影响一个国家法治状况的重要因素。因为：(1)现代国家要求法治的存在和发展；(2)现代国家具有多重维度，其中有些维度之间在不同国家存在不同程度的张力，协调这些不同维度的关系显得极其重要；(3)现代国家建构在国际体系中的时序，深刻地影响了各个国家的发展条件，从而影响着该国的组织形态、政治架构和法治的性格；(4)由于中国将长期继续处于现代国家的构建过程中，而国家建构的重要动力是改革，这就决定了中国法治在注重系统性、完整性的同时，必须具有更大的开放性和弹性；(5)法律体系是现代国家的理性表达。中国特色社会主义法律体系具有一体多元的特征。在发展规律上，不同地区会沿着波浪式的节奏而不是同时达到相同水平。上海社会科学院法学研究所副研究员何卫东提出，以实现美丽中国梦的重要转变为契机，实现从环境法制到环境法治的转变。他认为，党的十八届四中全会提出“建设中国特色社会主义法治体系，建设社会主义法治国家”的总目标，标志我国法治思想从“法制体系”到“法治体系”的深化和发展。从环境法制向环境法治转变，是实现美丽中国梦的基础。加强环境法治体系建设，离不开高效的环境法治实施体系。环境法治实施体系主要包括环境执法、环境司法和环境守法三个方面。新修订的《环境保护法》在建设高效环境法治实施体系方面取得了一些显著性突破，认真贯彻落实该法将对促进我国环保法治体系建设提供重要支撑作用。上海社会科学院法学所副研究员彭辉提出了法治评估的重要性，并以上海为例展开实证分析。他指出，法治在进入高速发展的信息化时代之后，应将实证研究纳入法治理念之中，以改变传统法治抽象观念思维，突破不同文化间法治价值理念的壁垒。其研究通过构建由 4 个一级指标、22 个二级指标、52 个三级指标组成的上海法治建设评价指标体系，运用层次分析法确定了各指标的相对权重和组合权重；通过 5 877 份问卷调查，获取了上海法治状况第一手的实证材料，为准确评估上海市法治建设的真实状况提供了客观依据。在此基础上，他测度了上海法治指数，比较了指标满意度排名，描述了法治差序格局现状，分析了上海法治状况的影响因子和结构层次特点，提出了相应的政策建议。

此外，反腐倡廉与监督体系也成为本次论坛讨论的热点。上海社会科学院法学研究所副研究员魏昌东指出，转型时期，具有创新性的中国腐败治理战略构建，必须重点关注：(1)将腐败治理纳入国家治理的宏观体系之中；(2)借鉴西方腐败治理经验，确立以积极治理主义为导向的腐败治理观念；(3)建构以积极治理主义为导向的腐败治理机制，实现反腐静态资源与动态资源的有机协调；(4)积极治理主义战略的核心，是扩大腐败治理中预防性战略资源在国家腐败治理体系中的地位与作用，实现由以惩治性战略为主导向以预防性战略为核心的治理体系转变；(5)以积极治理主义为导向的腐败治理，必须探寻清廉社会文化构建的有效机制，创建具有协同性的社会治理资源、国家治理资源与政党治理资源的效率整合，共同为促进腐败根源性治理效果的形成作出积极贡献。上海社会科学院法学研究所副研究员杜文俊探讨了风险社会的刑法应对问题。他认为世界的进步、社会的发展正面临科技带来的社会风险。世界各国为了及时、有效、充分地保护法益，积极地应对各种社会风险，不断地调整刑法规制的范围、对象与行为。从世界各国刑法修订的趋势来看，风险社会中刑法应对的一个显著特征在于刑法正从“结果本位主义刑法”逐渐向“行为本位主义刑法”演变。在这个显著特征（基本趋势）之下，风险社会的刑法应对表现出以下四个特点：(1)刑法立法重视危险犯和行为犯的设立；(2)法益保护超个人化；(3)法益保护前置化；(4)刑罚处罚积极化。因此，改造刑法对传统社会的规制模式是刑法应对风险社会的积极反应，是保障社会最大多数公民最大利益的现实需求，是保障国家安全与社会进步的客观需求，也是维护世界和平与发展的国际需求。华东政法大学的高奇琦则就“国家治理指数构建的当代意义与操作化”发表演讲。他提出了国家治理指数的构建意义：(1)国家治理指数的构建可以在一定程度上突破西方的政治指数霸权；(2)国家治理指数的研发可以为中国推进“一带一路”倡议提供相关国家的风险评估；(3)国家治理指数的开发可以增加中国的软实力。国家治理指数由设施（Facility）、秩序（Order）、效率（Efficiency）、法治（Rule of Law）、创新（Innovation）五项一级指标构成。该指标体系也可简称为FOELI体系。在这五项一级指标之下分别设二级和三级指标。各级指标具有逐级的涵盖性，而三级指标具有直接的可测量性和数据可得性。在国家治理指数指标体系的基础上，可以形成年度排名、年度报告和指数数据库等相关产品。

对外经贸大学教授戴长征则提出，认同竞争与国家治理是当代中国国家治理的重大课题。政治认同与政治合法性同根同源，又有所不同。政治合法性强调的是规则属性，即法理性，也即理性合法性；政治认同不仅重视合法，而且强调合理与合情。因此，相比政治合法性，政治认同有着更深层次的心理依据，是政治关系和政治过程更深刻的心理动力源。政治认同对政治治理有着更为根本的意义。如果缺乏起码的政治认同，则政治治理是不可能持续的。政治认同的层次是国家认同、政治价值认同、政治制度认同、政治结构（关系）认同、政治行为认同。认同依层次划分，层次越高，认同密度越高，认同分裂的可能性越小，但一旦发生认同分裂，则危害越大。戴长征教授逐次分析了当代中国围绕上述认同问题展开的竞争。

三、全球视野下的中国:中国对于世界意味着什么

中国特色社会主义事业是实现中国现代化和中华民族复兴的千秋伟业,也是亿万中国人民为实现自身幸福而创造美好生活的壮丽事业。因此,中国梦既是国家的梦、民族的梦,也是每个中国人心中的梦。只有让民众共享发展的机遇、共享人生出彩的机会,才能让全体民众齐心协力、推动中国的现代化事业不断向前发展。要实现这一点,一方面需要我们加强制度建设,保障每个公民都能享有平等、公平的社会环境和发展机会;二是要坚持社会主义的根本方向,以先富带动后富,让发展成就和改革成果能够为更多的人所分享,最终实现整个社会的共同富裕。

中国当前的发展是在全球化背景下与世界各国开放交流合作中的发展。我们倡导的中国梦决不是狭隘的民族主义,而是与世界各国合作共赢、互利互惠。习近平总书记提出的中国梦战略思想,引起世界广泛关注。世界各国对“中国梦”的热议和积极反应,彰显了人们对古老而又充满活力的东方大国的信心与期待。站在自身的立场上,世界各国已在认真思考如何更好地从日益发展的中国借力,在经济、政治、战略上进一步加强对华关系,从而实现自身更大发展。对于中国而言,中国相信“中国梦”和世界各国人民的繁荣梦并行不悖,互为助力,中国愿与世界各国共同努力,以扎实深入的合作推动世界发展,增进人民福祉,共筑未来。当各国的期待与中国的愿景不谋而合时,这一“化学反应”必将释放出更多的正能量。回顾改革开放以来的发展道路,我们深感中国的发展离不开和平稳定的外部环境,离不开与世界各国的交流与合作。无论是当今世界人口最多的发展中国家中国,还是国际社会,都需要互相适应、互相学习,共同寻求和平共处、合作共赢之道。作为当今国际体系的重要参与者,中国愿与世界各国一道积极应对当前人类面临的各种共同挑战。

本次论坛聚焦于从世界视野来看中国改革,崔玉英部长在美国论坛的主旨演讲中业已指出,21 世纪第二个十年,中国改革的方向和目标是什么,对于世界来说,这个问题的答案远比 35 年前重要得多。为什么国际社会如此关切中国改革的前景?因为中国发展关系到世界未来的前景。中国改革与整个世界的发展以及全球化进程更加紧密地联系在一起。中国的改革不再是中国本身范

围的国内问题，而是中国市场与世界市场相互融合的一个必然阶段，全球经济一体化进程的组成部分。

中国社会科学院信息情报院院长张树华指出，2008 年国际金融危机以来，西方世界陷入了空前的政治经济困境。与此同时，一个以中国为代表的、蓬勃发展的“新东方世界”正蓄势待发，为世界进步提供着前所未有的动力与活力。30 多年来，中国经济为世界经济发展提供着强大的动力，中国稳定的政局和治理形式影响着世界格局，丰富着世界政治的面貌。中国发展的价值取向和经验原则丰富了人类发展的内涵和理念，必将为世界文明图画留下浓墨重彩。与西方国家一些学者继续局限于“民主—专制”、“西方—非西方”的两极对立思维模式不同，中国发展采取科学性的发展方式，沿着包容性、协调性和稳定而可持续的发展轨道，秉承着秩序、效率、民主等价值统一的理念，为当今国际社会提供了非凡的答案。中国发展改变着世界，中国发展丰富着世界。借助于发展价值的多元性、发展进程的包容性、发展理念的科学性，中国拒绝了国际上盛行的西方式的思想偏见和政治短视。中国政治发展显示着强劲的政治竞争力和政治发展力，展示着良好的发展前景。

华东师范大学海外中国学研究中心主任刘昶探讨了中国经验的历史维度和世界意义。他指出，中国改革开放三十多年所实现的“超常增长”，其动力很大程度上来自于地方政府为发展本地经济而进行的持续而激烈的竞争。中国在三十多年里，尽管有很激烈的地方竞争，但是因为有一个政治大一统的中央政府和政治框架，所以可以保障这种竞争和平有序地进行。从这一点来讲，中国这三十多年的道路具有独特的世界意义。中国三十多年来的经验可以为今后的制度改革和建设提供一个很重要的路径参照，若能在宪政层面上把中央和地方之间的权力关系确立下来，就有可能为中国的改革和发展提供一个可以进一步扩张成长的政治空间，而且可以为世界的发展提供一个不同于或超越民族国家模式的范例。

上海社会科学院世界中国学研究所研究员乔兆红指出，全球史观强调世界各地区之间是一个彼此联系的有机体，主张把个别地区的历史发展放置到全球历史的大背景中进行考察，从而将全球层面发生的各种事件和进程联系起来。当前，世界经济形势的不确定性上升，有效化解风险挑战，迫切需要社会各界以全球视野，加强对当代世界发展新特征、新趋势的战略研究，为世界和平发展提供理论支持和决策依据。关注十八大以来世界对中国的认知，促使我们有可能在固有的视域之外窥视到自身的盲点,有助于深化我们对自身所处国家的认识,同时,研究方法与研究范式上的差异,也有助于我们观察和掌握不同文明视角下的内在逻辑。因此,以中国道路为研究基础,促进中国与世界的互动,从这种认识上的互补,解读当代中国与世界的多层意义,有助于与当代全球体系达成一种良性互馈。

中共中央对外联络部研究室理论处处长李双伍提出要在国际对比中认识中国道路的独特性。中国道路是什么?一是变革创新之路,最大特征就是一切从实际出发,最大动力就是变革创新;二是和平发展之路,这是大国第一次通过和平发展实现崛起;三是合作共赢之路,这建立在以合作共赢为核心的新型国际关系基础上;四是包容开放之路,主张尊重社会制度差异和文明发展多样性。中国道路是基于中国国情、文化传统和改革开放经验上的发展模式。中国道路是实现中国梦的必由之路。上海社会科学院中国马克思主义研究所研究员方松华指出,中国道路和中国价值的研究和探索不仅仅是为了彰显中国的文化软实力,其最终的指向还应该是依归于中国现代文明的建构。当下中国经济的艰难转型,使核心价值观的建构更为困难,它之所以成为当代中国极为紧迫的课题,是因为其不仅关乎中国人的终极关怀和安身立命之处,而且是再一次提出“中国向何处去”的宏大命题。上海社会科学院国外社会主义研究中心副研究员吴瑞敏提出了“中国道路:另一种现代化”的命题。她指出,中国道路的世界历史意义就在于,它必须也必然要为人类社会提供另一种现代化道路的可能。而相较于西方现代化模式,中国道路所开创的中国式现代化的独特意义体现在三个方面:第一,中国式现代化必须也必然要开创出一种不同于西方自由民主制度的民主政治模式,建立起一种新型政治体系;第二,中国式现代化必须也必然要开创出一种不同于西方自由市场经济的经济发展模式,建立起一种新型经济体系;第三,中国式现代化必须也必然要开创出一种不同于西方文化的文化体系,建立一种新型精神文化体系。

本届中国学贡献奖获得者印度华人谭中教授指出,由于中国是延续了数千年的“文明共同体”,它在大一统的“天下”聚集了世界最多的人口,而且个个都有主人翁的感受。佛教引进印度哲学“神我”(paramatman)的思维,在中国造成“小我”服从“大我”的民风。新中国“民主集中制”的政体更进一步造成“全国一盘棋”的社会动力。十余亿人众志成城是中国迅速兴盛的主要原因。1941 年印度大文豪泰戈尔临终前写了《文明的危机》,认为世界的希望在东方,因为东方有中国和印度两大“文明共同体”。如果今天中印两国团结起来，把“中印命运共同体”打造起来，全世界都会朝“文明国”方向前进。

全球主义者网总编斯蒂芬·里克特(Stephan Richter)更是指出，中国是全世界的支点。认为中国是世界上唯一的基于一项真正的全国性发展战略而运转的大国，中国领导层拥有践行计划的政治能力和技巧。现在是中国历史上的重要时刻。当前反腐战争结果的重要性怎样讲都不算夸大，世界上其他国家的人们都在屏住呼吸等待着最终的结果。“中国，向何处去?”中国未来的道路作为一个在世界各地的政治圈和经济圈都密切关注和讨论的话题，其集中性代表着未来几十年内全球舞台的最大转换。在关键议题上建议中国避免的主要陷阱包括：在全球事务中的骄傲自大倾向；不断增长的将对外政策军事化的倾向。对于任何一个国家尤其是像中国这样规模的国家而言，最好的发展政策就是对改善国内繁荣的根基保持密切关注。相较而言，适当重视政策制定的这个维度，其重要性远远胜过其他的所有关切。

正如澳大利亚悉尼大学中国研究中心主任凯里·布朗(Kerry Brown)所说，我们生活在一个宏大战略叙事互相争锋的时代。人们不再相信“历史终结论”；大家也不再认为世界政治、经济正沿着线性路径迈向某种统一。相反，我们看到了更多的混合体。中国处于这一现象的核心位置。在经济上，中国也许在携手广阔的外部世界，在一个共同的理念框架下展开合作，然而在其他许多方面，中国又在展现其发展与治理模式方面的独特性。这种现象会在多大程度上颠覆西方倡导的那种国际发展与合作的宏大叙事，又能以何种方式提供某种创造更现实、更微妙、更持久东西的机会，世界正拭目以待。

开幕式致辞

上海市委副书记、市长杨雄致辞

尊敬的蒋建国主任、傅莹主任、崔玉英副主任，

各位嘉宾，

女士们，先生们：

大家上午好！

今天我们相聚在美丽的黄浦江畔，共同出席第六届世界中国学论坛。在此我代表上海市人民政府对论坛的召开表示热烈的祝贺，向出席论坛的国内外嘉宾表示诚挚的欢迎。

中国发展备受世界瞩目，正在制定的国民经济和社会发展第十三个五年规划，以创新、协调、绿色、开放、共享五大发展理念为引领，描绘未来五年中国发展的宏伟蓝图。这将为我国改革开放注入新的动力，也将为世界发展创造新的机遇。上海作为我国改革开放的前沿，一直是世界观察和研究中国的重要窗口。当前上海正在建设更加开放的自由贸易试验区，加快向具有全球影响力的科技创新中心进军，加快建设国际经济金融贸易航运中心。上海改革开放的生动实践将为各位专家学者了解和研究中国提供丰富的素材。

世界中国学论坛是一个高层次、开放型的学术论坛，是增进中国与世界相互了解的重要平台。本次论坛以“中国改革，世界机遇”为主题，吸引了众多的知名学者。我们相信，通过各位嘉宾的共同努力，会凝聚更多对中国改革发展的共识。我们希望各位嘉宾持续关注中国、关心上海，提供更多的有益启迪。我们也将为中外学者的沟通与合作创造良好的环境。

最后预祝本届世界中国学论坛圆满成功，祝各位嘉宾在上海生活愉快，谢谢大家！

中央宣传部副部长、
国务院新闻办公室主任蒋建国致辞

尊敬的杨雄市长，

尊敬的各位来宾，

女士们，先生们，朋友们：

大家上午好。很高兴和大家相聚在中国大都市上海，共同出席由国务院新闻办和上海市政府主办，上海社会科学院和上海市新闻办承办的第六届世界中国学论坛。在世界的另一个大都市，法国巴黎，一周前发生了令人发指的系列恐怖袭击事件。值此悲伤的时刻，中国人民与法国人民同在，上海与巴黎同在。在全球恐怖主义面前，我们必须团结一心，挺身而出，面对共同威胁和挑战，确保人民安全和安宁。

女士们、先生们、朋友们，我们这一次论坛是以“中国改革，世界机遇”为主题，可以说是恰逢其时；既具有当前的现实意义，又有长远的历史意义。借此机会，我想与大家分享一些看法。

改革开放是中国共产党在新的历史条件下带领中国人民进行的新的伟大革命，是当代中国最鲜明的特色。37年前，我们党第十一届三中全会召开，从此以后以巨大的勇气锐意推进改革，决心之大、变革之深、影响之广、成就之大，前所未有。党的十八大以来，以习近平同志为核心的党中央深化对共产党执政规律、社会主义建设规律、人类社会发展规律的认识，形成了一系列治国理政新理念、新思想、新战略。党的十八届三中全会作出了全面深化改革重大决定，加强对改革的顶层设计，一批标志性、关键性、引领性的改革措施陆续出台，一些重要领域取得重大突破。

刚刚闭幕的党的十八届五中全会审议通过了关于制定国民经济和社会发展第十三个五年规划的建议，提出了创新、协调、绿色、开放、共享的发展理念和

一系列重大举措，向着实现第一个百年目标——全面建成小康社会——而迈进。

改革开放三十多年来，中国既变得越来越中国，中国也变得越来越世界。中国立足自身国情，走出了一条中国特色发展道路，实现了从高度集中的计划经济体制，到充满活力的社会主义市场经济体制的伟大转变，从封闭、半封闭到全方位开放的伟大历史转折，人民生活水平不断提高，人民当家作主的权利得到保障，人民日益增长的精神文化需求得到更好的满足。中国基本实现了联合国千年发展目标，贫困人口减少了6亿多。在教育、卫生、妇女等领域取得显著成就，中国发展不仅增进了13多亿中国人的福祉，也有力地促进了全球发展事业。

女士们、先生们、朋友们，习近平同志指出，全面深化改革不仅为中国现代化建设提供了强大推进力量，而且为世界带来新的发展机遇。我理解主要是给世界带来了以下几个方面的机遇。

第一，改革开放的中国为世界经济增长提供了中国动力。当前世界经济复苏乏力，中国经济新的增长动力正在日益形成，完全有条件长期保持较高水平增长。今年前三季度，中国经济增速为6.9%，增速虽然有所放缓，但是对世界经济增长的贡献率仍然在30%以上，仍然是世界经济重要的动力源。快速发展的中国、更加富裕的老百姓还为世界提供了巨大的市场，未来5年中国将进口超过4万亿美元的商品，对外投资将超过5千亿美元。还将有超过5亿人次出境参观访问旅游购物。中国愿意把自身的发展同世界发展更紧密地结合起来，让中国经济发展成果更多地惠及各个国家。

第二，改革开放的中国为各国人民福祉提供了中国创造。曾几何时，世界工厂这个称谓让我们产生了复杂的感情。如今中国制造正大步迈向中国创造，一字之差反映了中国经济发展从要素驱动转向创新驱动、从中国速度转向中国质量。高科技、高品质、高附加值的产品将更多地成为中国的代言者。重研发、重专利、重品牌的企业将更多地成为中国之力。阿里巴巴、腾讯、华为、比亚迪、中车、核能、航天等一系列的中国名片让世界点赞。随着中国制造2025战略的推进、互联网+行动的加速，中国将充分释放出创造潜力，给世界人民贡献更多物美价不贵的中国制造。

第三，改革开放的中国为国际合作共赢提供了重要选择。随着中国实力的增强，中国积极参与国际发展复苏，力所能及地为世界提供更多的中国供应产品。两年前，习近平主席提出了承接历史与未来、连接中国与世界的“一带一路”建设倡议。中国政府倡议成立亚投行，建立丝路基金，为“一带一路”沿线国家发展提供更多资金支持和发展项目。为了推动全球减贫，中国设立了南南合作援助基金；为了维护世界和平，中国设立中国联合国和平发展基金，等等。中国的发展将与世界各国的发展更加紧密地联系在一起，共同构建起以合作共赢为核心的新型国际关系。

第四，改革开放的中国为全球治理变革提供了中国智慧。当前，人类面临的全球性挑战日益增多，中国作为安理会的常任理事国，作为最大的发展中国家，愿意承担更多的国际责任。在推动全球治理创新发展上，中国不断丰富打造人类命运共同体等主张，弘扬共商、共建、共享的全球治理理念。在推动全球治理体制变革上，中国坚持以联合国宪章为基础的治理体制，更加平衡地反映大多数国家的意愿。中国还积极地推进区域合作，加强国际社会面对恐怖主义、网络信息安全、资源领域安全、气候变化等挑战能力，做全球治理变革的参与者、贡献者。

第五，改革开放的中国为人类文明进步提供了中国价值。一个国家走什么道路、实现什么样的民主，受这个国家的历史文化传统、经济社会发展水准等综合因素的影响，是由这个国家的人民选择决定的。近代以来中国先后引进了各种主义和制度，但都行不通，最后中国人民选择了社会主义。我们走的是中国特色社会主义道路，我们实行的是由人民当家作主的社会主义民主。实践证明这是正确的，中国人民十分满意，高度自信。中国的成功实践为各国人民选择适合自身的发展道路提供了借鉴。

女士们、先生们、朋友们，明年 9 月 G20 峰会将在天堂般的城市杭州举行，全球也将进一步聚焦中国。可以想见，中国学的研究也将随之升温。研究中国学，当然首先要搞清楚中国是谁，中国是一个什么样的国家。从最显著的特点来说，中国是有着悠久历史的国家，是经受了深重苦难的国家，是实现中国特色社会主义的国家，是世界上最大的发展中国家，也是正在发生深刻变化的国家。要认识这样一个中国，我认为应该着重在以下三个方面深化研究。

第一，要多研究历史的中国。历史是一个民族、一个国家形成和发展及其盛衰兴亡的真实记录。今天的中国是历史的中国的发展，如果不了解中国的历史，特别是中国近现代史和中国共产党的历史，就不可能认识和把握中国社会发展的客观规律，认识和把握没有共产党就没有新中国、只有社会主义才能救中国和发展中国的历史真理。中华民族在漫长的发展过程中形成了独具特色的丰富经验和理念,可以说多了解中国历史,吸取其中的智慧,是研究中国的必修课。

第二,多研究现实的中国。尽管经过几十年的改革开放,中国经济社会发生了重大变化,但是我们仍然处于并长期处于社会主义初级阶段的基本国情没有变,是世界上最大的发展中国家的国际地位没有变。研究中国关键是要以全面、客观、公正的态度来认识中国国情、把握中国现实,既要看到经济体量大、发展速度快,也要看到人均少、不均衡、水平低;既要看到突飞猛进的发展变化,也要看到与发达国家的巨大差距;既要看到全面实现小康的美好愿景,也要看到前进的道路上还有很多硬骨头要啃。

第三,多研究世界的中国。今天的中国与世界的融合,不论在广度还是深度上都有了重大进展,中国与世界各国真正成了你中有我、我中有你的命运共同体。现在国际上有许多人在问:中国今后会怎样发展?发展的中国对世界将产生怎样的影响?我们可以负责任地回答,中国将坚守和平发展,发展的中国将是全球发展的最佳合作者。研究中国一定要有发展的眼光、全球的视野,既要看到中国的发展离不开世界,也要看到世界的发展离不开中国。

女士们、先生们、朋友们,中国人民走的是历史选择的道路,中国人民希望更加美好的生活,中国人民想的是和平发展的实践,现在中国人民正齐心协力为实现两个一百年的奋斗目标、实现中华民族的伟大复兴的中国梦而奋斗。在未来世界的格局发展中,中国将与世界各国共享发展机遇,共担世界和平稳定的责任,不仅在顺境中共享成果,而且在逆境中携手共进。在座的各位都是中国问题专家、中国通,是观察中国、研究中国、认识中国、解读中国有影响的关键少数,是沟通中国与世界的重要桥梁和纽带,希望各位在论坛期间坦诚交流,深入研讨,有所收获。

大会主题演讲

我的中国与美中关系研究生涯

约翰·霍普金斯大学高级国际研究学院海曼教授兼中国研究系主任　蓝普顿

感谢主持人对我的热情欢迎与介绍。我的妻子，苏珊，和我今天能来到这里，感到十分荣幸。我要衷心感谢中国国务院新闻办公室、上海市人民政府、上海社会科学院、上海市新闻办公室组织此次论坛。同时，我想向在座的我的老朋友黄仁伟教授致意，他在学术领域与美中关系方面都贡献了自己的智慧。对于学者而言，能够有效地弥合学术思索与政策关切间的差距，是一件不同寻常的事。在我的整个职业生涯中，我一直致力于跨越这一鸿沟。在这一点上，我从仁伟身上得到过启发。

此时此刻，在这个地方，我想指出，上海在现代史上以及美中关系中所扮演的历史性的、值得称道的角色。我有幸结识了数位上海市长，他们都为中国的利益和中美之间的纽带，作出过巨大贡献。汪道涵市长把麦道公司(McDonnell-Douglas Corporation)引入了上海，更不用说他在1993年所主持的历史性的汪辜会谈。这一会谈和此前两岸形成的“九二共识”，为此后两岸关系的和平发展，以及习近平先生和马英九先生最近在新加坡举行的史无前例的重要会晤奠定了基础。江泽民先生和朱镕基先生，在成为中国国家领导人之前，先后在上海市长的岗位上，造就了浦东，把许多美国公司引入了这个城市里具有前瞻性的新区。徐匡迪市长进一步推进改革举措，并巩固中美关系。这些事例说明，个人在美中关系的演变中是十分重要的，无论他们是像我们这样的学者专家，还是实业家、商界领袖、地方官员，抑或是国家领导人。

让我们的思绪从过去回到今天。今天，我被授予“世界中国学杰出贡献奖”，与来自印度和俄罗斯的学者分享这份荣誉，并跻身于历届获奖者的行列，不胜荣幸。我应该告诉你们一个秘密：我不是一个中国的“专家”——我是一个中国的“学生”，在过去的47年里，我的“行万里路”才刚开了个头。

在中国研究方面我采取的是一种综合的方法，可以把我从事的各种研究统一起来。我的第一本书是关于中国的医保政策。我最新的一部著作考察的是中国领导人与中国改革年代的变化,试图让中国以外的人明白,任何人在治理这个庞大而复杂的国家时所需应对的挑战。以下几个信念指引着我的研究:第一,要理解中国的外交政策,特别是它与美国的关系,我们必须理解中国的国内情况和政策制定过程。第二,要理解中国的国内情况,我们必须理解中国社会的基层是如何建立与上层的联系的,特别是在医保、水、电力和教育等关键性公共品供给的方面。我最为感兴趣的是政府和人民是如何满足其基本需求的。治理中国不是一个抽象的问题,而是一个具体的问题。第三,政策如何被制定和实施,会影响政策结果——对这个庞大的国家而言,任何结果都可能是非常巨大的。因此,有效治理是十分重要的。第四,也是最后一点,领导者关乎大局,无论他们是在基层还是在中央,在公共领域还是私人领域,在国内政治领域还是外交政策领域。

在我迄今为止的职业生涯里,我始终相信,没有什么能够替代与各个层次的中国人交谈。对我而言,从事中国研究,就是要试图像中国人那样去观察和了解中国的现实,但我们往往无法穷尽所有的视角和讯息。我的近著《跟随领导者——治理中国:从邓小平到习近平》(*Following the Leader: Ruling China from Deng Xiaoping to Xi Jinping*),是在我过去40多年采访558名各种级别的中国领导者的基础上完成的。我有幸从他们这么多人身上受教获益。

我的研究兴趣横跨国内政策与外交政策两个领域——我把这二者视为不可分割的部分。如果我们对这二者分而治之,就无法理解外交政策的国内源泉。

今天在座的许多人都对美中关系感兴趣,尤其是在美中最近在南海发生摩擦和习近平主席9月成功访美之后。习主席在美国之行后,又对英国和东南亚进行了重要的国事访问。在新加坡,还发生了可以载入台海关系史册的习马会,我在前面已经提到过。以我之见,此次新加坡会议符合我所理解的最为根本的美国利益、亚太地区利益和台海利益。

如果我们全面审视中美关系,可以发现,在经济、文化甚至是特别的战略合作方面,有很多亮点。习主席9月的美国之行是众多亮点中的一个。然而,总体而言,我们仍需用现实主义的思考和换位思考的态度来面对当前的一些麻烦。在我们乐见的进展之下,潜伏着一种深层次的战略互疑。华盛顿和北京所使用的措辞,都偏于遏制而非合作的色彩。如果这一态势持续下去,将会影响到两国关系的方方面面，包括所有那些我们已经受益巨大的领域，不仅仅是教育和经济。因此，我要提出我们两个国家理应采取的三种视角，从而更为有效地管理我们的关系：

首先，国家间的权力关系改变，需要各方迈出关键性的一步。守成大国必须为崛起大国在既有的秩序中让出空间。美国在联合国和世界银行的问题上做得不错，但是在亚洲基础设施投资银行这件事上做得完全不行。而中国则必须有耐心，特别要对本地区和远方大国做工作，使它们相信中国增长的实力将被用于共同福祉的实现。

其次，领导人必须在国际纠纷和可用资源的二者之间维持平衡，必须在对外部的承诺和本国需求的二者之间维持平衡。这就意味着要区分轻重缓急。美国和中国在这方面都可以做得更好。

第三，我们两国的双边关系不仅存在于领导精英和政府机构之间，它已经演变为两国社会间的你来我往，包括公司、教育机构、非政府组织，还有两国社会的其他诸多组成部分，而不仅仅是个人。在这个层面，追求双赢的冲动表现得最为淋漓尽致。这个层面的互动必须得到强化和滋养。我们两个国家的政府有时会陷入僵局，这就需要我们强调社会与社会间的关系以及地方层面的关系。

再次感谢论坛授予我这一荣誉，并邀请我演讲！

马克思主义中国化政治经济学的最新成果

——学习十八届五中全会精神的体会

中央党校原副校长　李君如

刚刚闭幕不久的党的十八届五中全会，审议通过了《关于制定国民经济和社会发展第十三个五年规划的建议》，为国务院编制“十三五”规划纲要，阐明党和国家战略意图，提供了明确的指导思想、基本原则、目标要求、基本理念和重大举措。这个《建议》有一个重要的理论贡献，就是提出了创新、协调、绿色、开放、共享发展的新理念，并以这五大发展理念为主线谋篇布局。这里谈一点学习的心得体会。

一、创新、协调、绿色、开放、共享发展的新理念是中国化的马克思主义政治经济学的最新成果

创新、协调、绿色、开放、共享发展这五大发展新理念，一经提出，就引起人们广泛关注和热议。这不只是因为它“新”，让人耳目一新，而且是因为它“深”，具有重大理论贡献。这里讲的“深”，不是深奥的“深”，而是深刻的“深”。其深刻性，其理论贡献，可以从多方面多角度切入讨论。我感到，其最大的贡献，就是在政治经济学方面推进了马克思主义中国化，是马克思主义中国化政治经济学的最新成果。

马克思主义政治经济学的魅力之所以经久不衰，至今仍为人们称道，是因为它在历史唯物主义指导下发现了资本主义生产的剩余价值规律，既揭示了资本主义的奥秘，又为无产阶级觉悟和革命提供了理论指导。不能否认，在马克思主义政治经济学中，在其对未来社会主义和共产主义社会的预测中，阐述了建设未来理想社会的许多重要思想。因此，马克思主义政治经济学既是革命的重要理论基础，也是建设的重要理论基础。但马克思、恩格斯当年重点针对的是如何解决资本主义社会的基本矛盾，重点论述的是革命问题。同样的道理，在马克思主义中国化过程中，我们也是先重点解决中国的革命问题，包括新民主主义革命和社会主义改造;在革命取得胜利后,进一步解决建设的问题。当然,这一主题的转换,从认识到实践都不容易。从十一届三中全会开始,当我们把全党的工作重点从阶级斗争转到经济建设上来的同时,也就开始了马克思主义中国化主题的转换。当代中国的马克思主义者,不仅要联系当今世界的深刻变化,深入研究人类社会发展规律,还要联系中国和世界社会主义的经验教训,深入研究社会主义建设规律和共产党执政规律。其重点是要研究怎么样解决我国社会主义初级阶段的主要矛盾,研究关于建设社会主义的马克思主义中国化理论。

关于建设社会主义的理论和实践问题,涉及经济建设、政治建设、文化建设、社会建设和生态文明建设,以及国防建设和军队建设、党的建设等方方面面。其中一个基础问题、关键问题,就是发展问题。今天,我们研究这个问题的任务,就是全面解决社会主义初级阶段的社会主要矛盾,在尊重劳动、尊重知识、尊重人才、尊重创造中,解放和发展社会生产力,推进社会进步和发展。我们改革开放以来做的全部工作,在经济理论上,就是探索以发展为重点的马克思主义中国化政治经济学。我记得,邓小平就是这样思考问题的,他在 1984 年评价党的十二届三中全会通过的《关于经济体制改革的决定》的时候说过,“我的印象是写出了一个政治经济学的初稿,是马克思主义基本原理和中国社会主义实践相结合的政治经济学”。从邓小平理论,到“三个代表”重要思想,到科学发展观,一直到十八大以来习近平发表的系列重要讲话,在经济工作实践和经济理论上,我们做的就是马克思主义中国化政治经济学这篇重头文章。

为此,我们经历了漫长的探索历程。这个过程大体有四个阶段:

第一阶段是主题转化,重心转移。十一届三中全会结束了以阶级斗争为纲,工作重心转移开始。这个过程,从“行”到“知”,经历了一个漫长的过程,非常不容易。一直到 1992 年邓小平南方谈话,提出“发展才是硬道理”,才从根本上统一了思想。

第二阶段是体制变革,促进发展。从邓小平南方谈话和党的十四大开始,我们决定以改革开放的成功经验为基础,建立社会主义市场经济体制以取代传统的计划经济体制。这一重大举措,极大地解放和发展了社会生产力。众所周知,这一体制转变的艰巨性,不亚于甚至超过了重点转换。

第三阶段是发展再认识。这个转变也不容易,首先是认识到增长不等于发展,在坚持以经济建设为重点的同时要更加关注社会建设,然后进一步意识到发展必须是可持续发展，今天的发展不能破坏生态，要绸缪子孙后代。所以，在十六大以后形成了以人为本、全面协调、可持续发展的科学发展观。

现在处在第四阶段，其特点是新常态新发展。就是在“四个全面”战略布局下，围绕“两个一百年”的奋斗目标，特别是今天首先要实现的全面建成小康社会这一战略目标，破解经济新常态下一系列前所未有的新问题和大难题，以人民为主体，由科技创新开路，坚持创新、协调、绿色、开放、共享发展的新理念。

从这一简要回顾中，我们可以看到，这一发展新理念，是“全面小康”与现代化相衔接的发展理念，是目标导向与问题导向相结合的发展理念，是立足国内与全球视野相统筹的发展理念，是全面和重点相协调的发展理念。今天形成这样的发展新理念，是全党从十一届三中全会以来坚持不懈探索的结果，是以习近平为总书记的党中央审时度势、统揽全局，形成的马克思主义中国化政治经济学的最新成果。

二、实现“两个一百年”奋斗目标的行动先导

如果说我们前面讨论的是这一发展新理念的理论定位和理论意义，那么，它的现实意义是什么呢?

习近平强调指出:“发展理念是发展行动的先导，是管全局、管根本、管方向、管长远的东西，是发展思路、发展方向、发展着力点的集中体现。”关于创新、协调、绿色、开放、共享发展的新理念的现实意义，用一句话来概括，就是它是我们破解经济新常态下各种问题，全面建成小康社会，并实现“两个一百年”奋斗目标的行动先导。

首先，这一发展新理念指明了破解经济新常态下各种问题的根本路径。我国在 1978 年开始改革开放的时候，GDP 总量是 3 645 亿元，人均 227 美元。从 1978 年到 2010 年，GDP 年均增长 9.98%，持续 30 多年高速增长。这两年开始减速，但在全球范围增长还是比较快的。到去年，我国经济总量为 63.6 万亿元，折合 10.3 万亿美元，人均 7 590 美元。预计 2010 年到 2015 年，GDP 年均增长 7.8%。根据初步测算，现在到 2020 年，GDP 年均可望增长 6.5%到 7%，这就可以比 2010 年翻一番，人均 GDP 超过 1 万美元。我们认为，经济新常态表面上是速度问题，实际上是结构调整的问题。中国这几年经济下行压力那么大，但是我们注意到东部下行偏多，中西部还有增长的；东部有下行，也有较快增长的，比如深圳；还有像重庆这样的直辖市，还是两位数增长。它们的经验是什么？就是比较自觉、比较早地开始了经济结构调整。所以，习近平用“速度变化、结构优化、动力转换”这12个字来描述新常态。那么，在这种新常态下，我们应该怎么应对？习近平提出，对于经济新常态要“适应、把握、引领”。这6个字体现了历史唯物主义的科学精神，非常好。适应它、把握它、引领它，就有一个怎么发挥主观能动性的问题，就有一个树立什么样的发展理念的问题。党中央提出的创新、协调、绿色、开放、共享发展的新理念，其理论贡献和新的亮点是突出创新驱动，增强发展的内在动力；强调绿色发展，着眼于实现可持续发展。坚持对内协调发展、对外开放发展，是实现全面发展的一个重要举措。特别是在原来的四大战略即东部率先发展、西部大开发、中部崛起、东北老工业基地振兴的基础上，通过开放发展推进“一带一路”，通过协调发展实施“京津冀一体化”“长江经济带”，这是极其重要的发展思路。顺便说一下，这次“十三五”规划与以往的五年规划相比，第一次在全球视野下制定规划，第一次把像“一带一路”这样的倡议写进规划当中。至于坚持人民为主体的共享发展，有助于更好地把发展、民生、社会建设融为一体。当然，一个社会的不平衡是绝对的，平衡是相对的。比如脱贫，改革开放以来，我们已经减少6亿多贫困人口，成绩巨大，但按照中国贫困线标准2 300元测算，还有7 071万贫困人口，到2020年全面建成小康社会后，可能还剩1 000万贫困人口，到那时就由政府兜底全包下来。因此，创新、协调、绿色、开放、共享发展的新理念，就是我们党尊重客观规律性，发挥主观能动性，掌握经济新常态下工作主动权的科学发展理念。

其次，这一发展新理念是协调推进“四个全面”战略布局，全面建成小康社会决胜阶段的决胜之策。党的十六大提出要紧紧抓住21世纪头20年这一重要战略机遇期，全面建设小康社会。这一重要奋斗目标，丰富和发展了邓小平提出的“三步走”发展战略，也是我们党对人民群众的庄严的郑重的政治承诺。“十三五”时期，是全面建成小康社会的最后5年，是冲刺阶段、决胜阶段。与此同时，我们承认，当前发展还面临许多问题，即“短板”。那就是在多年发展中积累的农村贫困、社会事业发展滞后、生态保护不力、民生欠账较多等问题。为此，党在十八大后提出了“四个全面”战略布局，这次又提出了创新、协调、绿色、开放、共享发展的新理念。在这样的背景下，根据这样的战略布局、这样的发展理念制定的“十三五”规划，同其他五年规划相比，意义非同寻常。

再次，这一发展新理念也是实现“两个一百年”奋斗目标的行动指南。也就是说，这样的发展新理念，不仅将指导我们解决经济新常态下各种问题，指导我们制定和完成“十三五”规划，而且将指导我们实现两个“一百年”的奋斗目标。

“十三五”规划是连接两个“一百年”，即实现第一个“一百年”，并为第二个“一百年”打下坚实基础的发展纲要。事实上，我们这次编制“十三五”规划，不仅要完成全面建成小康社会的奋斗目标，还要为这以后 30 年基本实现现代化打下坚实的基础。我在江苏考察的时候，发现江苏的同志很清醒，不仅仅考虑现在这 5 年，还在考虑未来的 30 年。现在党中央提出这一发展新理念，就是指导我们实现“两个一百年”的奋斗目标和“中国梦”发展理念。

当然，要深入理解这一发展理念的现实意义，必须仔细研究我们当前面临的机遇和挑战、形势和任务、经验和问题。

一是机遇和挑战。当前面临的形势，就是我国经过 30 多年的快速发展，现在进入一个重大的调整阶段，也就是经济新常态的阶段。这又同世界经济出现的根本性调整相联系，一方面是金融危机以后世界经济复苏乏力；另一方面是各个国家都在谋求新的增长动力、新的经济格局和新的经济发展方式。此时此刻，国内、国际两方面结合起来，对中国来讲就是一个新的机遇。这个机遇的内涵有变化，但是稍纵即逝，抓住了才能够形成新的强大的发展动力。挑战也很明显，就是经济下行的压力，更大的是结构调整的难度。如果结构不能调整，还按照原来的产业结构、经济结构来谋划“十三五”，而我们的钢铁、水泥等产能都过剩，甚至新能源产能也过剩，是没有出路的。唯一的出路就是要创新，转变思路、转变增长方式。所以一方面是机遇，一方面是挑战，综合起来就要求我们在过去 30 多年快速发展的基础上，寻找新的发展出路、形成新的发展理念。

二是形势和任务。总体来讲或者放到世界范围来讲，中国经济发展的形势是好的。尽管我们从过去两位数的增长降到现在 7%上下的增长，但仍然是世界上经济增长最快的国家。有的新兴经济体现在已经是负增长，美国经济是最好的，也就是 2%、3%的增长。中国是 7%上下的增长，更重要的是，这个 7%是在一个庞大的基数上即 10 万亿美元总量基础上的增长。这个基数很大，跟原来不一样。再加上已经显示出来的是好势头，尽管经济下行但就业率持续 3 年上升，今年前三季度新增就业人口就达 1 000 万人以上，调查失业率为 5.22%。这就意味着产业结构和经济结构调整已经初见成效。所以，要看到问题，又要看到向好的趋势。任务很明确，就是要通过“十三五”这 5 年的努力实现两个翻番和两个倍增计划。国内生产总值在 2010 年的基础上翻一番，人均国民收入在 2010 年的基础上翻一番。现在测算下来，6.5%的增长速度就可以达到这两个翻番。我们要确保 6.5%或 6.5%以上的增长速度，实现两个翻番。

这是很重要的指标，也是对人民群众一个庄严郑重的承诺。全面小康不仅仅是经济发展要实现两个翻番，还包括政治、文化、社会、生态的发展，尤其是生态。我们不能够让人民群众生活在大气污染、土壤污染、水污染的环境里面，而是在“绿水青山”下来谋求幸福的生活。这个任务很艰巨。同时，经过30多年的改革开放，我们已有基础来完成这个任务。所以，在这样的形势和任务面前，要有思考：我们的发展思路是什么？发展的方式是什么？发展的要求是什么？由此就形成了五大发展新理念。

三是经验和问题。经过30多年的快速发展，我们努力在学习中成长、在学习中积累经验。尤其是最近3年多来，我们认识到经济新常态下面临的新问题，所以有新的探索，包括十八届三中全会形成的五大领域、60多个方面的改革决策以及四中全会作出的一些重要决策，这都是我们在发展中形成的重要经验，这些经验对我们未来的5年，对我们实现两个“一百年”的奋斗目标来说都是弥足珍贵的。对于现在的问题，我们是很清醒的。看不到问题的领导不是好领导，没问题的国家是不可能的。能看到问题，始终保持清醒，这是我们党非常大的优点。在成就面前很清醒，在问题面前很清醒，我们是一个清醒的马克思主义政党。这个清醒，体现在对经济形势的分析上面，更体现在对问题的认识上面。事实上，从确定“全面小康”目标开始，我们就强调要解决三个不平衡：城乡发展不平衡、区域发展不平衡、经济社会发展不平衡。经过十六大、十七大、十八大以来的努力，破解三个不平衡的难题已经取得了很大的进展，去农村看看就知道了。但是我们不得不承认还没有最后彻底全面地解决。农民问题、社会建设问题、环境问题、民生问题都有待于我们进一步去解决。怎么能够弘扬经验、破解问题、补上短板，是我们编制“十三五”规划时面临的非常重要的一个难题。而破解这个难题就需要我们有新的发展理念，因此就形成了今天所讲的创新、协调、绿色、开放、共享的理念。

总之，对当前面临的机遇和挑战、形势和任务、经验和问题的科学回应，就是创新、协调、绿色、开放、共享发展这一新的发展理念。

三、协调推进“四个全面”战略布局的关键

十八大以来，通过对以往经验的总结和对现在问题的分析，党中央在治国理政中提出了由全面建成小康社会、全面深化改革、全面依法治国、全面从严治党这“四个全面”组成的治国理政的战略布局。讨论五大发展理念的现实意义，还要深入研究这一发展理念同“四个全面”战略布局的关系，认识到协调推进

“四个全面”战略布局必须始终坚持发展这个“硬道理”，始终坚持创新、协调、绿色、开放、共享发展这一发展新理念。

首先，五大发展新理念是实现“四个全面”战略布局的关键。党的十八大指出：“以经济建设为中心是兴国之要，发展仍是解决我国所有问题的关键。”五大发展新理念的主题词是“发展”，新要求是“创新、协调、绿色、开放、共享”。这是一个高标准的科学发展理念，是落实“四个全面”战略布局的关键。我们可以从“四个全面”战略布局形成和发展的历史轨迹，来考察这一发展新理念和“四个全面”战略布局的关系：第一步，在十八大报告中，把全面建成小康社会和全面深化改革作为总的目标提了出来。第二步，是十八大后，习近平秉持着“治国必先治党，治党务必从严”的理念，一手抓群众路线教育实践活动，一手抓反腐败斗争，“老虎”“苍蝇”一起打，全面从严治党。第三步，就是作出了全面深化改革的重要决策，把完善和发展中国特色社会主义制度、推进国家治理体系和治理能力现代化作为改革总目标，并作了战略部署。第四步，是提出全面依法治国，从科学立法、严格执法、公正司法、全民守法等各个环节，对建设一个法治中国作了精心部署。现在是第五步，第五步是什么呢？就是形成一个全新的发展理念，来实现十八大提出的全面建成小康社会的总目标。这个轨迹很有意思，是一个圆圈，从确定“全面小康”目标开始，从严治党，全面改革，全面法治，形成“四个全面”战略布局后，提出发展新理念，向“全面小康”目标冲刺。这就像打仗，目标确定后，整顿组织队伍，形成攻击力，完善保障体系，最后发起攻击。从这么一个从确定目标到实现目标的历史轨迹和逻辑运演圆圈中，我们可以体会到，在“四个全面”战略布局里，全面建成小康社会这一决胜阶段的决胜之策，就是要发展，就是要创新、协调、绿色、开放、共享发展。因此，这一发展新理念，完全可以说是落实“四个全面”战略布局的关键。

其次，五大发展新理念是“四个全面”相辅相成、相互促进、相得益彰的连接线。习近平说过，在“四个全面”战略布局中，每一个“全面”都具有重大战略意义，要努力做到“四个全面”相辅相成、相互促进、相得益彰。要做到这一点，就要运用辩证唯物主义的方法论和领导艺术，学会统筹兼顾。不仅如此，还要始终坚持辩证唯物主义的一元论原则。在“四个全面”战略布局中，全面建成小康社会是战略目标，处于中心位置；全面深化改革、全面依法治国、全面从严治党是战略举措，应该围绕和服务于全面建成小康社会这一战略目标。明确了这一点，还要进一步明确，无论全面建成小康社会，还是全面深化改革、全面依法治国、全面从严治党,都要按照党的十八届五中全会所强调的:“坚持发展是第一要务。”因为,在这“四个全面”战略布局中,每一个“全面”都是围绕“第一要务”展开的。尤其是,我们到2020年要全面建成的小康社会,是经济、政治、文化、社会、生态文明建设“五位一体”的小康社会。这“五位一体”不是五元论或多元论,而是以发展为第一要务、以经济建设为中心的,是历史唯物主义的一元论意义上的“五位一体”。但是我们有的同志在党中央提出某一项新任务的时候,就会忘记“中心”,甚至偏离“第一要务”。比如前几年党中央提出要把社会建设摆在更加突出的位置,于是就有人提出要以社会建设为中心取代经济建设为中心,这就从根本上动摇了党的基本路线,偏离了中国特色社会主义道路。这次党的十八届五中全会提出的创新发展、协调发展、绿色发展、开放发展、共享发展新理念,把“发展”作为“五位一体”之“体”突出出来,特别是把生态文明建设和社会建设都归位于“发展”,这就不仅有利于防止和克服忘记“中心”,甚至偏离“第一要务”的错误倾向,而且能够以发展为“硬道理”、以经济建设为中心,把中国特色社会主义“五位一体”的总布局和党中央治国理政“四个全面”的战略布局中各个组成部分连接起来,使之成为一个有机的整体。这就是党的十八大所强调的:“只有推动经济持续健康发展,才能筑牢国家繁荣富强、人民幸福安康、社会和谐稳定的文章基础。必须坚持发展是硬道理的战略思想,决不能有丝毫动摇。”只有这样,才能实现“四个全面”相辅相成、相互促进、相得益彰地推进。

再次,五大发展新理念是协调推进“四个全面”的基础。我们强调要协调推进“四个全面”,使之成为一个战略布局,怎么协调?就要通过创新发展、协调发展、绿色发展、开放发展、共享发展,正确处理好“四个全面”战略布局内部的三对关系:

一要协调处理好“1”和“3”的关系。习近平明确指出:“全面建成小康社会是我们的战略目标,全面深化改革、全面依法治国、全面从严治党是三大战略举措。”因此,“四个全面”实际上是“1”加“3”个全面。也就是说,无论是改革也好,依法治国也好,治党也好,都要服务于“全面小康”。当然,“全面小康”也不能偏离全面深化改革、全面依法治国、全面从严治党提出的要求。这是“四个全面”战略实现过程中要处理好的第一对关系。这实际上是什么关系呢?如果说“全面小康”的重点任务是“两个翻番”的话,那它的实质内容就是要处理好发展与改革、法治、治党的关系。

二要协调处理好“2”与“2”的关系，也就是“全面小康”、全面改革和全面法治、全面从严治党的关系。这实际上要解决“搞活”与“治乱”的关系。改革开放30多年来的一个重要经验，就是解放思想、解放生产力；就是过去我们常讲的，要把社会内在的生机和活力激发出来。生机和活力激发出来，中国就活跃起来了，人活了，人才活了，土地活了，知识活了，技术活了，资本活了，所有的“活”汇总起来，就是生产力搞活了。生产力搞活了，就是生产力大解放，这是改革开放30多年来最重要的经验。我们也看到，在“活”的同时一些腐朽的东西也出来了，鱼龙混杂，乱象频发，乃至败象显现。特别是，那么好的一个党，工人阶级的先锋队，中国人民和中华民族的先锋队，为人民服务、为人民拥护的党，存在如此大面积的腐败问题，确实是很令人担心的。

事实上，进入21世纪前后，我们党就意识到这些问题。党已经提出要解决怎么样更好地代表先进生产力的发展要求、先进文化的前进方向、中国人民的根本利益问题，提出要建设一个活而有序的和谐社会，等等。我们意识到搞活不能搞乱，也意识到治乱不能治死。现在，我们在原有认识的基础上进一步破解这个难题，就是既搞活又治乱。“四个全面”，前两个“全面”侧重于搞活，后两个“全面”侧重于治乱，努力把我们国家建设成为一个富强民主文明和谐的社会主义现代化的中国。

有一些人，现在可能感觉不像前几年那么好发展了。他们前几年的思路是利用“灰色地带”、不走正道、胡作非为、贪赃枉法来发展。但这样的搞活现在也给画上句号了，而且要打上感叹号，是要处分、要处理的。那么怎样进行新的发展？这就是我们现在面临的问题。“四个全面”战略布局要求我们既搞活又治乱。这个时候，创新、协调、绿色、开放、共享的新理念出来了。应该讲，这是落实“四个全面”战略布局的科学指南。

三要协调处理好“3”和“1”的关系。这就是“全面小康”、全面改革、全面法治和全面从严治党的关系。由于我们党是执政党，所有问题最后都要聚焦于党的自身建设。党要坚持对“全面小康”的领导地位，要在全面改革中、全面法治中巩固党的领导地位，必须加强自身建设，祛除队伍里的“病灶”和不健康因素。所以，我们十八大后雷厉风行地反腐败，雷厉风行地抓党群关系，这都不是偶然的事情。同时，这也为我们各级党组织、各级党的领导干部提供了一个重新学习的机会。原来我们有些人违背党的宗旨、离开党的规矩，做了一些不该做的事。十八大后不容许这样做，于是就出现了在搞活的时候“乱作为”，在治乱的时候“不作为”的现象。这就影响了我们党的领导核心地位和执政地位，同时也影响到我们“两个一百年”奋斗目标的实现。“四个全面”战略布局里，除了“1”和“3”的关系，“2”和“2”的关系，要害的就是“3”和“1”的关系。要处理好这对关系，实际上就是要破解“乱作为”与“不作为”这两个陷阱。我们不应该“乱作为”，不能“乱作为”，也不应该“不作为”，而应该有“大作为”。有些干部感到很委屈，他说我不是“不作为”，是现在“难作为”，因为我不知道什么该做什么不该做。那好，五中全会提出了发展新理念，就可以防治和抵御“乱作为”“不作为”，破解“难作为”，做到“大作为”，即按照创新、协调、绿色、开放、共享的发展新理念去作为。当然，除了干部要学习，我们的企业家也要学习。企业家过去可以通过请客、吃饭、送礼、行贿来谋求发展所需要的资源，现在是不容许的。

一言以概之，处理好“四个全面”中的三对复杂关系需要新的发展理念，而五大发展理念不仅是贯彻“四个全面”战略布局的题中之义，而且是协调推进“四个全面”战略布局的基础。

总之，创新、协调、绿色、开放、共享发展的新理念，既是我们协调推进“四个全面”战略布局的关键，又是我们制定“十三五”规划的基本理念，更是实现“两个一百年”奋斗目标的行动指南，同时，也是在理论上把马克思主义中国化进一步深化，是中国化的马克思主义政治经济学的重要成果。

中国的治理传统与世界治理之未来

《当中国统治世界》作者、剑桥大学政治与国际关系系资深研究员　马丁·雅克

国际上围绕治理展开的辩论至今压倒性地由西方的治理概念所主导。

这当然是因为西方在全球范围内占据优势地位。世人普遍认为，西方的行为方式，无论是经济的、政治的还是文化的方式，都具有规范意义，并逐渐会得到每个人的采纳。事实上，这也成了西方人对他人提出的要求和期待。在西方人眼里，接受西方方式成了衡量其他国家发展的尺度，也成了一国被国际社会接受的标准。这种心态和压力在治理领域比在其他领域更加显而易见，也更加始终如一。在西方的观念中，西方式民主已成为检验一国文明与否的最终试金石。

然而，随着西方霸权如我们已经开始看到的那样日益遭受挑战，这个西方衰落的时代会发生什么呢？西方的治理形式要想继续拥有今天仍然拥有的权威和影响力，看来将非常不可能。为什么？

首先，正如2007年、2008年西方金融危机以来日益明显可见的，西方治理精英的国内政治权威在走下坡路，这一点最清楚地可见于欧洲，但也可见于美国（尽管后者的发展速度要缓慢很多）。毫不奇怪，对治理精英支持程度的降低也削弱了人们对治理体制的尊重。这有可能会成为一个漫长的过程，因为西方经济体将不得不适应一个竞争大为加剧的世界，也将不得不适应自身优势地位的变迁。“紧缩”一词已经成为这种状态的一个写照，“长期停滞”的概念等于要人们从此降低期望。

其次，随着西方地位的衰落，西方价值观和制度安排的国际影响力也随之下降。其他国家将不再那么愿意采纳西方的规范、方法和制度，因为西方世界再也不能拥有以前享有的思想文化方面的影响和声誉。此外，当美国在经济上占据优势地位时，这种优势成了美国对其他国家施加影响的重要工具。这一点今天依然如此，但美国的经济实力显然处在衰落中。

我们已经能够看到以下两个趋势所产生的冲击，虽然我们不该夸大这些趋势，但其迹象已清晰可辨。一方面，西方治理中的困难在与日俱增；另一方面，人们越来越对中国的治理抱有兴趣，原因在于中国发生了转型，其世界影响力在上升。这方面的一个例子是，围绕治理展开的国际辩论在悄然发生变化。以前，关于治理的全球辩论由西式民主观念所主导，西方告诉人们应如何选择一个政府；如今，有关辩论特别重视治理能力问题，而这一点正是中国之所长。

西式民主影响力在消退，中国治理观念吸引力在上升，如此此消彼长可能会是一个长期过程，其影响所及会参差不齐，发展中国家就比发达国家感受得更加直截了当。中国影响力的上升由诸多因素所决定，其中一个重要因素就是中国成功的政治改革，改革的成功将增强中国对其他国家的吸引力；另外的因素包括西方衰落的速度，以及本次危机的性质及其严重程度。

不妨先来考察一下欧洲。欧洲的未来如今充满了不确定性，欧洲面临着一场多层次的危机，既有长期的经济停滞、欧元的功能失调，也有欧盟成员国之间新的紧张关系、因中东和非洲诸多国家治理失败而在全球化时代造成的移民潮，还有欧洲在中东地区后殖民秩序的分崩离析，以及许多欧洲国家在处理民族多样性问题时表现出的无能为力。一个非常现实的危险是，可能会出现包括衰落、瓦解、冲突、压制在内的恶性循环，欧洲将受困于其与中东前殖民地的历史关系及当今对策，其中包括欧洲在中东确立的后殖民解决方式已经失败。更主要的是，依据过往 10 年乃至更长时段中的情况判断，欧洲可能拿出的对策方案恐怕只会加剧并恶化局面。可叹的是，最可能的前景是将会对个体自由设下越来越多的限制，总体环境的自由度会下降，国家的压制性会增强，还可能会大幅度地向右转。在这种情况下，欧洲模式将远远不能再向其他国家和地区展现吸引力。

进而言之，应当在一个宽阔得多的视野中来观察治理趋势，这个宽阔视野是指，我们有可能看到在本世纪中，随着中国的崛起和西方的衰落，全球治理发生影响深远的巨大转型，如今它不过是崭露头角而已。这一变局可以（至少是部分地）从以下方面来加以概括：

第一，中国不是一个国家，而是一个大陆。换言之，应当把中国当作一个次全球体系，这使得当涉及全球治理问题时，中国拥有特殊的分量。人们此前不大会认识到这一问题，比如更多地关注到了欧洲而不是中国。但中国的人口要比欧洲多出 2.2 倍，而且毫无疑问，在以往 40 年里，按照结果看，中国的治理模式比起欧盟要成功得多。

第二，正如我前面讲到欧洲时已经说过的，在世界某些重要地区，尤其是在中东和非洲，欧洲中心观这一历史陈迹面临着越来越严重的危机。中东地区的后殖民安排包括其人为的边界划定，如今正处于分崩离析之中，这一点现在历历在目。当处在全球化时代，这种后殖民安排已经悲惨地失败了。这不仅在中东而且在欧洲乃至更广大的范围内产生着巨大的冲击。欧洲设下的后殖民安排的瓦解，加之美国在中东地区霸权的削弱，直接导致了如今的结果。随着中国影响力的加速上升，中国至少从长远看，将会参与到为中东和非洲的治理而寻求新型方案与安排的过程中。

第三，中国在东亚的影响力在上升，而且随着"一带一路"倡议，中国也在欧亚大陆不断拓展其影响力，这将导致新的治理形式的出现，包括会因此出现新型的跨国家机构，像亚洲基础设施投资银行就是肯定将出现的诸多新机构中的一个先行例证。

第四，人们普遍认识到，现有的国际金融秩序已出现严重的功能失调问题，2007 年、2008 年的西方金融危机就是一个明证；而且人们普遍相信，另一场此类危机完全可能再次降临。最突出的问题是现有金融体系高度依赖于美元作为世界储备货币这一角色，考虑到美国经济仅仅占全球经济的大约 1/5，目前美元的角色大得实在不成比例。难以想象，20 年后，目前的金融体系还会以当今的方式继续存续下去。我们将目睹全球金融治理新形式的兴起，中国将在其中发挥重要的作用，长期来看，一定会发挥最重要的作用。

历史与未来：中国学视角下的上海

上海社会科学院院长　王　战

自2004年以来，世界中国学论坛已连续成功举办五届，在学术界与国际社会产生广泛影响，日益成为具有国际影响力的中国学学术共同体。上海是中国改革开放的前沿窗口，是中西文明交汇的国际大都市，上海学作为国际史学界的显学，也将成为中国学的重要组成部分。上海社会科学院正在组织重编《上海通史》(30卷)，今天我也借此机会，从中国学视角阐述对上海历史与未来的看法。

一、历史视角下的上海：江南文化的承续地

世界看中国，要了解长江三角洲地区及传承的江南文化。1 000多年前1 000多公里的大运河，将富庶的长三角地区与国家政治中心有机联系起来，极大地促进了南北文化的交流和商业文明的发展。自南宋之后，大运河沿岸兴起了22座繁华都市，成为当时世界上最富裕的地区，江南成为事实上的中华文化中心。历史至此，就产生18世纪工业革命为什么没有发生在中国的"李约瑟之谜"。因为，中国与欧洲的大分流归根到底是代表中国当时最富裕、商业最发达地区的江南没有产生工业革命。可见，历史上江南在中国经济发展中已经具有特殊地位，延续到今天，长江三角洲地区成为中国经济的重中之重，其所孕育形成的江南文化，更是中国文化融合传承的代表。

江南文化与生俱来是一种多元融合与商业文明的文化。江南文化源于中原文化，成型于唐宋之间中原人士两度大规模南迁，脱胎于运河之上的儒商文化，区别于中原地区的"士农工商"文化传统。江南地区具有"三教合一"的移民文化特点，为安身立命而崇商，逐渐形成"士商工农"的儒商文化，更重商业精神。江南文化尤其是儒商文化所蕴含的价值取向，在一定程度上调适弥合了农耕宗族社会结构与商业发展的矛盾，促进了经济的繁荣。与此同时，孔孟学说伴随着孔府南迁流向民间，江南书院由此兴起。因此，历史上的江南文化是中国南北文化交流碰撞的集大成。

上海虽地处江南，近代史上并不是江南的经济文化中心；而19世纪40年代开埠之后的上海，随着运河时代向海洋时代的转变，不仅成为传统江南文化的汇集地，更是沟通南北、横贯东西的门户之地。由此而形成的海派文化，承续江南文化融合包容的内在理性，成为现代版江南文化。

二、近现代的上海：中西方文化的碰撞

如果说江南文化是中国南北文化碰撞的结果，那么海派文化则是江南文化与西方文化碰撞交流的结晶。海派文化起源于土山湾文化。自中国的徐光启在上海土山湾与欧洲的利玛窦合译《几何原本》始，从16世纪至20世纪初，90%以上的西方人文科学成果是经由上海翻译引进中国；同样，耶稣会士翻译中国典籍，也推动了西方启蒙运动的兴起。可以说，土山湾文化第一次开启了近代中西文化交流和思想变革的新时代，没有土山湾文化就没有现代的海派文化。

与此同时，1843年上海正式开埠，由滨海小县进入现代城市的高速发展轨道，造就中西文化在上海的第二次碰撞及城市商业繁荣。西方物质文明、市政管理、生活方式、人文科学、体育美学融入中国，上海租界成为中西方文化交流的平台。上海开埠时，城市人口不到20万，1900年已达到100万，成为中国最大城市。在此时期，马克思主义传入了中国并落地生根，1921年中国共产党成立于上海，开启中国的伟大变革。

不同地域移民的集聚，进一步促进了多元文化的交融，塑造了上海“海纳百川、追求卓越、开明睿智、大气谦和”的城市精神。改革开放以来，尤其是1990年上海浦东开发开放，上海开始进入第三次中西方文化交流的活跃期。城市历史的独特性和城市文化的精神特质，时至今日依然影响着上海；2010年世界博览会在上海举办，更加促进中国与世界的开放交流与文化融合。海派文化的精神传统，使得现代上海无论是在浦东开发开放、四个中心建设还是中国（上海）自由贸易区试验过程中，都始终能够成为中国改革的前沿窗口。

三、未来的上海：迈向21世纪的全球文明城市

随着中国改革开放的全面推进，人们会问：未来的上海会在中国与世界的发展和融合中扮演什么角色？从去年开始，上海就在策划2050年上海城市发展的愿景。毫无疑问，离开了“东西南北”文化的碰撞融合，上海发展就缺少了灵魂。2050年的上海，作为全球最大城市群长三角城市群的首位城市，作为国际上享有盛誉的全球城市之一，作为中西人文科技交流的荟萃之地，也将成为全球文明融合演进的璀璨明珠。

为此，上海社会科学院团队在研究中提出，2050 年的上海城市发展愿景是迈向 21 世纪的“全球文明城市”，这是建立在“信息文明、生态文明、治理文明、文化融合”（简称“三文明一融合”）基础上的具有影响力的全球城市。21 世纪上半叶，全球社会正在经历从工业文明走向信息文明、从物质文明走向生态文明、从工业社会治理方式走向新治理文明、从西方文明引领走向东西方多元文化融合的全新变革时代。大家可以注意到，中国十八届三中全会以来的改革方案以及“十三五”规划意见，都反映出我们所坚持的“创新、协调、绿色、开放、共享”的发展理念与方向，我想这也是人类文明所共有的价值。

文化有地域差别，而文明是共通的。上海作为江南文化传续之地、中西文化的碰撞之地，将站在中国改革开放的最前沿，吸收东西方科技创新、生态发展、城市治理的最新文明成果，形成能够代表东方特征，同时包容多元文化的全球文明城市，这是上海的历史责任与必然，是世界中国学研究的新内容。我想这也是世界中国学论坛持续在上海举办的价值。

习近平的全面治理

美国库恩基金会主席　库　恩

习近平主席对美国进行国事访问时，正逢大多数美国的中国观察家对中美关系抱悲观态度，大家片面地以为，中国对外咄咄逼人。人们普遍认识到，习近平与奥巴马的峰会改善了双边关系，使之走上了积极的轨道，如今双方都应该采取最优的策略，集中关注那些能让我们团结起来的问题，包括经济增长、绿色技术、减少区域战争、反对恐怖主义和有组织犯罪、防止瘟疫大流行，等等。

外国人经常把中国领导人提出的政治格言当作是在喊喊口号，但这样也就失去了一个很好地了解中国现实的机会。中国官员无疑是认真看待“四个全面”的，我知道这一点，我进行过私下的交谈，也进行过公开的采访（为中央电视台新闻频道“走近中国”节目），这是我所发现的情况。

“四个全面”显然是为了在国内外宣传习近平的治国理政方式及其高层次的综合政治思维。但什么是治理？什么是“四个全面”？其相互关系是什么？

我们先谈习近平那本前所未有的著作《习近平谈治国理政》，此书展示了他的政治哲学，象征着他作为强势领导人的迅速崛起，同时也传达了他的思维方法。自 2014 年 10 月该书出版以来，习近平又提出了“四个全面”，详细阐述了他所言实现中国梦的四个最关键的范畴。

习近平的国家治理著作强调了民生、改革、法治、党建，这些随后被总结为“四个全面”：全面建成小康社会，全面深化改革，全面推进依法治国，全面从严治党。简言之，“四个全面”表达了习近平治国理政的具体途径。

但“四个全面”中的每一个都各有其特点，包括其特定的语言特色。“小康”是目标；“深化改革”是手段；“依法治国”是原则；“从严治党”是行动。而且，每一个“全面”本身都是一项重大政策，都是之前的领导人多年来所提出或支持的。“小康社会”从 2002 年提出至今已有 13 年；“改革”从 1978 年提出至今已有 37 年；“法治”至少是从 1997 年提出，至今已有 18 年；“从严治党”则从 1921

年建党以来始终在强调。

那么，习近平把四个方面结合起来是为了什么目的呢？它们具有何种结构上的共性？其集成创新体现在哪里呢？

在我看来，“四个全面”成为习近平治国理政的普遍性政治哲学，借助了两个语言工具和两个务实目的。两个语言工具是：一是将四项政策合成为一个理念；二是采用了同一个“全面”字眼加以整合。组合到一起后，突出了一点，即这四条都是根本的推动力，如果得以实现，则随之便可顺理成章地实现“中国梦”。“全面”表达了两个观念：一是每一项政策在“新规范”的“新时代”都面临着关键的挑战，所以每一个都必须要超越其原先的构想；二是习近平在非常公开地承诺每一项，从而使得没有回头路可走。

两个务实的目的是：一是如实地总结经验并评估当前的状况；二是为了实现2020年的首要目标（即建成“小康社会”），确定应该从事的优先任务并付诸实施。由于到2020年只剩下5年，“四个全面”凸显了实现“中国梦”所需要完成的复杂任务，也强调了为此有必要发出行动的号令。

有一位理论家说，“四个全面”是一个“直接造福人民的具体行动和系统手段”，它不只是一个新理论，而且是一套要求具体落实的“新型理论”。他说，“四个全面”是要求采取迫切行动的一个蓝图，“它们与当前实际正在发生的事情相关联”，就如学校里的科目一样，“我们在四项中的每一项上都会得到一个分数，人民会给我们一个“记分卡”。

如何实现全面建成“小康社会”这一长远目标呢？中国依然有8 200万人生活在贫困中，中国必须大力缩小城市与乡村、沿海与内陆的差距，农民和穷人也必须被纳入进来。习近平曾对政治局成员说：“中国全面建成小康社会过程中，最艰巨的任务是在广大的农村地区，尤其是在那些贫困的农村地区。”习近平说，农民必须作为平等一员参与到改革和发展的进程中，从而使他们也能享有改革发展的成果。

至于3亿流动工人，他们在自己所建造的城市中却是“二等公民”，无法平等享有医疗、教育、养老等福利。习近平强调，应当加快户籍制度的改革，以使流动人口“能平等地生活在城市中”。

城市化地区也需要全面发展。例如，区域协同发展计划将把北京、天津、河北省整合起来，在人口增长、交通管理、环境保护、能源安全、产业升级方面都要进行优化。

第二个全面即“深化改革”，是习近平治国理政的“动力”所在。深化改革之所以如此关键，是因为改革现在进入了“深水区”，不再可能靠“摸着石头”去解决问题。

中共十八届三中全会（2013 年 11 月）通过了 336 项高层次行动方案，2014 年完成了 80 项，还有 256 项有待完成。官员发出的信号是：“重在落实，计划明确，掌握数字”，每一个行政单位（省、市、县）都必须有数字。我也听到存在“难啃的硬骨头”，指的是“要动利益集团的奶酪”。（利益集团广义上被定义为任何想要维持现状的人，典型的如垄断或准垄断利益集团。他们越是控制着巨大的资源，就越是抗拒改革。）

第三个全面即“依法治国”可能是最容易遭到误解的内容。虽然法治长期以来名义上一直是一个中心目标，但事实上它并没有真正完全实现。习近平意识到，没有法治的推行，就不可能有和谐稳定。在 2014 年 10 月中共十八届四中全会提出的许多法治改革中，让司法体系独立于地方政府并摆脱其不当影响，可能是最重要的一项内容。

外国人可能更多地聚焦于孤立的个案。最近的司法改革确实是一个里程碑。控制法院系统（包括其资金预算和法官选定）的权力正在从地方层面转到省级层面，其目的是要防止地方干预案件的公平审理，以促进正义的落实。另一个公民社会领域的进步是，中国绝对禁止利用被处决犯人的器官进行移植，以前移植死刑犯人器官这一做法得到了资深官员的支持，最近却被叫停，这件事在西方媒体上并未得到应有的报道。

第四个全面即“从严治党”强调了习近平坚决清除腐败的决心（所谓“老虎苍蝇一起打”），以及打击官员奢靡享乐之风的决心。正如俗语所言，打铁还要自身硬，党需要强大的党员。反腐败的目的是要创造“不想腐、不能腐、不敢腐”的环境。

在落实这些政策时，中国的领导人追求多重目标。简政放权、增强市场的力量，将加速改革并消除腐败。反腐倡廉运动在纯洁着党，并在打碎抵制改革的利益集团。

习近平的治国理政和四个全面互相补充并互相促进。四个全面塑造着治国理政，治国理政又强化着四个全面。看起来习近平在把治国理政当作“第五个现代化”。（1978 年，改革开始时，邓小平确立了农业、工业、国防、科学技术的“四个现代化”，它们成了中国政策的核心。）如今在这一新时代，习近平正在激发中国强化治理，这种治理必须是全面的和系统的。

实现四个全面中的任何一个都充满了挑战，四个加到一起则更是如此。但我们正在目睹习近平有关治国理政政治思维的具体化、强化和成熟化。

中国希望世界理解习近平的治国理政思想，这对中国和世界都有好处。

中国与世界：从全球化边缘者到舞台中心

清华大学国情研究院院长　胡鞍钢

非常高兴能就中国与世界作一个简要的介绍。从世界的发展历史来看，我想我们大体把它分为三次全球化。前两次全球化是按照麦蒂森教授讨论的。从全球化的广义的背景下，我们可以注意到，在第一次全球化，即 1870 年到 1914 年的时候，中国实际上是边缘化的，当然也是受害者。到了 1950 年开始的第二次全球化，因为朝鲜战争，中国也未能和世界融为一体。但是实际上，中国从 1978 年以后就开始参与到了全球化。

更重要的应该是从 1990 年以后的第三次全球化。这一次全球化，先是中国的改革开放，接着是印度的改革开放，就导致了南方国家超大规模的人群参与到全球化。这次国际金融危机，实际上是使全球化逆转的。为什么这么讲？因为从贸易出口和进口总值所占国民生产总值的比重，也就是所谓的外贸依存度而言，到 2006 年，无论是中国还是世界，都达到了高峰，而后美国金融危机引发了这场世界金融危机，到今天已经 7 年时间，而且迄今也没能走出来。所以这两个比重都大幅度下降。但是，全球化还是不可避免地继续发展了。

从中国的角度来看，它作为现代化的后发国家，也经历了大体不同的阶段。第一个阶段是作为学习者的阶段，无论是学习苏联，还是后来学习美国和西方国家，也包括在一定程度上的模仿。第二个阶段是一个大规模快速追赶的阶段，特别是 1978 年之后。第三个阶段是一个超过的阶段，从一般的拷贝变成了集成创新，特别是提出了自主创新。第四个阶段是一个超越的阶段，不仅是超越西方模式，也是超越我们自己，要不断地创新，综合地创新。

21 世纪可以说是世界，或者说是南方国家集体崛起。换言之，南北趋同的时期，不论是来自麦蒂森教授的数据还是世界银行的数据，皆说明了这一点。但是 1990 年以后情况就发生了变化，尤其是进入 21 世纪之后，特别是到 2010 年，南方国家的主要经济指标基本开始超过北方国家。可以预言，2010 年以后，人类将进入一个新的时代，就是南方国家崛起以及南北大趋同的时代。对此，从中国自己的视角来看，在这样一个时代中国能够作出自己的贡献。

首先还是经济贡献。到2020年，中国的经济总量，无论按照汇率法现价计算还是购买力平价计算，都是不断上升的，大体可以达到世界经济总量的20%左右。当然，世界经济增长的发动机，也恰恰是在过去十几年发生了变化。在20世纪90年代的时候，第一发动机还是美国。进入21世纪以后，第一发动机包括中国，也包括美国。作为两大发动机，两国对于全球的贡献率，不论是按汇率法还是按购买力平价方法计算，都占了1/3以上。

这就面临一个基本的问题，这两大经济体，一大经济体出现问题，如美国发生了金融危机，全世界受灾受难。同样，中国出现这样的问题，也是如此。还有另外一种可能，如果两个国家不能处理好关系，同样会对世界造成重要的影响。

从这个角度来看，中美之间的合作，一方面要避免各自发生经济危机、金融危机和其他危机，另一方面要设法合作，避免冲突，这样才有可能为世界带来稳定的宏观经济环境。

第二个贡献，就是中国对全球贸易增长的贡献。特别是在过去4年，我们已经在进出口方面取代了美国。从我们的视角来看，中国进一步开放市场，让世界分享中国的市场，特别是已从世界工厂变为世界的市场。中国目前已经是240个经济体，也就是包括190多个主权国家和其他地区的第一大贸易伙伴、第二大贸易伙伴、第三大贸易伙伴。因此中国已从世界第二大进口国变为第一大进口国，还为世界提供了更多的市场机会。

第三个贡献常常被人们忽视，就是中国对全球投资增长的贡献。很可惜，今年没有讨论如何合作解决这个问题，希望明年的西湖会议能够对此进行讨论。大家可以看到，在过去几年中，特别是2010年，“十二五”时期，中国的对外投资净增加了将近10%，这在全球范围内是没有的。存量增加了相当于114%，特别是中国的对外承包合同，增加了40%到50%。因此，可以说现在中国已经成为世界最大的承包商，这本身来讲也促进了全球化的发展。

我认为还有一个贡献是中国人走向世界。我们来看一看相关的数据。其中一个就是中国公民因私出国。在2000年的时候，中国只有560万人因私出国，持有私人护照，但是到了去年我们已经超过1.1亿人了。即便如此，平均下来还不到10%。所以我们也希望各个国家参考中国和美国的模式，就是在签署旅游签证时，可一次性签证、多次往返。中国人走出去主要是学生走出去，我们可以看到出国人员在2000年的时候只有3万多,不到4万人,但是去年已经达到了46万人。今年保守估计可能会接近50万人。

同时我们也看到相当多的外国留学生来到中国,去年已经达到了37.7万人,像我们清华大学原来最多的留学生是来自韩国的,现在排第一个是来自美国的。因此,中国人走出去的同时也会让外国人走进来,这样本身也会促进世界各国的交流。实际上如果学生签证,也是参照中美模式的话,一次签证多次往返,这样也能促进学生的流动。我们也欣喜地看到,出国人员、回国人员以及外国留学生进入,去年净流入已经达到了28万人,这也反映出中国社会越来越开放,我们向全世界开放。

从这个意义上来看,中国的改革也实实在在给了世界机会。我们也在预想,因为在前面设计2020年国家中长期教育规划的时候,当时只是提出了两个50万,一个是吸引外国留学生50万,今年或者明年也许就会突破,第二个是鼓励中国的学生出国50万。现在根据这个数据,我们更有信心地期待,在未来吸引50万到55万的外国留学生,同时中国政府也会增加助学金等的资助。此外,我们也希望吸引将近50万的中国留学生学成后回国。因此,实际上中国也在为世界创造更多的机会。

我们可以了解下世界历史的变迁,大家都知道两千多年前就有"条条大路通罗马"的说法,的确罗马人通过他们的努力,曾经修建了四通八达的罗马大道。当时的硬面公路达到8万公里,这创造辉煌的罗马帝国时代,也推动了那时的,不能说是全球化了,至少是欧洲化或者说非洲化。今天我们看到条条大路通北京,这是我们用的一个词,从经济学的角度来看,这本质上是重塑中国经济地理和世界经济地理。这是世界银行2009年世界发展报告的主题,为此我专门写了一个中文版来讨论如何重塑中国经济地理。

我们来看看这张图,它确实是条条大路通北京。这是在"十二五"规划设计过程中提出的,大体上就是中国的快速铁路,包括高速铁路,包括城际间的。它有一个标准,就是能够覆盖50万城市人口。到今年的9月底,运营的里程已经达到了1.8万公里,目前在建的还有1万公里。因此我们可以看到,条条大路通北京,从重塑经济地理的角度,它显示了人口的快速、大规模的集聚和流动。

我们来看一看数据就可以了解到,在2008年的时候,全国只有700多万游客,但是到了2013年已经突破了1亿人,现在还没有公布2014年和2015年的数据,我们保守估计肯定能突破7亿人,能占总人口的一半以上。最重要的是占铁路的客运量的比例，从 2008 年的 0.5%提高到目前的四分之一，很快就会达到三分之一。我们也希望这些设施能够向世界展开。当然，不只是铁路，包括港口。因为最新的数据表明，世界货物量排前十位的港口，中国有 8 个。世界十大集装箱港口，中国就有 6 个。我建议在座的外国朋友最好看看我们的大小洋山港，如果这个几期完成以后，其中集装箱标箱会达到 4 000 万。可以这么讲，中国在重塑世界经济地理，通过互联互通，将发挥在全球的引领作用。

所以我们经历了一个学习、追赶、超越并且引领的过程，如果你们到大小洋山港看一下，就会感到什么叫世界最高的水平。当然我们也希望中国的高速公路还继续发展，到 2020 年估计能达到将近 3 万公里，这还不包括我们在海外的投资。

最后看一下“十二五”和“十三五”，在“十二五”设计的各类重大基础设施，大体只有十二项。但是这次“十三五”规划中的，大家可以看这张图，达到二十几项。比如石油设施就可能又有好几个重大的项目，这都显示了中国在不断地加快自己的基础设施现代化，重塑中国经济地理。我们希望能够和世界合作，开始重塑亚洲经济地理乃至世界经济地理。

最后的结论就是这个：共赢主义。我们知道，500 年前世界开始出现殖民主义，200 年前又开始出现帝国主义，我们也是帝国主义的受害国。70 年前开始还伴随着所谓的霸权主义。当中国成为世界第一大贸易体、第一大经济体（如果按照购买力平价计算已经是了，未来按汇率法也很快就会是第一大经济体），我们要做什么？我们绝对要告别殖民主义、帝国主义、霸权主义，我们所倡导的就是共赢主义。迎来这个共赢主义，对世界是服务。为什么这么讲？因为它是非零和博弈，不同于前面的三个主义是基于零和博弈。

因此共赢主义的理念——习近平主席已经提出这些理念了——对世界是一个重大的贡献，我们把它称之为全球性公益性产品，而不仅仅是全球性公共产品。什么叫公益性产品？就如同新鲜空气，每人每个时刻都要呼吸，但是你感受不到。如果你没有新鲜空气，所有人都受不了。

因此，当中国发展起来，当中国崛起起来，我们不会称霸，我们会对世界作出更多的贡献。这就是中国的改革给世界的，它会给世界提供长久而持续的中国机会。

中国的政治创新试验及其世界意义

新加坡国立大学东亚研究所所长　郑永年

首先非常感谢组委会邀请我和大家分享一下我的看法。刚才李君如先生改了题目，我也想改一改。我想将演讲的题目换一个角度，刚才大家已经讲了很多，我也学了很多，我不想重复大家已经说过的，所以我的题目就是，国家之间的互相学习是为了成功而不是为了失败。

为什么要讲这个题目？因为我是学者，我看到我的背景版上有三个"学"字。我觉得学习是中国文明最核心的本质性的东西。因为我现在搞研究，有人问我，如果从关键词的角度来说，中国文明最重大的特征是什么？我想，因为平常这个学习的"学"用得太多了，学者是学，学生也是学，所以是不是"学"是中国文献里面最常见的一个词？但是，我想到中国文明的本质，以儒家文明为核心的中国，其本质就是学，包括对海外的学，对印度过来的佛教实际上也是一个学。所以中国文明是一个世俗文明，但世俗文明并不是说不相信神或者上帝。

孔子说，敬鬼神而远之。就是说，大家可以相信，但是不要让这些鬼神的东西主导我们的生活，我们还是世俗的。所以我觉得，中国从秦汉统一到唐宋是历史上唯一一个世俗的开放的文明。我们现在说中国是学习型国家，但是从历史上看，中国文明就是一个学习型的文明。中国的文明是通过学习而来的，它的最大的特征就是包容性，这跟其他的文明，基于宗教之上的文明，是不一样的。其他的宗教文明呈现出来的是非包容性，中国是非常包容的。

我经常跟西方同学开玩笑，西方现在提倡文化多元主义，我觉得中国几千年都是文化多元主义，中国不仅是文化多元主义，连中国人的血液都是多元的。我们现在所说的汉，西方同学都认为是一个民族概念。我说中国没有民族概念没有种族概念，汉是一个文化概念。现在我们所说的汉人，已经包容了多少不同民族的血液呢？中国的文明，是跟其他文明互动过程中发展起来的，刚开始可能中国文明对其他文明有一点怀疑的态度，甚至有些恐惧，有过怀疑有过冲突，但是慢慢的中国文明就变得非常自信，到最后吸收、消化，学习其他的文明，使得自己的文明更强大。这就是中国文明几千年一直不中断原因。

从东亚的角度来说，东亚这个文明圈的形成，我想跟基督教、穆斯林文明圈都不一样。东亚文明圈的形成是互相学习的过程。中国在唐宋的时候向海外推广它的文化、文明，它不像西方，周边的国家地区是自觉地到中国来学习的，我想在历史上都找不到这样一种政权。所以儒家文明圈的形成是大家互相学习的过程。

近代，当西方文明到了东方以后，中国又开始学西方文明。当时一个不可否认的事实就是，从近代以来西方文明占了主导地位。因为早期中国跟西方文明接触了之后，被打败了，中国人对中国文明没有了自信。所以从五四运动开始，我们就否定我们自己的文明，否定我们自己的文化。从孙中山先生开始，到最后中国共产党找到了马克思主义中国化这条道路，才获得了成功，才有了1949年中华人民共和国的成立。这是学习的结果。

改革开放以后，中国更是成为一个学习的国家。大家可以观察到，在20世纪80年代，中国当时刚刚改革开放，就向东欧社会主义学习，比如匈牙利。90年代以后，中国不仅向美国、日本这样的国家学习，也向新加坡这样的小国学习，同时也学习苏联以及东欧解体的经验教训，这个学习的过程我想很多学者都是很清楚的。

这个学习，对于中国的成功，我是觉得非常重要的。中国今天已经形成了自己的一个特有的模式，是一个学习型的模式。中国现在的经济体制就包容了很多西方的因素，但是中国的经济体制不会走西方体制的老路，西方的近代以来的体制，永远是资本主导的体制。中国历史几千年，永远是政府规制经济。今天我们无论是混合经济，还是不同所有制，不同类型的企业共存，都是一个和而不同概念。对比西方，我觉得中国有很多自己的优势。2008年金融危机，西方政府所拥有的经济杠杆，一个是财政，一个是货币，我想现在都失效了，这就是2008年以后西方依然走不出金融危机的一个重要根源。

当政府的债务超过GDP的几倍，我想财政政策就失效了。关于货币政策，当你的利率趋近于零的时候，你的利率已经失效了。中国不仅仅有财政、货币，中国还有国有企业这样一个很大的经济杠杆。大家可能对国有企业有不同的看法，但是中国从汉代盐铁律开始，就一直有国有企业。国有企业是经济管理的一个非常重要的杠杆。从政治上来说，大家这几年讨论了很多，中国会不会民主化，中国会不会走西方的道路，但是据我的观察，跟经济一样，中国改革开放以后吸收了大量的西方民主政治的因素，但是中国本身绝对不会变成西方的民主。中国有几千年的贤人政治的传统，中国不拒绝西方民主，但是不会简单地照抄照搬。所以现在所选择的制度，就是贤人政治加民主政治，新加坡就是如此，这是和西方的实践结合起来的一个最佳制度。

从这个角度来说，中国是一个学习型文明的国家，中国的文明具有普世性。刚才也有人在讲，尽管中国不向外推广自己的模式，但是我想这个模式应该是所有国家都应该学习的。今天我们所看到的世界，比如大家刚刚所谈论的世界秩序，我觉得更麻烦的就是国内的无秩序、无政府。在这方面失败的中东国家越来越多，包括欧洲的难民潮、亚洲国家的很多问题，我觉得就是学习过程中出现的问题。什么问题？有些国家，像西方国家，盲目地向其他国家推行自己的模式，强制其他国家学习自己的模式。像中东现在这样的一种状态，我想跟美国的“大中东计划”是有关系的。你好端端地把人家的政府推翻了，现在并没有出现美国朋友所希望的美国式的民主自由，相反的却出现了这些国家无法控制的局面。

另一方面也有一些政治人物，发展中国家的政治人物，或者为了自己的利益，或者为了自己乌托邦式的想法，简单地照抄照搬西方的模式，最终也失败了。所以我们不难看到，凡是成功的国家都是以自己为主体，向其他国家学习。不学习、闭关锁国会失败，历史上有很多的例子，被强制性的学习也会失败，机械地照抄照搬的学习也会失败。所以我觉得今天搞中国学很重要，我们都应该学习成为一个成功国家。谢谢。

中国与南非

南非前总统府部长　艾索普·帕哈德

请允许我向邀请我参加世界中国学论坛的上海社会科学院和上海市人民政府新闻办公室致以最衷心的感谢。

自1998年南非与中国正式建交以来，在过去的15年中，南中两国的关系得到了长足的发展。这一关系之所以得到发展，主要是基于四个方面的原因：中国对结束殖民主义统治与种族隔离所作出的贡献；中国在国际事务中采取共同参与的战略途径；中国对非洲增长与发展的支持；使金砖国家的合作成为有效推动世界各国推行改革与权益再分配的平台。有一点是相当重要的，即贸易关系是使得上述几个方面得以巩固的重要因素。就两国关系而言，2009年以前中国是南非最大的贸易伙伴，双边贸易从2009年的140亿美元增长到了2013年的650.15亿美元。同样，中国也成为非洲最大的贸易伙伴，预计到2018年，其双边贸易将从现在的2 000亿美元上涨到3 000亿美元。

南中两国不断发展的友谊与不断加深的互利关系有着深厚的历史基础，其中最重要的内容包括反抗殖民主义、种族主义与种族隔离的斗争，南非在此过程中受到来自中国共产党与中国政府的慷慨援助与精神支持。早在1949年，当毛泽东领导下的中国共产党取得中国的政权时，南非共产党就呼吁承认中华人民共和国为中国唯一合法的代表，并应取得在联合国安理会的合法地位。在之后的岁月里，两党建立起了联系。虽然一度因为中苏关系恶化中断交往，但在邓小平出访非洲诸国后又再度恢复。南非的执政党ANC（南非非洲人国民大会/非国大）最先于1953年和中国共产党建立起联系，之后非国大主席奥利弗·坦博于1963年访问中国，与中国共产党以及中非友好协会的领导人进行了广泛的交谈，两党的关系进一步加深。中国共产党、非国大以及非洲共产党之间稳固的党际关系有助于为两国关系的发展提供动力。

1998年年初，副总统塔博·姆贝基访问中国，两国正式建立外交关系，发展共享与互惠的合作框架，开启了新的阶段。2000年年初，江泽民主席出访南非，签订《中华人民共和国与南非共和国关于伙伴关系的比勒陀利亚宣言》，双方强调对话、磋商与高层合作，并签署了38个双边协定，两国的政治关系进一步巩固。（2004年，《宣言》又升级为“战略合作伙伴”）《宣言》的一项重要成果是建立了两国间的国家双边委员会，委员会的一项重要任务是推动非洲的和平、稳定与经济发展。《宣言》同时认为两国应该在南南合作方面进行更多有意义的探索，其中的一大标志就是中国支持南非于2010年加入金砖集团。此外，中国与南非作为BASIC集团（巴西、阿根廷、南非、印度与中国）成员，两国在气候变化上的合作也得到了加强，这也预示着2015年12月初在巴黎召开的下一届各方会谈能取得胜利的成果。

中国驻南非大使田学军曾用“三级跳”来形容过去15年来中非两国迅速发展的关系。他所指的大跨越是从2000年的“合作伙伴”到2004年的“战略合作伙伴”，再到2010年的“全面战略合作伙伴”。这三次跳跃放在一起，意味着两国关系具有长期性、前瞻性和战略性。习近平主席在2013年3月25—26日访问南非时，与雅各布·祖马总统就如何在新成立的合作工作组的基础上深化“全面战略合作伙伴”关系交换了意见。该工作组主要负责监督在贸易、投资、基础设施、能源、通讯、农业以及人力资源开发等方面实施合作。这些发展都有力地见证了中非两国的关系是经得起考验的，也见证了过去15年来两国关系所取得的进步。2015年12月，南非将主办中非合作论坛峰会，两国的关系将得到进一步发展。

在对两国和两个执政党的关系进行简单的描述后，就有个重要的问题需要回答，那就是两国关系的未来如何发展。

我认为要有一个好的开始，就得承认与理解，苏联与欧洲其他社会主义国家的剧变对于世界发展与国际关系的重要意义。正是这一点才产生了美国主导的单极世界，使其成为国际政治上的超级大国并依此而行事。同时这也成为过去25年里制定国际政策时要考虑的一个决定性因素，因为它导致美国及其盟友（英法）在国际政策与外交方面实行穷兵黩武的政策，北约作为美国的当然工具扩张到了东欧。今天，他们还想让北约扩张到乌克兰，这显然是针对俄罗斯的，也危害到了欧洲的和平、稳定与国际协作。这一点对非洲大陆与世界都有深远影响。

在我们非洲大陆，美国强化了军事化政策，扩张Africon并推行军事设施建设。美国在非洲开展过约 647 次军事行动，这就可以看出美国大兵在世界上是随处可见的。

为建立多极化世界而奋斗符合我们的共同利益。正如 2015 年 9 月 18 日，习近平主席在联合国大会上的发言那样："世界多极化进一步发展，新兴市场国家和发展中国家崛起已经成为不可阻挡的历史潮流。经济全球化、社会信息化极大解放和发展了社会生产力，既创造了前所未有的发展机遇，也带来了需要认真对待的新威胁新挑战。"他还指出："我们要坚持多边主义，不搞单边主义；要奉行双赢、多赢、共赢的新理念，扔掉我赢你输、赢者通吃的旧思维。协商是民主的重要形式，也应该成为现代国际治理的重要方法……我们要摒弃一切形式的冷战思维，树立共同、综合、合作、可持续安全的新观念。"

南非及非盟外交政策的根本出发点是为非洲问题寻找非洲式的解决方案。为此，应祖马总统的提议，非盟建立了一支常备军队，在遇到紧急事务时可以依靠非洲自己的能力作出迅速反应。现在我们遇到的一个最大的困难就是，除了南非以外，非洲没有一个国家有向受灾地区空投部队与装备的能力，因此我们南非与其他数百万非洲人民都非常高兴地看到，习主席在联大发言中宣布中国将在未来 5 年里为非盟提供总计 1 亿美元的免费军事援助，并设立一项为期 10 年、价值 10 亿美元的中国—联合国和平发展基金。这些举措以及中国在其他方面所做的一切都为建设与维护一个多极化的世界作出巨大的贡献。正是由于这些努力，中国将成为南非忠实的朋友与伙伴。

金砖国家也能帮助维护与推动多极化世界的存在。这就要求金砖国家认真考虑在现有商讨、行动与承诺的基础上，作出进一步的政治推动。

毫无疑问，中国与南非以及非洲的全方位关系与合作是基于政治互信和互利基础上的，双方力量达成了双赢。我们应该互相友好，尊重彼此因文化、传统、经济水平以及政治影响等方面而造成的差异，并在此基础上进行各方面通力合作，这一点是非常重要的。11 月 13 日在巴黎发生的骇人听闻的恐怖袭击对我们是一个警示，恐怖主义无论源自何处，无论元凶是何人，只要我们进行多边合作、相互信任并共同行动，包括共享保密信息，那就能遏制和战胜它们。

改善当前日中关系，建设一个“东亚共同体”

日本前驻联合国大使、国际经合组织前副秘书长、
日本岩手县立大学原校长　谷口诚

坦率地说，令人遗憾的是，当前的日中关系并非是建设性的。我强烈地感到，当日中可以更为积极并富有建设性地合作时，我们将能够对各自的国家作出更大的贡献，并且对亚洲乃至世界其他国家作出贡献。在这一愿景与视野下，今天我就日中两国如何通过相互合作来促进亚洲与世界的稳定和发展的问题，提出我的看法。

1. 通过人员交流，特别是青年一代的交流，建立日中间互信

日本现在每年接待大量来自中国的访客和学生，然而，另一方面，愿意去中国学习的日本学生的人数却没有相应地增长。因此，我相信，建立当前日中两国间所缺乏的“相互信任”的最佳途径，是促进两国年轻一代的交流。

上周在东京，我应邀担任一个中国高中生代表团访日活动的演讲嘉宾。这些学生非常真诚、朝气蓬勃。我对这一活动的印象是，他们从此次访日的经历中学到了很多，并不仅仅看到日本社会好的方面，也看到不好的方面。我自己在年轻时曾留学英国，这两年的留学时光成了我人生中一笔非常宝贵的财富。

2. 建立“东亚共同体”

日本前首相小泉先生在2002年提出“东亚共同体”的构想，这一构想乃建立在“东盟＋3(日、中、韩)”的概念基础之上。然而，这一倡议并未得到良好的发展，主要原因是日、中、韩这三个亚洲大国间，特别是日中之间，缺乏协调、合作与谅解。如果没有日中之间的紧密合作，“东亚共同体”是无法确立的。即便是在全球化的时代，诸如欧盟、北美自由贸易区(NAFTA)这样的地区融合仍在发展。然而在亚洲，只有东盟十国准备在今年年底建立“东盟经济共同体”。为什么我们不能建立“东亚共同体”？日本和中国都应严肃地反思这个问题。

3. 日中 FTA 和 EPA 双边磋商

为了建立“东亚共同体”，日中应开始有关“自由贸易协定”（FTA）和“经济伙伴协定”（EPA）方面的磋商。确立 FTA 和 EPA 是实现建立“东亚共同体”这一目标的必要条件，并且将必然有助于这一目标的实现。如在座各位所知，目前，中国是日本最大的贸易市场，同样，日本也是中国的第三大市场，仅次于美国和欧盟。当日中两国达成 FTA 和 EPA 之后，贸易和投资一定会增长到一个新的高度。

4. 日本应该尽快加入亚洲基础设施投资银行（AIIB）

中国在今年 6 月成立了亚洲基础设施投资银行（AIIB），目前有 58 个国家加入。很遗憾，在包括英国、法国、德国、意大利等欧盟主要国家在内的 58 国加入的情况下，日本却没有加入。在亚洲，只有三个国家——日本、不丹、朝鲜没有加入。如果日本加入了 AIIB，那么日中间的互信就能建立，并且，这必将改善日中两国的关系。

5. 日本在环境领域与中国的合作

中国当下最严重的国内问题是经济急速增长所带来的环境破坏。不幸的是，中国的二氧化碳和二氧化硫排放量都是世界第一。自然，中国正在通过引入严格的管制与规范，尽力阻止环境的进一步恶化。然而，我认为，中国恐怕无法仅仅依靠自己的力量来控制这些环境问题。在这一领域，作为邻国的日本，可以最为积极有效地与中国开展合作，因为日本在曾经经历过严重的环境问题后，相应地发展出了先进的应对环境问题的技术。我相信，日中在环境领域的合作必将为建立一个“东亚共同体”打开局面。

6. 在东海和南海联合发展与培育自然资源

如果日中在政治上能够作出决定，联合培育海洋里的自然资源，这将成为推动日中朝向建立一个“东亚共同体”方向努力的最为有效的政治与经济战略。

我认为，如果日本与中国能够在 2008 年 10 月两国领导人于北京达成的“战略互利关系”的基础上开展合作的话，一个“东亚共同体”是可以实现的。

在这一点上，我确信，我们总有一天可以把“东亚共同体”提升到政治层面，只要日中能够找到同为亚洲一员的共识与共同价值。到那个时候，我们建立一个“东亚共同体”的梦想就会实现。

我们能做到吗？是的，我们可以。

谢谢各位的聆听！

圆桌会议演讲实录

第一圆桌议题：中国道路

中国从“文明共同体”走向“文明国”的道路（印度尼赫鲁大学中国研究中心名誉主任　谭　中）

人类的发展主要是两条道路，一是文明国的道路，一是民族国的道路。“民族国”概念是 1648 年欧洲《威斯特伐利亚和约》的产物，意图是通过“外交”（公开友善宴请、碰杯、伴舞，私下窃取情报、收买奸细、搞颠覆活动）把臭名昭著的战争大陆欧洲变成笑里藏刀的“和平”世界。开明进步的国际专家称这种国际秩序为“威斯特伐利亚统治”。当今世界各国发展走的都是欧洲遗传的“民族国”道路。“民族国”本质上极端自私，国内个人野心泛滥成灾，市场规律、自由竞争优胜劣汰，国民经济蛋糕越大贫富悬殊就越严重；对外耀武扬威，横向发展，争夺领土，视别国（特别邻国）为竞争对手与潜在敌人。

“民族国”大国发展的突出典型是演奏崛起—鼎盛—衰退三部曲。“民族国”以一个自我膨胀性的超强大国，不断向外发动侵略战争并且把国内的文化向外传播，强加于别国。中国的发展迥然不同。从秦朝一统天下的 2 200 余年来，中国本土统治具有向外侵略扩张实力的只有秦（15 年）、汉（422 年减去末期“三国”分裂的 20 年）、隋（38 年）、唐（288 年）四个朝代，总共 743 年。明朝（268 年）不强不弱，宋朝只有前期 168 年没丧失领土。总的来说，汉、唐、元、清乃至整个中国两千多年都是一个“文明共同体”，受到“民族国”发展旋律的干扰，但也与“民族国”分道扬镳；没有“文明国”的完美，但也朝着“文明国”的目标发展。

“民族国”的发展旋律是大国发展的致命癌，由于两千多年以来中国避免了这条道路，因此才能持续发展。但是鸦片战争以后中国被西方与日本这些“民族国”侵犯，就把敌人当老师。表面上看，中国“师夷之长”后真的强盛起来了，实际上这是中国“文明共同体”的潜在力量得到发挥的体现。

由于中国是延续了数千年的“文明共同体”，它在大一统的“天下”聚集了世界上最多的人口，而且个个都有主人翁的感受。佛教引进印度哲学“神我”的思维，在中国造成“小我”服从“大我”的民风。新中国民主集中制的人民代表大会制度政体更进一步造成“全国一盘棋”的社会动力。十余亿人众志成城是中国迅速兴盛的主要原因。

“世界中国学论坛”应该宣扬数千年中国文明持续发展的“文明共同体”基本旋律，以“国学”的古今传承来检视中国的发展道路，走出一条通向“文明国”的康庄大道。与此同时，也要警惕落后守旧与别有用心的“黑手”把“民族国”的发展旋律塞进中国的领航进程。我想提出两点意见：一、国内各项建设事业要坚持“文明挂帅”；二、国际关系要建筑在“命运共同体”的理想上，摒弃唯我独尊、单赢竞争、我强人弱、世外桃源的意图与做法。1941 年印度大文豪泰戈尔临终前写了《文明的危机》，认为世界的希望在东方，因为东方有中国和印度两大“文明共同体”。如果今天中印两国团结起来，把“中印命运共同体”打造起来，全世界都会朝“文明国”方向前进，何乐而不为呢！

追求快乐：毛泽东时代日常生活史研究的一种视角（美国乔治亚理工学院艾伦人文学部教授　卢汉超）

中华人民共和国建立后的最初 30 年常被描述为不断革命和物质匮乏的年代。确实，毛泽东时代政治运动不断、阶级斗争挂帅、经济建设落后，这些都是毋庸讳言的事实。但是，几十年过去了，我们对普通民众如何应对这“继续革命”而物质匮乏的年代却并非十分清楚。在西方学术界，对毛泽东时代的认识大多仍停留在政治层面，甚少研究草根社会人们的日常生活。偶有涉及的，也大多从政治和意识形态的角度讨论问题，无形中形成一种“政治挂帅”和意识形态主导的研究主流。

本文试图偏离中华人民共和国史研究中的这一主流，从普通老百姓的日常生活史的角度爬梳史实和探讨问题。一个特别关注的问题是，一般升斗小民如何在政治高压和物质匮乏的年代追求精神和物质上的快乐？我们了解到，人们在衣食住行上别出心裁，以求物尽其用；在艺术创作上匠心独运，以求存留美学；在娱乐休闲上标新立异，以求苦中作乐，如此等等。往往花样百出，有声有色，堪称八仙过海，各显神通。

以上海为例，虽然从 20 世纪 60 年代开始打击奇装异服的运动不断，但人们还是在夹缝中求时髦，从衣领、裤管、口袋、纽扣、布料、花色等细微处着手，希望穿出个性与特点。50 年代以降，中国人常遭“蓝蚂蚁”之讥，但毛时代的西方访华人士即使行程匆匆，对上海市民的衣着还是会留下不少特别印象。直至 1976 年在外滩南京东路口的调查还发现人们不顾政府高压，以“长、尖、露、艳”为时尚。著名时装设计师拉尔夫·劳伦(Ralph Lauren)称他设计的并非时装而是梦想(“I don’t design clothes. I design dreams”)。毛泽东时代上海的“时装”在物质层面与西方意义上的时装不可同日而语，其追求与众不同的个人梦想这一出发点则并无不同。

以政治宣传和需要为目的的革命文艺到了民众那里也可以各取所需。抗美援朝歌曲可以变成弄堂小调，调侃物质供应的贫乏。“只要想起你，红太阳从心头升起”，歌颂伟大领袖的红色歌曲可以权充情歌，让“小流氓们”稍有发泄。西哈努克的“怀念中国”成了一个时代的“靡靡之音”：“我的心没有变，它永远把你怀念。”苏联小说《钢铁是怎样炼成的》旨在宣传献身革命的保尔精神，但一代青年人记住的却并非保尔·柯察金，而是个性鲜明的资产阶级小姐冬妮娅。在不得宣传人性与美学的时代，中国女性与旗袍之美却通过印数达 200 万、翻译成多国文字的宣传画《毛主席万岁》深入人心，也传遍世界。

早在 20 世纪 50 年代初，亲共作家路易·艾黎(Rewi Alley)就称中国人对什么事情总“有办法”，他指的是人民响应政府号召的积极精神。从另一角度看，人民对美好生活的追求，也并没有因政治高压和物质匮乏而销声匿迹，在这方面中国人也是总“有办法”。只是这种追求变得比较隐秘和处在一个较低的物质层面上。但是，这种追求事实上是民意的主流，是人心所向，而凡是人心所向的东西，尽管曲折，总会胜出。这种对美好生活的向往终于成为 20 世纪最后 20 年中国改革开放的民意基础和社会动力。

论当代中国的精神重建(复旦大学哲学学院院长　吴晓明)

中国经历了最近 30 年的快速发展，出现了经济的奇迹和物质财富的巨大积累，这一点举世公认。但在另外一个方面，随着中国经济的快速发展和物质财富的巨大积累，我们在精神领域当中面临着尖锐的挑战，而且可以说是陷入到一种普遍的困境当中去，这一点我想我们在座的中国人大概都能够了解。比如说食品安全问题；比如说一个老人倒在地上，要不要扶的问题。这个问题并不是那么局部的问题，事实上是非常普遍的问题。我就曾经想过，如果我在街上遇到一个老人倒下去，要不要去扶呢？我想我会鼓足勇气去扶一下，但是我的孩子问我该不该扶，我得好好想想，换句话说这个问题不是局限于某一小部分人，或者某个小集团，而是我们每个人都面临的精神困境。

我想我们今天发展到这样一个地步，中华民族的复兴不可能仅仅是物质方面的，它在精神方面，需要有重要的重建。之所以需要有这样的重建，是因为我们必须能够用某种精神的方式来控制物质力量，使它成为自由的表现，这一点我想毫无疑问，这个是需要做的。否则的话，没有特定的精神重建，如果我们的精神力量不可能控制物质力量，使它成为自由的表现，这一定是非常危险的。

我们要讨论当代中国的重建必须客观地把握这样一个进程。换句话说需要考察当代中国的历史性实践，也就是中国道路，从而来把握这种精神重建的基础定向。如果要从客观方面来把握这个精神重建的话，那么当代中国的历史性实践，我想有三个基本的定向。

第一，现代化的任务以及它的展开过程。这是中国自 1840 年以来，始终面临的一个非常重要的根本性任务，这是不能否认的。这样一种现代化任务是在非常独特的国情文化和传统基础上展开的，也就是说这样一种现代化任务，必须由中国的社会现实而达至具体化。

这种情形一定意味着中国发展的独特道路或者意味着独特的发展道路。中国的现代化道路，一方面是由现代世界的绝对权利决定的；另一方面，必定是根据社会的现实具体化的，所以它有自己的独特性。

第二，中国的现代化发展在取得它的现代化成就的同时，由于最近 30 多年的快速发展，最先抵达了现代化的限度。中国是后发国家，但我认为现代性的限度是中国第一个达到的。什么限度？两个基本限度。第一个方面是自然的限度。我们现在所面临的环境和生态的困境，我们越来越清晰地感觉到了。以前在土壤或者水的污染方面，我们所见所感不大直观，但是大气的污染现在我们能够非常直观地看到。所以由于中国人口的众多，经济体量的巨大，发展速度之快，它第一个抵达了现代性所面临的自然的限度。第二个方面，它已经迅速抵达了社会生活的限度。我前面讲到的道德和精神方面的困境，非常突出地表现了这一点。因为原先的信仰、原先的道德控制力正在逐渐衰落，而在这样一个过程当中，市场原则在越来越大的领域中起作用。市场的这个领域，古典的作家把它叫作犹太精神或者犹太本质，换句话说，在这样一个领域当中，就是唯利是图的法则在起作用。但是对于西方国家来说，它有救赎宗教，而在一个没有救赎宗教的国度，如果让这一领域发展的话，只会导致社会的解体。

第三，中国发展的前景在于改弦更张。中国的发展，中国历史性实践的展开，现代化历史性实践的展开，关键在于中国成为一个现代强国，而且在于它将开始新文明类型的可能性。如果不能开启新文明类型的可能性，它会是在现代世界当中第一个崩溃的。因为它迅速抵达了两个基本限度，自然限度和社会生活的限度。所以在中国未来发展的现实的可能性当中，超越现代文明的类型，不仅是可能的，而且是必然的。

海外视阈下的毛泽东与中国模式（华东师范大学马克思主义学院教授曹景文）

中华人民共和国成立以后，毛泽东研究逐渐成为国内外学者关注的重要领域。国外学者关于毛泽东的探讨，主要体现在三个方面。

第一个方面是毛泽东对中国发展道路的探索。1956 年社会主义改造完成之后，以毛泽东为代表的中国共产党人，开始探索适合中国情况的社会主义建设道路，而探索社会主义建设道路，首先就有一个如何把马克思主义基本原理与中国相结合的问题。海外学者对这方面问题的研究，主要集中在三点：第一点是毛主席提出了以苏联为鉴。国外学者注意到，中华人民共和国成立之初，我们党和国家差不多照搬了苏联国家的模式，毛泽东很快就发现了这一方面的问题。学者们的观点并不相同。美国学者认为，毛泽东在 1955 年 7 月关于农业合作化问题的讲话中，严厉批评了那些利用苏联的经验，来为他们作掩护的领导人，毛泽东的讲话，无形中也抛弃了重大理论假设。这是国外学者提出毛泽东发现苏联模式出现问题，要走自己道路最早的时间点。大多数学者是把 1956 年的《论十大关系》作为毛泽东探索中国的发展标志。毛泽东这篇文章，为重工业优先政策提出了依据，具有划时代的意义。第二点是国外学者认为，毛泽东强调了马克思主义必须具有民族形式。社会主义改造完成之后，为探索适合中国国情的社会主义道路，毛泽东更加注重推动马克思主义的中国化和民族形式，这可以说是中华人民共和国成立之后毛泽东思想的重要特点。多数海外学者认为，毛泽东是中华人民共和国成立后，推进马克思主义具有民族形式的佼佼者。澳大利亚学者认为，毛泽东对中国的表述，比任何翻译过来的马克思或列宁的教科书更能给中国人民提供进步思想。确实，在毛泽东时代，毛泽东的很多脍炙人口的言论，为大多数中国人民所掌握，并成功地唤起了他们建设社会主义的极大热情。这些学者分析认为，毛泽东善于用中国语言表达马克思主义，给马克思主义注入了重要的气息。本土化的社会主义，标志着社会主义被融入了中国的大地之中，标志着社会主义思想在一种表达了民族思想的语言中再现。第三点是很多海外学者认为，毛泽东在多个方面发展了科学社会主义理论。

第二个方面，很多海外学者认为，毛泽东时代所取得的成就，为中国模式提供了根本的政治前提和坚实的物质基础。毛泽东时代中国建立的基本政治制度，为中国特色社会主义，也就是为中国模式提供了根本的政治前提。不少海外学者认为，改革开放就是在此基础上，把毛泽东的事业大大向前推进了一步。像基辛格，他就从处理对外关系的角度，分析了毛泽东建立的国家制度对改革开放之后的中国特色社会主义的重要作用。基辛格说，毛泽东接手的是一个被战争蹂躏、摧残的国家，是他带领中国在两个超级大国冷战对抗的世界中稳步前进。中国蒸蒸日上，在苏联解体后，已然发展成为一个社会主义制度下的新型强国，有学者从中央与地方权力关系方面，探讨了毛主席遗产的重要性。毛主席遗产越来越多地被视为毛时代以后取得成功的基础，毛泽东时代这种权力分散性的特征，是中国改革战略得以实施的结构性的因素。

第三个方面就是，毛泽东晚年指导社会主义建设的过程中，也存在着一些理论和实践方面的失误。很多国外学者还认为，毛泽东晚年的事迹背离了党的事项。

中国模式的内涵及其未来(旅法学者　宋鲁郑)

一个国家的模式应该包括三个层面：政治模式、经济模式和社会模式。中国模式的未来，则取决于这三方面是否能够继续完善和有效运作。

政治模式：一党领导、全国选拔与长期培养、年龄限制和任期制。这其中，

“一党领导、全国选拔、长期培养”是对传统政治文化的继承，“年龄限制”是中国独创，“任期制”则是对西方的借鉴。从全球三大主要文明圈来看，西方是定期的换人换党，中国是定期的换人不换党，中东伊斯兰社会既不换人也不换党。中国的政治模式基本综合了西方和阿拉伯世界政治制度的优点，而避免了其缺点。一党领导，可以避免委托代理风险并利于制订长期的发展战略；全国选拔和长期的培养可以在产生成本不高的前提下尽最大可能地选出最优秀的人才，不仅可以避免民主制度的政治平庸化，还能避免大众贪欲；任期制则可以带来新的血液，更避免政治强人的出现。

经济模式：国有资本和政府干预。中国虽然和西方各国一样都是实行的混合市场经济，但有两点十分不同。一是国有企业的比重要远高于西方；二是政府干预经济的力度也要远远大于西方。2008 年全球经济危机爆发后，中国应对表现最佳，确实和此有关。因为面对危机，民营资本只会规避风险，不可能冒险救市。这时候只有国有资本承担抵御风险、救助经济体系的重任。同样，面对这样全球性的百年一遇大危机，也只有依靠一个强大的、拥有丰富干预经济经验和能力的政府。

社会模式：低水平高覆盖的社会保障。改革开放之后，中国最大的变化莫过于社会模式：由过去生老病死完全由政府包办，改为国家、社会（企业）、个人三方共同承担。应该说世界上绝大多数国家基本上都是这种模式，区别在于各方承担的比例。中国的“低水平、高覆盖”基本保障模式虽然不完善，但却可以持续，也能够发挥社会稳定器和保护伞的作用，但更重要的是不会伤害整个社会的进取精神和效率。可以说今天的中国社会模式体现了社会主义价值观、儒家文化“仁爱”、传统文化“天行健，君子以自强不息”三者的融合。

社会主义是中国道路的本质属性（上海社会科学院国外社会主义研究中心研究员　轩传树）

目前，当人们在叙述或解读中国改革开放以来所走过的发展道路时，实际上存在着前后（对待改革前后）、上下（官方宣传与民众认知）、内外（国内与国际）三个方面话语的不统一、不交融。这在客观上是由于中国自身发展所涵盖的历史任务的多重性和当代中国社会实践所呈现的复杂性，在主观上则是由于囿于“制度—手段”的思维逻辑和研究范式，一味强调“中国特色”而有意无意地忽略了中国道路的本质属性。因此，无论是对内凝聚共识，还是对外赢得理解和尊重，我们都到了转换研究范式进而提出普遍化的概念和话语体系的时候。为此，本文在解析“道路”的内在结构的基础上，明确了决定道路性质的是其为之追求的价值目标，而非用来实现价值目标的制度手段，更不是用来阐释目标和手段合理性的理论学说；在比较当代世界主要社会主义学说的过程中，揭示了其间最大共识在于对未来社会的价值追求而非实现价值追求的具体制度和手段；在结合时代主题并用民族化的语言对社会主义核心价值追求进行条理化和系统化后，重构了“持续健康”“共同富裕”“合作和平”和“人的自由全面发展”等四维一体的社会主义解释框架。如果我们将这种解释框架运用于中国社会现实，以此审视中国道路的伟大实践和战略选择，那么我们就可以清楚地看出，这条道路在性质上，不是在经典社会主义意义上作为资本主义充分发展的结果，而是在利用资本并试图超越资本主义发展过程中的一些缺陷；不是苏联模式理解的片面强调结构性特征的社会主义，而是能够体现社会主义本质和功能的新社会主义。如果我们说中国道路超越马、恩等经典作家的理论预设，超越民主社会主义等西方实践，超越苏联式的传统社会主义，也有别于我们自己的过去，那么这种“超越”或“区别”，主要体现在社会主义价值追求的排序以及由此而决定的“制度手段”上，而非价值追求本身上。相比较而言，前者可以是“特色的”，而后者往往是“普世的”。

中国模式：通过“综合创新”超越西方（复旦大学中国研究院院长张维为）

中国发展模式的一个重要特征是综合创新。在政治领域内，中国把“选拔”和某种形式的“选举”结合起来，这种做法虽然还可以完善，但总体表现好于光是依赖“选举”的西方模式。在社会领域内，中国拒绝西方主张的社会与国家对抗的模式，而推进社会“综合治理”模式，推动社会与国家之间的良性互动，所以中国社会的凝聚力明显大于西方社会。在经济领域内，中国实行“社会主义市场经济”制度。这种综合创新包含了“看不见的手”与“看得见的手”的有机结合、市场与计划的有机结合、国企与民企力量的有机结合等，虽然这个制度还需进一步完善，但它已经展现出超越"华盛顿共识"的强大生命力，带来了中国经济的飞速增长和百姓生活水平的大幅提高。中国模式"综合创新"特征的背后是中国文化兼容并蓄的特质。中国模式融合了中华文明的基因、社会主义红色基因和西方元素，已经展现出超越西方和西方模式的巨大能力和潜力。

中国模式的成功的地方，我所说可能不一定全面，但几乎都是综合创新的一种产物。比如在政治领域，西方模式最大的特点是选举，而中国模式最大的特点是选拔加选举，这本身就是一种综合。选拔是我们从科举考试这样一种制度传承下来的，而选举则西方比较擅长，我们也借鉴了，所以这是一种综合。在经济方面，我们是社会主义市场经济，它是一种混合经济，就是把"看得见的手"与"看不见的手"有机地结合起来，把市场与计划有机地结合起来，把民企和国企的力量有机地结合起来。我们还有很多问题，所以现在天天在讲改革。但是中国的经济模式，从 1994 年提出社会主义市场经济，或者说变成混合经济以来，中国是唯一的，没有经历过金融危机、财政危机、经济危机的国家，而且人民的财富爆发性地增长。相比之下，新自由主义的国家，一些获得华盛顿共识的国家，多少年水平没有提高，这是一个巨大的反差。

在社会领域也是一样。社会领域美国模式的特点是政府与社会的对峙，中国模式是社会与政府的良性互动，或者高度良性互动，这个模式使整个社会更加具有凝聚力，我觉得也是超越西方模式的。总体来讲，中国模式的特点就是，你好的，我们都要学习，但是一定以我为主，博采众长。中国模式的这个特点能够使我们做得更好，在很多方面比现在的西方模式做得更好。西方模式有自己的长处，但是我们也越来越多地看到，它有自己的很多问题。所以从理论上，从实践上，超越西方模式，我觉得对于中国来说是我们应该做的事情。

中国核心价值观与政治实践能否传播到其他地区？以拉美为例（阿根廷国际关系委员会顾问　米盖尔・维罗索）

世界上的各个国家并没有一样的种族、语言、传统和制度，通常需要很努力地理解彼此的行为。假使世界上 3/4 的国际性大冲突都可以从文化的维度予以解释，那么这将是最有意义的事。在此意义上，文化无疑是树立信心、帮助与其他文明建立联系的有力工具。中华文明曾完全隔绝于外部世界几千年，以其文化传统的独创性和恒久性为特征。然而，在文化和政治意义上，中华文明仍然远不能为其他国家和地区所理解。很多学者想知道，我们正在见证的是西方的东方化还是东方的西方化？本文从哲学、文化和政府作用的角度，来检验东方和西方的不同特性，这将有助于理解彼此的差异，也有助于达成国家间的和谐、合作。当中国与像拉丁美洲这样与己不同且多元的地区打交道时，不仅了解对方的核心价值观和原则是必要的，而且对各式各样的地区性解释采取实用主义的态度也是必要的。

中国在不断的崛起当中，同时也影响到了全球的秩序，影响到了大大小小的国家，必须重新评估它们之间互动的关系。所以现在呈现了一个新的现实：中国是一个非常古老的文明，同时集聚了非常巨大的现代文化财富以及经济财富。因此主要的问题就是，中国这个国家是否依然带有古代文明特征，以及是否具有现代经济文明特征。

在文化等方面这些国家都有几千年的历史，其特点可以说是最初的哲学思想直接影响到人对世界的认识和对自然的认识，以及人自身的指导理念。中国是一个文明悠久的国家，同时有持续至今的最长的文明，它可以比拟罗马帝国，不过中华文明延续到了今天。中国也像罗马帝国一样非常有文化性、地区性的差异，同时在现代经济体中，是以一个中央政府的形式来进行整合。两国的人们都是用统一的语言，在罗马帝国说拉丁语，在中国说的是中文。中国也是一个精英制的体系，也采取了选拔加选举的这样一种治理系统。而且在中国运行得相当不错，但是这样的一种模式并不能简单地进行直接出口，一些国家如果没有同样的价值体系，没有同样的民族语言、传统与体制的话，通常很难理解别的国家的一些行为。

如果要更好地借鉴别的国家的一些模式，必须要对别的文明有更深入的理解。文化可以被认为是一个国家或者一个社会群体所独有的一种精神的、物质的、智慧的以及情绪的特征，它会直接影响到一个国家或社会群体的人们如何生活在一起，包括影响到他们的价值体系，他们的传统以及他们的信仰。所以在一个社会的凝聚力，以及这个社会的可持续发展与稳定方面，必须考虑到多元性。这也是世界各国共同的意愿。因此要更好地了解各个文明所具有的特殊的属性，同时能够形成一个普遍的、共同的世界，来建立一个更广泛的智慧以及道德的团结。如果没有这种认可，没有这种尊重，文化的多元性只是会造成麻烦，而不是带来凝聚力。

中国现在这种新身份正在影响其与很多国家的双边关系。中国在贸易方面已与别国形成了更多新的双边关系,有些国家还把中国看成是一个对手,或者一种威胁。在出口市场方面,拉美可能会跟中国产生一种竞争关系。另外还有其他一些风险因素,包括过度依赖低增加值,以及商品的生产、货币的波动、出口的多样化、生产力的提高、经济结构的转型等方面的种种挑战,这些不光是中国与拉丁美洲之间所面临的挑战,也是与所有国家之间的挑战。最大的挑战是中国和拉丁美洲对于对方文化知识认识的欠缺和不足。展望未来,我觉得中拉的关系,应该是要更多地去进行加强,通过自由贸易这样一些手段去克服相应的挑战。另外的一个挑战就是我们没有结合成很多学者所宣讲及强调的命运共同体,追求求同存异,从而将我们各自的利益最大化,因此我们需要找到更多的双赢的措施与项目。中拉关系建设任重而道远,通过增强合作、增强理解才能够增强中拉的关系,进入新的篇章。

当今世界政治困境解决的中国之道(中国社会科学院信息情报研究院院长　张树华)

2008 年国际金融危机以来,西方世界陷入了空前的政治经济困境。与此同时,一个以中国为代表的、蓬勃发展的“新东方世界”正蓄势待发、为世界进步提供着前所未有的动力与活力。东西方阵营之间的“冷战”结束后,有着 13 亿多人口的中华民族在中国共产党的正确领导下,没有重蹈苏共败亡的覆辙,避免了苏联式崩溃和俄罗斯衰退的悲惨命运,实现了经济发展和民族复兴,始终保持着改革、发展、稳定的良好势头。

冷战结束后中国的顺利发展是世界历史进程中的重要现象。在当今世界“东方与西方”“社会主义与资本主义”“苏联与中国”等比较框架下,中国道路愈发彰显出其独特的价值。30 多年来,中国经济为世界经济发展提供着强大的动力,中国稳定的政局和治理形式影响着世界格局,丰富着世界政治的面貌。中国发展的价值取向和经验原则丰富了人类发展的内涵和理念,必将为世界文明图画留下浓墨重彩。

与西方国家一些学者继续局限于“民主—专制”“西方—非西方”的两极对立思维模式不同,中国发展采取科学性的发展方式,沿着包容性、协调性和稳定而可持续的发展轨道，秉承着秩序、效率、民主等价值统一的理念，为当今国际社会提供了非凡的答案。中国发展改变着世界，中国发展丰富着世界。借助于发展价值的多元性、发展进程的包容性、发展理念的科学性，中国拒绝了国际上盛行的西方式的思想偏见和政治短视。中国政治发展显示着强劲的政治竞争力和政治发展力，展示着良好的发展前景。

为此我提出八点。一是认识西式民主。西式民主就像一个软件程序，到处输出，非常可怕。二是看清西方输出民主的政治私利。认清、反对其对外肆意输出民主，干涉其他国家内政，无论是政治性的还是用炸弹绑架的，因为这会直接引起民主冲突、流血和世界的不太平。三是警惕新一轮民族主义的兴起，特别是西方保守主义、激进主义，假借民主，达成共识。我们看到过，冷战之后，西方成立了很多世界性的同盟，甚至抛弃了联合国，普林斯顿法学家提出了这些事。四是警惕其他国家，特别是我们在实行"一带一路"期间民族主义分裂势力和排外主义的复兴。五是认清一些假民主、劣质民主、民粹主义，特别是在香港、台湾地区，实际上这种少数人的专政，是不讲法治的，假借"民主"之力，推翻合法政权。六是要积极地坚持国际关系民主化。七是要勇于推动理论创新，强调实践创新，要勇于超越西式民主。有的国内学者说，民主绕不过一道坎儿，但是我觉得我们一定要跨过西式民主这个沟，要走一条全面发展的路。政治上也要抛弃单一的政治观，要有一个包容全面的政治观。八是打破西方民主的垄断，树立中国的政治价值观。

中国道路对人类文明的意义（上海社会科学院国外社会主义研究中心研究员　徐觉哉）

我觉得理解中国道路，一定要理解它背后的历史和它的传统以及文明背景。这就意味着很多东西是我们自己的传统和文化基因所决定的，意味着我们做的事不需要其他人来认可。实践已经证明，整个中国道路，是符合中国社会国情的，是符合中国特点的，是顺应中国历史时代发展的，所以我想围绕着中国道路对人类文明的意义讲几点。

1. 开辟了一条由农耕文明向现代文明跨越的发展之路。处于农耕文明下的东方社会的根本特点、对东方社会发展态势及其走向的评估，中国道路为后发国家找到了一条走向人类文明的发展轨迹。

2. 探索了由“协商民主”走向现代政治文明的路径。以选举为核心的西方式民主正面临深刻危机、协商民主是我国民主政治发展的选择，协商民主是优化代议民主的一种理想类型。

3. 描绘了后发国家治国理政的路线图。必须处理好改革、发展与稳定三者之间的关系，政党制度只有适应特定的政治生态才是合理的，后发国家需要在威权主义体制下完成现代化。

4. 制定了吸取人类文明成果的“社会主义核心价值观”。文明社会的构建需要价值观的引导、多质态的中国社会应以社会主义价值体系为核心，中国核心价值观站在人类价值共识的制高点。

5. 形成了以“一带一路”打造人类命运共同体的战略构想。“一带一路”不是“中国版的马歇尔计划”，它推动人类新文明时代的到来，打造互利共赢的“利益共同体”和共同繁荣的“命运共同体”。

在国际对比中认识中国道路的独特性（中共中央对外联络部研究室理论处处长　李双伍）

认识与研究中国道路有两个目的，对内的目的就是我们要对改革开放的实践进行指导升华，对外的目的就是随着中国影响力的逐步扩大，我们需要与世界各国分享中国道路的经验教训，所以如何向国外去解释，去阐释中国道路，就成了中国道路研究的一个重要功能。

从这个角度，昨天谭中老师说了一句话，他说为什么研究中国学的很多人，不喜欢看中国人写的书，而喜欢看美国人写的书。我觉得其中一个原因，就是国外学者从比较的角度来研究中国学，所以才具有参照的作用。

我想从三个方面讲——讲怎么比较中国道路的独特性。第一个方面是从四个角度去比较，第二个方面是谈中国道路的四个来源，第三个方面是谈中国道路的三个理念。

一是从四个角度比较中国道路相对于其他道路的特殊性。第一个比较是与苏联进行比较，比较的目的是说明中国可以实行不同于苏联的另外一种社会主义模式，这是必须得出的一个结论，就是社会主义可以有另外一种实现模式。

第二个比较是与西方发达国家进行比较，比较的结果是，作为后发的发展中国家，可以提供另外一种实现现代化的发展道路。第三个比较是与民主社会主义国家，或者以前人们所说的第三条道路进行比较。比较的结果是，中国提供了一个新的实践，即科学社会主义的发展道路。第四个比较是与目前的广大发展中国家进行比较，比较的结果是，中国探索了一条国家进行自主探索的发展道路。在这一点我想稍微讲一下，虽然很多发展中国家也在探索自己的发展道路，大家可能知道像拉美这些地区，包括有些亚洲国家都在探索，但是我觉得这种探索，不是真正的自主探索。比方说非洲现在有54个国家，51个国家都实行了西方的多党职权三权分立，不是真正的探索。所以中国提供了这种比较的意义。这是第一个问题。

二是通过这四个视角的比较可以知道，中国道路有四个方面的来源。第一个来源是价值中国，中国道路的价值所在就是中国特色社会主义。第二个来源是传统中国，就是说中国的精神来源于中国悠久的历史文化传统。第三个来源是现实中国，中国道路最大的一个特征，就是实事求是，立足于中国的国情。第四个来源是全球中国，中国的道路是充分吸取和借鉴国外的经验而发展的。

所以中国道路是独特的，这种独特性不意味着中国道路不具有借鉴性，不具有普遍性。中国最大的一个特征是，它是学习型中国。学习就是有一个普遍性，或者说一个全球性的意义，那么对中国来说，中国道路的普遍性就是它的意义，世界上任何国家要想学习中国，必须立足自己的国情，探索自己的道路，而不能复制或者模仿其他国家的道路。这是一个最大的借鉴与普遍性的意义。

三是中国道路的理念。中国道路到底有哪些内涵？中国道路分为两种，分为内容和形式、价值和制度两个层面。我觉得学习的应该是中国的价值理念理论这些方面。中国这么多年的发展实践证明，中国的体制是不断变化的，今天可能计划多一点，明天可能计划少一点；今天我们可能提倡这种民主的方式，明天可能又有变革发展，出现新一种方式。

有哪些理念是我们这么多年在实践当中出现的？目前来说有三个方面。第一个理念是，中国道路是变革创新的道路，不断地根据时代更新调整。第二个是实现和平崛起的道路，是合作共赢道路，不是以前的殖民主义，也不是帝国主义，而是一个合作主义。第三个是包容开放之路，这实际上是倡导不同道路之间的互学互鉴、开放包容。当然，中国道路的理念，还会随着时间的发展不断更新和充实。这次“十三五”规划提出五大发展理念。我相信今后随着时间的发展，中国道路、中国理念会不断更新。

中国传统的重现：政治内涵与学术挑战（俄罗斯远东研究所研究员亚历山大·罗曼诺夫）

中国成长为世界大国的道路伴随着民族文化认同感的提升。如今，人们关注的焦点是如何对作为民族发展基础的价值观进行建构与体系化，以及未来中国与世界的关系。

“中国梦”与“社会主义核心价值观”的12个主题词的联系日益紧密，为中国的人们继承中华文化最优秀的传统营造出良好的氛围。在中国社会进行的核心价值观宣传工作明确无疑地与早期儒家的道德和社会理想联系起来（如“民本”思想和“大同”理想），其意义是相当重大的。习近平使用传统的“德”字来说明“核心价值观”的重要意义，并强调“德”是国家、社会和个人所必需的属性。

将传统价值观重新引入当下的政治话语，有利于把中国传统中有关和平与和谐的一系列非常有吸引力的价值观展现给国际社会，同时也向世人展示了中国人能像传统儒家所追求的道德理想那样做到“重义轻利”，这些都有助于提升中国的国际地位。中国所奉行的“亲、诚、惠、容”的周边外交理念，需要放在中国思想传统的语境下才能得到正确的理解。

在中华文明的发展历史中，中国的传统思想得到了多重意义的解读与多方位的阐释，所以很多情况下我们很难简单明了地把它们翻译成欧洲语言。有时候简单的一句话需要加上一大段注释，而在当前的政策研究中，汉学研究所采用的历史或语言解释法并不常用。但另一方面，如果在当代中国研究中忽略复杂的文化和历史差异，就会让问题的解释变得非常表面化并带有猜测性质。要正确地理解当代中国的政治，就需要对儒家经典与中国思想史有很好的理解。

20世纪中叶以来，西方学界的中国研究中，复杂的历史和语言研究法开始变得少见，用某一社会科学的方法来研究中国的做法开始占据主流。但鉴于当前中国政治与意识形态的发展趋势，似乎应该兼顾两种方法。在我们所研究的问题中，通用的社会科学研究法并无法揭示中国文化的深厚内涵，所得出的研究结论是肤浅而片面的。在中国国内，可以出版官方话语的辅助读物，通过历史语境的解读和对古人说法的通俗阐释来弥补这一理解上的偏差。这一做法经过一定的调整后可以在国外推行，以适应非汉语和非中国文化语境下的理解。

中国道路的本质：混合绿色经济的可持续发展模式（复旦大学中国研究院研究员 陈 平）

本文从世界文明的大历史来讨论中国道路的实质。我们面临的问题是：中国现代化走什么道路？是仿效西方，还是自主创新？从长期视角看，当代中国最大的问题是人口和资源的失衡。这里涉及两个基本问题。一是为什么中西方文明走了不同的发展道路，二是亚当·斯密"看不见的手"的自由主义经济学的局限。

李约瑟难题问：为什么科学和资本主义起源于西欧而非中国？世界体系的构建者、社会学家华勒斯坦注意到一个现象：中西文明的分岔源于15世纪。那时西欧人少地多，中国人多地少。按经济学的理性人逻辑，西欧黑死病后应当增加人口，中国应当对外扩张。历史的发展正好相反。为什么？我们发现中西方文明的不同道路，从两千年以前就开始了。简而言之，西方从大农场到大工业，走的是节省劳力—消耗资源的分工模式；中国从小农经济到小作坊，走的是节省资源—消耗劳力的模式。工业化走的是西方模式，后工业化看来在重回中国模式。

全球暖化和生态危机显示了西方模式"规模经济"的局限。金融危机的源头，不仅是贸易失衡、消费投资失衡，更是人口资源失衡。发达国家，因为殖民主义的历史原因，控制了90%以上的资源，消耗了50%左右的能源，造成全球的贫富分化。大规模工业化的农牧业生产，极大地破坏了生物多样性，导致化肥农药的泛滥，疯牛病、禽流感等人畜疾病的交叉感染，病虫害的抗药性增加，抗生素失灵等生态危机，威胁到人类社会的生存。发达国家内部兴起返回自然的运动，学习东方的生活方式，信息技术、互联网复兴了多样化的小规模生产，即"范围经济"的生命力。

金融危机突显了亚当·斯密市场化理论的局限。"看不见的手"只适用于工业化以前的原子经济和小作坊时代，因为分工加交易，不等于协作。"'包'字进城”，铁路网络如何分割交易？亚当·斯密的理论是自相矛盾的。《国富论》一方面开宗明义说分工提高效率；另一方面又接着提出斯密定理：分工受市场规模的限制。接近市场规模，就不是完全竞争，而是垄断竞争，看不见的手就面临市场失灵。我们推广斯密定理，发现分工受市场规模、有限资源和环境涨落的三重限制。斯密提出国富的问题，但是无法回答财富是什么。他只是引用了政治学家霍布斯的话说，财富是权势，但又质疑说，财富不等于权势。历史经验显示：财富周期性毁灭的原因，恰恰是技术的新陈代谢和由此产生的大国兴衰。

中国未来的前途，可能走出超越西方模式的新的道路，其特点是包含国有、集体、民营、跨国等多种成分的混合经济。工农业生产包容规模经济和范围经济，才能成为可持续的开放经济。发展城乡交错的绿色生活方式，才能适应多山少地的自然环境，在人口多资源少的前提下，实现社会主义的共同富裕。

中国道路·中国价值·中国文明（上海社会科学院中国马克思主义研究所所长　方松华）

中国道路和中国价值的研究和探索不仅仅是为了彰显中国的文化软实力，其最终的指向还应该是归依于中国现代文明的建构，就如先哲所说：为天地立心，为生民立命，为往圣继绝学，为万世开太平。

如果从宏大的历史格局和思想视野来考察，古代中国文明的核心价值体系大体上是以儒家思想为根基的，“仁义礼智信”“礼义廉耻”等成为我们社会与人生的信条。但是，“五四”以后，儒家传统受到了致命的打击，成了历史博物馆的“陈列品”。中华人民共和国建立之初，我们的核心价值观是“为人民服务”“大公无私”，一直到“斗私批修”等极左思潮泛滥，旧的价值观断裂之后，新的价值观不久也轰然倒塌。所幸改革开放以后，中国人以引人注目的成就走上了一条独具特色的社会主义现代化发展道路。但是毋庸讳言，在经济突飞猛进的同时，当代中国也付出了极为沉重的代价，既有生态方面的破坏，也有精神方面的迷失。相比当下中国经济的艰难转型，核心价值观的建构就更为困难。它之所以成为当代中国极为紧迫的课题，是因为其不仅关乎中国人的终极关怀和安身立命之处，而且再一次提出了“中国向何处去”的宏大命题。

中国长达两千多年的封建社会所带来的经济发达、文化繁荣、社会稳定的局面，一直至康乾盛世，维持到乾隆末年。其时，中国的经济总量仍占世界的第一位，人口占世界 1/3，对外贸易长期出超。由于中国所处的独特地理位置，以及中国的政治、经济、文化长期以来一直是东亚国家和民族中最先进的，文明发展程度在所知世界范围内无可匹敌，古代中国人的自我中心意识特别强烈，形成了完整系统的“华夷”观念及与之相关联的一整套处理自己与外部世界关系的方式和准则。然而，此时，以英国为首的西方世界却正面临着人类历史上最伟大的工业革命。18 世纪中叶，从英国开始，在世界范围内掀起了一股工业化革命浪潮，资本主义的工业化浪潮使工业生产迸发出前所未有的活力，创造了人类历史上空前的繁荣。这正如马克思在《共产党宣言》中所说：资本主义在它不到一百年的阶级统治中所创造的生产力，比过去一切时代创造的全部生产力还要多，还要大。

新文化运动终结了统治中国两千多年的儒家传统，并使其成了历史博物馆的“陈列品”。马克思主义的引进中国，并创造性地将其与中国文化和革命相结合，促使了中国文化与文明的转型。60 多年共和国的不平凡历程为中国道路奠定了基础，30 多年的改革开放最终使中国摆脱了近两个世纪的沉沦与屈辱，重新昂首走在了世界的前列。因此，中国崛起的背后绝不仅仅是简单的中国古老传统文明的复兴，而是融摄了现代人类诸多文明优秀成果的结果，其中更有马克思的伟大理想。而这就是我们所要追寻的蕴藏在中国道路与中国价值背后的“中国现代文明”。

五年规划与中国道路（香港中文大学政治与公共行政系讲座教授王绍光）

中国道路是一个非常宏大的话题。我觉得中国道路包含了太多的内容，必须要非常细致地理解，所以我今天讲的其实仅仅是对一个方面的认识，就是五年计划或者叫五年规划跟中国道路的关系。可能大家知道，2014 年开会的时候，印尼的总统向习近平请教发展经验，习近平讲了一句话：要有宏伟的规划，有了规划之后，就要尽快兴建基础设施。这说明了规划的重要性。

人类跟其他的动物比起来，最重要的一件事情，就是能够做计划。计划可以小，也可以大。进入近现代以后，人类就开始尝试，进行整个社会的规划，对这方面的思考，从德国的李斯特，到马克思、列宁，不一而足。我想强调一个人，这个人往往被忽略，叫拉特瑙，是很有意思的自由主义者。就我而言，也是小时候听到拉特瑙的话而最终进入经济学领域的。

最早做计划的国家当然是苏联，苏联 1928 年开始做计划，现在的评价往往觉得苏联的计划经济是一个巨大的失败，关键在于它的衡量方式，可能是误导性的。那么这本 2009 年出版的书我觉得非常好，书名就很说明问题，就是整个俄罗斯或者整个苏联的地方经济，以前是农业经济，但是实行五年计划以后，尤其是头三个五年计划之后就非常不一样了，即使把后来的几个不太成功的五年计划也算进去。从苏联实行的十二个五年计划的效果来看，起初苏联的水平跟当时的亚洲、中东、拉美差不多，而到苏联计划经济崩溃的时候，比这些当年跟它一样的国家要发达得多，所以说苏联的计划是非常成功的一个事情。

中华人民共和国成立的时候，是苏联进入战后恢复的第四个五年计划的尾期。英国的阿瑟·刘易斯在 1949 年写了一本书，叫《经济计划原理》。我用这张表想说明的是，实行了计划经济的经济体，实际上的表现是相当好的，这个往往被人故意地忽略。这张表是 1980 年的情况，就是计划经济开始走下坡路的情况，两样东西，一个是人均 GDP 的排序，一个是人均 HDI 的排序，把它们一减，就是两个排序之差。差别说明什么东西？经济发展水平不一定要很高，但你可以改善人们最重要的生活状态。差别越大，说明做得越好。我把全世界 135 个经济体里的头 35 个排出来，可以看到黄色的部分基本上都是实行经济计划的部分，表现比其他没有实行经济计划的部分好得多。

当然后来计划就衰退了，到了 20 世纪 70 年代末、80 年代开始走下坡路。很多国家放弃了计划，但转轨的效果并不是很好，这其实是人类历史上很少有的大灾难。这张图是苏联、苏东国家转型以后的指标，2010 年这些国家经济的总量，相当于 1989 年转型以前的水平，中国是 400%以上，其他有好一些有差一些。比如说乌克兰，到 2010 年的时候，它的水平才达到 1989 年的 75%。其实大量的国家转型效果非常糟糕，是人类历史上很少有的大灾难。再看中国，中国实行了十二个五年计划，现在正在进入第十三个五年计划。这是欧洲的一个数据，我们可以看到中国人均 GDP 的情况。

中国的计划与其他国家的计划相比有一个很不一样的地方，就是它比较粗放。以前我们讲粗放，尤其是当年评价中国计划经济的时候，老说我们的计划经济水平比较差，但是计划经济水平比较差，也许正是一件好事情。中国经济史研究领域有一个非常重要的学者，吴承明。武力是中国经济史一个非常好的教授，去采访吴承明。他说中国的计划不太具体，不太严肃，这反而好，给予各地各级各个部门一定的灵活性，实际上具有了指导性的作用。所以中国的计划，指定性的部分非常少，在毛泽东时期也是非常少，大量还是指向性、指导性的功能。

江泽民 1992 年说，社会主义经济从一开始就是有计划的，这在人们的脑子里和认识上一定是清楚的，不会因为提法中不出现“有计划”三个字，就产生是不是取消计划性的疑问。我觉得很多人解读的时候，把它去掉以后会有很多过度政治性的解释。中国现在的情况，有 87 个国家的人均 GDP 还比中国高。这 87 个国家，其实人口只占世界人口的 31%，中国占 19%，其他 50%人口所在的国家实际上 GDP 比中国要低，而 87 个经济体实际上都是体量比较少的经济体。

全球视野下的中国：中国对于世界意味着什么（上海社会科学院世界中国学研究所研究员　乔兆红）

全球史观强调世界各地区之间是一个彼此联系的有机体，主张把个别地区的历史发展放置到全球历史的大背景中进行考察，从而将全球层面发生的各种事件和进程联系起来。所谓“全球视野下的中国”就是，研究对象虽然是中国，但其问题却是全球的。意即，问题意识与学术关怀虽具有全球的普遍意义，但研究对象却指向中国。

一、中国独特的历史道路由中国特殊的国情决定

中国历史发生的实际过程对构建中国道路具有重要意义，只有基于对这些基本史实的确切了解，才可能形成对中国发展进程的“中国式思维”，为学术界深化中国问题研究打开思考的大门。中国的独特历史道路由中国特殊的国情决定。60 余年的探索表明，新中国走过了一条从“不相信市场”到“尝试选择市场”再到“放心使用市场”的道路。然而，健全的市场环境并不会自动形成，市场形成是一个历史过程，它嵌入在所处地域、时代的社会结构中，并在很大程度上受政治环境及其他因素的影响。“市场从何而来、如何形成”是研究市场经济永远绕不开的话题。

二、全球视野下的中国:中国对于世界意味着什么

(一) 中国是个故事,回顾而以前行

国际历史科学大会首位"积家历史学奖"获奖学者塞尔日·格鲁津斯基(Serge Gruzinski)指出:"在西方的历史教育中,他们对中国知之甚少。对中国历史知之甚少,会造成非常危险的误读。在西方人的教育经验中,很少涉及中国历史,因此可能作出表面的解读。"在中国外交政策渊源、中国与全球化互动等问题上,别国学者尚未身处中国历史语境就已在研究中国历史,所以必须跨越边界来理解不同的文化、意识形态以及研究方法,展开合作。

没有回顾何以前行?由于缺乏对对方历史文化传统的深入了解,在更多的知识体系碰撞的时候,呈现出来的身份和论述策略都将不同。既缺乏对中国历史文化的理解,又缺乏对中国现实情况的分析,表明海外"中国通"们距离读懂中国还有很长的路要走。对于政治学家而言,没有对早期政治发展脉络的深刻理解,要来回答关于当代中国政治的一些最为紧要的问题,即便不是不可能,也是相当困难的。

(二) 中国的发展关乎世界格局的变化,具有世界性意义

当前,世界经济形势的不确定性上升,有效化解风险挑战,迫切需要社会各界以全球视野,加强对当代世界发展新特征新趋势的战略研究,为世界和平发展提供理论支持和决策依据。关注十八大以来世界对中国的认知,促使我们有可能在固有的视域之外窥视到自身的盲点,有助于深化我们对自身所处国家的认识。同时,研究方法与研究范式上的差异,也有助于我们观察和掌握不同文明视角下的内在逻辑。因此,以中国道路为研究基础,促进中国与世界的互动,从这种认识上的互补,解读当代中国与世界的多层意义,有助于与当代全球体系达成一种良性互馈。

(三) 让中国真正成为世界的一分子

让中国在内的所有国度真正成为世界的一分子。只有欧美以外的更多国家走上发达之路,包括中国在内的所有国度真正成为世界的一分子,而且所有人的世界观都覆盖整个世界,世界也不再是洋的变形,世界变成平的,地球才会是圆的。"让中国在内的所有国度真正成为世界的一分子",这才是真正的全球化。这样,中国道路才会被认可和广泛接受。而《世界是平的》这本书也体现了这个意思。如果你能够化全球资源为你所用,那么世界就是你的;如果你对全球化视而不见,可能在不知不觉中,你赖于生存的工作就被外包了。

三、中国道路的中国经验

中国道路就是中国特色，我们一刻也不能忘记中国具有自己的历史与文化，有着我们不能简单超越的传统政治文化。诚如英国哲学家罗素所说，“只有中国人最了解自己”，“只有他们自己慢慢摸索出的解决之道才是长久之计”。中国的问题是从增加控制能力转向管理能力。现代与传统截然对立、非此即彼的观念与做法难以通行。只有将“传统”与“现代”中的能动因素相互融合，扬双方之所长，去双方之所短，方有可能向前迈进，这就是中国特色现代化道路的特点。

现代化归根到底是人的思想观念的现代化，但民主毕竟是一个个人与集团自我体认而非外在简单给予的历史过程。罗斯福新政毕竟是一国之经验，但会为他国制度建设带来必要的启示。我们有理由相信，植根于改革研究的学人终归是推进改革研究的生力军。至于改革最终能否惠及中下层民众，最终能否改善全球经济生态，让我们拭目以待！

中国道路的历史承载与未来面临的挑战（解放军南京政治学院上海校区教授　韦定广）

“中国道路”是一个相比较而提出的概念，所谓比较，就是主要和过去以“苏联模式”为特征的社会主义建设道路作比较，以及和欧美国家的资本主义现代化道路作比较。因此，其时间起点是在 1978 年。

理论界至今仍围绕中国道路的内涵或独特性争论不休，且在这方面存在很多不那么正确或科学的解释。我认为要搞清楚中国道路的内涵和独特性，需要从所承担的历史任务着眼，即我们的“中国道路”究竟有着怎样的历史承载和最终要达到什么样的奋斗目标。这在 30 余年来的道路行程中存在一个不断明晰的过程：邓小平时期提出的目标一是现代化，二是社会主义。在此基础上，党的十六大以后又进一步突出了民族的伟大复兴。也就是说，中国道路在行进过程中承担着三大历史任务：第一，是使中国成为一个现代化的中国；第二，是使中国的社会主义从“不够格”（邓小平语）到“够格”；第三，是实现民族的伟大复兴。纵观历史，以往无论是以苏联为代表的社会主义国家，还是欧美资本主义国家，其道路的任务几乎都是单一的（社会主义或现代化），然而，中国道路却是要完成三重奋斗目标或历史任务。三者合一，既明确昭示了中国道路与其他道路的区别，或者说体现了中国道路的独特内涵与特殊本质，而且也彰显了这条道路的复杂性与艰巨性。

应该承认，这三大历史任务或奋斗目标，在客观上是存在矛盾的。例如社会主义讲究公平，但现代化首先是要求有效率；社会主义强调国际主义或世界主义，但民族复兴过程中必须努力弘扬爱国主义、突出民族的存在与发展……因此，如何实现这三大任务或目标的协调与统一，势必成为最后成功与否的关键，同时也成为这条道路的领导集团即中国共产党执政的最严峻考验。目前道路行程中存在的许多问题，包括广大人民反响比较强烈的一些问题，如社会公平与环境污染问题以及精神危机、道德困境等，其实都与这三大任务之间的内在矛盾存在某种必然性联系。如何解决？恐怕需要从以下方面着手：

第一，在理论或认识层面，要进一步深入研究和引导政府官员与民众正确认识社会主义究竟意味着什么，中国式现代化究竟意味着什么，民族伟大复兴究竟意味着什么。不客气地说，这三方面有许多的内容被我们浅薄的甚至庸俗的理论研究搞坏了或搞混了，亟需正本清源。

第二，在战略层面，要注意正确处理或协调好三大关系：一是传统与现代；二是封建主义与社会主义；三是民族主义与世界主义或国际主义。传统有好有坏，一味宣扬传统也会给中国道路的发展带来许多困难或麻烦。在中国，社会主义容易和封建主义相混淆，我们决不能将封建主义的东西当作社会主义来宣扬。爱国主义搞不好就会滑向狭隘民族主义甚至种族主义，这是我们在道路行程中必须时刻警惕的！

第三，在制度设计层面，要不断创新和发展。在这方面，中国道路的制度设计要注意三方面的结合：社会主义基本原则、中国传统精华与西方国家的成功做法。重要的是，我们既不能照抄照搬欧美国家，但也不宜简单排斥，或者将本不具有“资本主义”属性的东西当作资本主义加以拒绝或反对。这方面我们有过沉痛的教训。

上述三方面结合在一起，或许可以使未来中国在其道路行程中创造出一种新型的文明类型。这既是中国道路成功的证明，也是其能够顺利发展的基本保证。

第二圆桌议题：中国经济发展新常态

中国经济增长的下限和转变经济发展方式的动力（中国社会科学院学部委员、数量经济与技术经济研究所研究员　汪同三）

改革开放以来，我国经济年平均增长率接近10%，最高的时候达到15.2%，10%左右的增速就是经济高速增长。当然也有个别年份增长率偏低，不到4%，就是低速增长。十八届五中全会提出，"十三五"期间我们的经济增速由高速转向中高速，这个中高速就是4%到10%之间的增速，中高速增长是一个有效益、有质量的增长，是在合理调整经济结构基础上的增长。

以前我国编制五年规划，制定年平均增长率时，选择范围比较宽，差不多有两个百分点的选择余地。比如定在7%，不但能实现，还可以超额完成。但是"十三五"规划中，我们的选择余地就很小了。2013年以来，由于进入增长速度换挡期、结构调整阵痛期、前期刺激政策消化期，我国面临经济下行压力，如果还把目标定在7%或更高，完成起来难度就很大，但是又不能低于6.5%。习近平总书记算过两个账，一个账是要确保2020年实现GDP翻番、人均收入翻番，一个账是7 000万人口的脱贫，这两个账都是很明确的、可以量化的。要实现这个目标，我们的年均增长率不能低于6.53%。也就是说，经济增长的区间在6.5%到7%之间，回旋余地只有半个百分点。就地方而言，情况有所不同，甚至维持中低速增长也能实现上述目标。比如广东年平均增长率只要达到3%就能实现2020年GDP翻番，广西比广东差一点，达到4.7%也可以实现这一目标。但是就全国来说，年增长率的下限就是6.53%，必须实现这个增速。因为统计口径的差异，以及部分跨地区生产经营活动可能被重复计算等原因，地方GDP之和往往高于全国GDP。

我们现在转变经济发展方式，要从之前依靠投资、出口拉动经济增长，转为以扩大内需为主，特别是要以消费为主来拉动经济增长。这里的消费绝不是纯消费，纯消费对经济增长的贡献非常有限。因为每个人的基本消费是刚性的，比如一顿吃一个馒头就够了，让你吃两个馒头就多了。靠纯消费来推动经济发展，不可能实现7%或者更高的增长，真正能够拉动我国经济增长的消费，一定是最后能带来投资增长的消费。我们的经济增长主要靠内需拉动，内需主要靠消费拉动，我们刺激消费、促进消费增长，必须是刺激导致投资的消费，这种消费才能给我国的经济增长注入动力，实现从高速向中高速的平稳过渡。

实施"一带一路"倡议也有助于克服经济下行压力，实现稳增长的目标。中国经济下行的重要问题就是产能过剩。"一带一路"的重点是周边国家的基础设施建设，这对我国生产能力的利用大有好处，一些国内过剩但国际上并不过剩的产能可以有效利用起来。"一带一路"还有助于有效调整我国的经济结构，提高经济增长质量，有助于全面深化改革。比如我国的高铁出口，在国际上面临日本等国的激烈竞争，这就要求我们不断提高技术水平；同时，通过高铁项目，我们给项目所在国提供非常好的融资条件、资金利用条件，也会促进我国资金使用效率的提高。

中国经济应谨防欧洲化（上海交通大学安泰经济与管理学院特聘教授　陆　铭）

谈论中国的经济增长速度应该认识到经济增长的速度和效率本身是统一的，因为经济的增长无非有两个来源，一是生产要素的积累，二是生产效率的提高。从生产要素的积累上看，中国经济的确面临很大的挑战，比如人口老龄化、投资率很可能下降，但从生产效率的提高上看，中国经济发展还有很大的空间。这里要借用全要素生产率（TFP）的概念，TFP的提高在一般的教科书里被认为来自于教育和创新，这对中国来说当然也非常重要，但在通常的标准里不大谈的就是资源的跨空间再配置。从中国移民变迁上可以看出，经济和人口资源的再分配完全是地理引导的结果，但从中国的大国角度来讲，我们一直有一个非常重要的追求，就是区域平衡发展，于是通过行政导向使我们的经济资源向中西部省份配置。

这里特别突出的一个资源配置就是土地。中国作为一个大国追求平衡发展本身是不错的,但我们必须要讨论什么叫平衡。真正的平衡是人均 GDP 的平衡。提高一个地区的人均 GDP 有两个办法,一是把 GDP 做大,行政导向上就是给资源;二是把一个地方的人口减少。以美国为例,在人口密集的地方,恰恰是进一步吸引人口,利用工业和服务业的规模经济效益来提高人均 GDP,这些产业人多反而有利于提高人均 GDP。但在人少的地区,往往是通过减少人口来提高人均 GDP,因为这些地区的行业有某种核心的投入品,数量非常有限。比如农业、旅游、自然资源,它们的核心投入品分别是土地、自然风景、矿产资源,当某一个核心投入品的数量很难增长的时候,要提高这个地方的人均 GDP 就必须减少这个地方的人口。不同地区通过增加人口和减少人口都可以获得人均 GDP 的提高,关键是看产业是怎样的。

接下来看中国,中国各省的人口份额和 GDP 份额高度背离,也就是说中国今天地区之间的人均 GDP 差距比较大,不是像大家通常理解的是因为中国经济高度集中在少数省份,而是因为中国人口的集聚落后于 GDP 的集聚。如果中国未来走向市场经济并且工业和服务业的规模经济效应越来越强的话,中国的经济就会越来越集中在少数地区。中国未来要做的是通过人口和经济集聚的同步缩小地区之间人均 GDP 的差别,也就是说在集聚的过程当中获得更加平均的人均 GDP 的收入。全球一些比较有代表性的国家都曾经在经济发展早期出现过地区之间差距扩大的阶段,但人均 GDP 到五六千美元后,这些国家走向了人均 GDP 地区之间差距缩小的阶段。持续的劳动力的自由流动,实际上会带来地区间差距的缩小而不是扩大。

中国的内地该怎样发展?我强调三点,一是中国的内地也应该像美国的中西部一样,重点发展农业、旅游和矿产这三个不能轻易增加核心投入品的产业。而这样的产业通过减少人口反而可以提高它的专业化水平,发展规模经营,增加人均 GDP。二是发展那些不强调经济集聚、不强调港口重要性的产业,如芯片、软件业、呼叫中心,这些产业内地在土地和劳动力价格上更有优势。三是发展服务于内地市场的产业。这三个方面是适合中国内地发展的,但不会改变整个中国的经济进一步向少数地区集聚的趋势。

欧元区的矛盾在于,不同国家有统一的货币,却有不同的劳动生产率。在融资成本较低的情况下,劳动生产率较高的德国借机扩张生产。而在像希腊这样的弱国,则出现了工资增长速度高于劳动生产率的现象。宽松的信贷,刺激了德国以外国家的消费增长，也导致危机之前欧元区一些弱国的经济过热，债务大规模增长。当全球经济危机来临，虚假繁荣的经济显得异常脆弱，政府偿债能力出现危机。这些弱国就出现国际收支逆差，进而出现危机。

对中国而言，因为混淆了平衡和均匀的概念，导致过度追求均匀发展，最终导致效率损失。劳动生产率越低的地区，往往负债率越高。在劳动力未能充分流动的前提下，欠发达地区背离本地比较优势的投资，常常以债务为投入，却没有足够的产出，给当地带来了债务负担，这也使得中国同样面临欧元区国家间已经出现的统一货币与地区间差异巨大的矛盾。

新常态和中国经济增长速度问题（上海社会科学院世界经济研究所副所长、研究员　权　衡）

2013 年以来，全球几乎所有的经济体都面临经济下行的压力，主要国家经济增速都在下滑，全球贸易也大规模下滑。全球大宗商品价格大幅下降，石油产品价格持续下跌。2015 年，主要经济体的股市都出现波动，其中又以中国为最。有观点认为中国经济拖累了世界经济，也有观点认为世界经济影响了中国经济。

事实上，中国经济和世界经济是相互影响的。在两者深度融合的背景下，怎样看待中国经济增速下滑呢？官方主流的观点认为进入新常态，但也有少数学者认为是非常态，因为投资增速陡然下降，甚至认为是政策性的收缩导致的。我个人认为新常态是中国经济的赶超方式发生了改变。新常态下中国经济增速会发生改变，但赶超型的态势、趋势不会发展改变，改变的是赶超的速度，赶超需要新的经济结构进行支撑。这样理解经济新常态就不会把中国经济分为高速增长和低速增长两个阶段，它有一个转换的过程，这个过程可能就是我们今天理解的新常态。

今年的增长速度我估计会在 6.8％、6.9％，到年底不一定能实现 7％。最近这大半年来，最大的一个下滑是投资增速的下滑。外贸这一块特别是进出口的确是陡然下降。另外，2014 年的第三季度开始，货币政策对 GDP 的增速出现了分化，货币政策多次降准降息，货币供应量上升了，但 GDP 增速还是平稳下滑，不像过去货币扩张的同时就能转化为有效的经济增长，现在出现了一个分化。

如何理解这个问题？首先要肯定的是这样的下滑没有改变中国经济赶超增长的趋势，中国还是赶超经济，赶超的任务没有完成，赶超的过程中一定是有一些坎坷、问题的。其次，就经济增长来说，中国经济还没有到收敛的阶段，还不具备稳态型的收敛，因为人均GDP还远低于发达国家水平。再次，我们现在还面临如何跨越中等收入的问题。从长远看，我觉得中国经济还有很强的赶超优势和潜力，尽管今年投资增速和消费都出现下滑，但中国劳动力的数量还在较快增长，尽管人口政策有一些调整，人口供求结构有改变的趋势，但总体劳动力的数量还在增长阶段，人力资本的状况总体较好。另外发明专利、申请授权等的增速也在上升阶段。

我不认为在这个长期的赶超上中国经济会出现断崖式的下滑。改革开放30多年以来是高速赶超，或者说是超常态的赶超，现在是中高速赶超，是回归正常的赶超。追赶速度出现下滑的因素很多，包括人口问题、土地问题，特别是全球贸易规则的变化等。TPP等提出新的全球经济贸易规则，实际上是提高了进出口贸易的门槛。另外中国政府是推动中国经济发展的重要因素，其理念也发生了变化，提出不以GDP论英雄，提出向服务型政府转变。从长期来看，要在新常态下继续保持中高速的增长，我们需要挖掘几个方面：一是增长动力的转换，创新、提高效率，提高全要素生产率；二是“三化”方面融合发展；三是供给侧改革，工业化和制造业升级转型、提升附加值；四是城镇化的质量转型，以人为本的城镇化，有质量的城镇化。

如何在宏观经济困难的背景下推行改革（法国亚洲中心主席迪蒙柳）

现在全球经济增长都在放缓，2015年的增速可能只有3%，2016年很可能3%都不到。中国经济的放缓实际上是世界经济放缓中的一部分。大家都对中国经济的进一步发展有很高的预期，中国也制定了长期的发展目标。但能不能做到，外界认为有很多不确定性。对于中国来说，要维持经济的中高速发展，有很多政策工具，但要把预期变成实际的增长，需要解决很多问题，尤其是制造业中的产能过剩和库存问题。

中国经济增长的放缓不可避免，中国政府对此也有预期，提出了经济新常态。问题是这个放缓是否和预期的一样，还是说会比预期的来得更快。会不会出现一种情况，就是放缓比我们想象得更严重或者来得更快，比如说经济增速跌到6%以下。如果出现这样的风险，如何去应对？中国现在也在经历很多西方国家曾经经历过的相同阶段，也就是跨越中等收入陷阱。在西方，我们花了超过一代人的时间来跨越。中国现在的发展速度比很多其他国家都快，可能不需要一代人的时间，但这个阶段依然会比较长。当中国的赶超达到一定阶段，就是正向前进的发展速度和经济放缓的负面力量两股力量在角力，而当下正处于这种来回的拉锯之中。

在这种宏观经济困难的情况下，恰恰需要逆行而上的改革。就金融服务而言，以前很多贷款都是流入国有企业，这一情况需要得到有效的改变。就产业结构来说，要警惕过度倚重第三产业，第三产业并不足以支撑整个国家的经济发展。人民币加入国际货币基金组织SDR(特别提款权)货币篮子，对中国的发展会有帮助。当然，我并不认为人民币会很快变成可自由兑换的货币，这需要时间。但加入SDR会有利于中国对外的资本投资，这样中国可以更多地通过海外投资来拉动本国的经济发展。而且加入SDR后，人民币就成为比较稳定的货币体制，中国将不再需要巨额的外汇储备，可以把一部分外汇储备变成本地货币。但这也有风险，就是会提高人民币的汇率。但如果能让市场上有更好的途径拿到信贷，对人民币的使用可以更加灵活，这中间需要达成一种平衡。最后就是银行的改革，中国银行的改革需要进一步深化，涉及信贷、债券市场、不良贷款等，这些都需要结合起来，进行一个统一的深化改革。

中国区域经济均衡发展趋势的可持续性分析(上海社会科学院经济研究所副所长、研究员　沈开艳)

进入21世纪以来，中国中部和西部地区经济发展速度超过东部和东北地区，虽然东部、东北、中部和西部地区经济发展水平仍然保持着较大的差距，但是四大地区发展趋势呈现出接近的倾向。有学者认为，中国区域经济发展正处于U型曲线的拐点，正在走向趋同阶段。但是通过对西部地区产业结构及经济发展内生性的分析，我们发现，中西部近年来的快速发展更多的是外生力量推动所致，内生性力量严重不足。

2000 年以来，中西部地区经济增速不断接近东部地区；2008 年开始，中部地区、西部地区和东北地区的增长速度超越东部地区。人均 GDP 上，2006 年开始，中西部与东部地区间人均 GDP 的相对差距也开始逐年减少。体现区域发展差距的各项指标均呈缩小态势，中国的区域经济似乎朝着均衡发展的趋势发展。验证区域经济发展趋同的关键在于后发地区在其政治、社会、文化革新条件下，是否形成了基于本地区比较优势与要素禀赋的内生性的产业结构。这是判断一个地区经济是否形成真正发展动力的标准。如果中国中西部地区已经存在基于要素禀赋的内生性与合理化的产业结构，就表明其经济发展差异趋同是可持续的，反之，则表明这只是趋异过程中的一次趋同波动而已。以西部地区为例，从其 1999 年到 2011 年三次产业增加值结构和三次产业经济增长贡献率可以发现，第二产业即工业与建筑业是带动西部地区经济增长的支柱力量，工业化是西部地区经济发展的积极推导力量。但是，我们结合西部地区的就业结构会发现，工业化并没有带动就业相应增长，西部地区产值结构和结业结构非常不对称。这表明西部第一产业的富余劳动力并没有转移出来，西部地区的工业化并没有推动劳动力从第一产业向第二产业转移。这一方面是由于社会资源没有得到充分利用，另一方面也说明西部地区的产业结构外生于本地区的要素禀赋与比较优势。从西部地区的产业结构效益指标（比较劳动生产率和产业结构偏离度）来看，西部地区产业结构收益不高，其合理化和内生性程度亟待提高。西部地区产业发展一直具有典型的二元化特征，并形成了两套经济系统：传统经济和工业经济，经济上的二元化特征直接影响到二元化社会结构的形成。

总体而言，西部地区产业结构外生性比较明显，产业结构基于本地区比较优势、资源禀赋进行发展的特征还较弱，产业结构变化具有明显的受到外力牵引的特征。从西部地区目前产业之间的协作来看，各部门的社会分工尚不合理，专业化协作水平较低、关联效应较差，内部结构不甚合理，因此产业结构效益低。西部地区产业抗风险能力更弱，地区应对经济社会矛盾回旋余地较小，金融危机造成的冲击更大。在某些方面，金融危机对西部造成的影响超过了东部。从西部地区的发展可以看出，中国区域经济的发展还没有到达发展到顶点然后差异不断下降的阶段。如果西部地区没有形成基于地方的内生与市场需求的产业转换和升级，其经济快速增长的态势将不可持续。如果其产业结构不断内生化，实现了经济增长推动力量的转型与优化，那么中国区域经济差异更可能进入趋同过程。

中国经济关键是打好“组合拳”（上海社会科学院经济研究所副所长、研究员　张兆安）

近年来，受全球经济低迷和国内“三期叠加”的影响，中国经济运行面临严峻的下行压力，尽管基本面没有根本改变，但仍然需要采取措施予以化解。为了确保今后5年中国年均经济增长速度在6.5%以上，我们应该从五个方面打组合拳。

宏观政策方面，新常态下，原来的一些宏观调控政策效果开始减弱，比如货币政策，多次降准降息，但效果并不明显。在经济下行压力过程中，财政政策应该比货币政策更重要，我们要更多地使用财政政策。之前中国经济一直高速增长，我们采取了一些紧缩政策，这些政策现在应该进行清理。此外还需要促进股市健康发展，适度扩大地方债规模，让地方经济发展有更多的回旋空间，等等。

微观政策方面，要解决一些具体问题。从目前中国的企业成本上来看，最大的风险一是“需求萎缩”，一方面是出口的大幅度下降，另一方面是部分内需往外走，比如现在很多中国人到国外去买买买，有需求但不能转化成国内的消费；二是“成本上升”，这是中国企业碰到的最大问题。政府微观政策的重点应该是降成本、降门槛、降税费等，比如工业用电价格下调等。取消一些影响市场发挥决定性作用的门槛，只有取消门槛才有可能出现大众创业、万众创新。

国内需求方面，应推出鼓励消费政策，活跃房地产市场，降低进口商品税费，扩大国外游客来华规模等。鼓励消费上，之前推行过一些切实有效的举措，比如家电下乡、家电以旧换新等，对短期内消化产能有帮助。降低进口商品税费，一定程度上能缓解目前很多国人到国外去大量购买外国产品的状况，把消费留在国内。中国人到全世界旅游，全世界的人也到中国来旅游，实行离境退税政策、建一些免税店，能有效促进消费，也能促进旅游业发展。

在产业发展方面，中国现在大规模的新兴产业还没有完善，传统企业挑战非常严峻。应该大力推动战略性新兴产业的发展，同时对传统产业进行升级；大力推进新经济，强化“互联网+”行动；推动政府采购对产业支持等。

在外资外贸方面,关键是扩大开放,稳定外贸增长,稳定外资预期,加快各类贸易谈判和自贸区建设。改革开放以后,我们利用大量的国外资本推动了中国经济和发展,下一步还要继续引进外资,而且要保持一定的稳定性。外贸上,现在全球经济发展低迷,对中国外贸出口影响很大,我们要改善产品结构和出口商品结构,利用国际经济治理结构的变化,把外贸的发展和金砖银行、亚投行、丝路基金、"一带一路"建设更好地结合在一起。此外,还要把中国经济走出去作为应对经济下行压力的一项系统工程去发展。

德国经济学家李斯特与中国经济(德国路特林根大学教授　尤·温德勒)

这是我第三次来到中国,我对中国所取得的不可思议的巨大经济增长深表敬意。在过去的 30 多年里中国取得了非常多的成功,从一个不发达的国家发展成了一个政治、经济的大国。与此同时,在中国的经济体系当中,我也看到越来越多的资本主义特征,这也带来一些社会问题。我们可以从李斯特的经济思想中找到一些解决这些问题的有益启示。

当前,全球贸易的不平衡越来越严重,还有全球债务问题、全球气候变暖等,奉行自由主义和资本主义的经济学家们都无法应对这些世界性的难题,所以我们需要对李斯特的思想重新作一些复兴。18、19 世纪有三位经济学家建立了自己的思想体系,首先是苏格兰人亚当·斯密,另外是两位德国人,李斯特和卡尔·马克思,亚当·斯密代表的是自由贸易政策,李斯特代表的是国家资本主义,卡尔·马克思代表的是社会主义。但在经济学中,李斯特是一个被长期忽略的人物,事实上他在欧洲的工业化中发挥的影响非常深远。19 世纪,李斯特派和马克思派有过一场大争论;20 世纪。不同学派相互之间有很多争论。21 世纪应该是亚当·斯密派和李斯特派之间的争论,也就是全球的资本主义和社会市场派之间的争论。李斯特强调国家的作用,主张通过国家力量来推动经济发展。我相信我们可以探索不同国家的发展道路。

李斯特是第一个讨论 19 世纪上半叶中国经济形势的德国经济学家,他那时把中国当作一个不发达的集体主义经济体,但他认为中国的发展有很大的潜力,尤其是糖业、纺织业等需要用到自然资源的产业。李斯特对中国人民的评价是非常勤奋、勤劳勇敢,但遵从性很高。李斯特同时也批评了中国当时的政府,认为中国动荡的政局,一部分原因是当时中国受到英国所奉行的自由贸易政策的压制。李斯特有一个概念叫"未来政策",谈到未来的政策怎么去制定。不过在有生之年,他对自己想要阐述的未来经济体制只写在《国家政治经济体制》一书中,从这个名字中我们也能看出他对"未来政策"的关切所在。我认为李斯特的思想对于中国和当今的世界经济都有很重要的参考意义。

中国技术赶超模式的比较研究(韩国首尔大学教授 李 根)

过去数十年已经积累了不少有关后发国追赶问题的研究,我这里主要是分析中国的追赶案例,并对中国的追赶模式和亚洲邻国的追赶模式进行比较。我的研究发现:

首先,技术体制对后发国家追赶的结果具有重要影响。比如手机市场模块化程度非常高,技术赶超体制非常可行;还有一些行业技术周期非常短,技术体制也很有用,不需要花太多的时间去学以前的技术,去作技术的积累,它的赶超就会非常快;还有一些行业有一些默许的技术,技术体制也有助于这些行业的技术赶超。也有些行业产品更新换代非常快,但知识积累非常重要,比如半导体行业。因此,不要认为技术的作用会决定一切,而应当考虑不同产业部门中有必要采取不同的战略,特别是要记住技术体制在不同产业部门必然呈现出部门差异性。此外,具体产业部门中的最终追赶结果同样取决于政府和企业的具体行为。

其次,在中国和亚洲邻国都能发现的一个共同的结论是,最终的追赶甚至赶超成功有赖于打造本土企业的能力,而不应该仰仗外来直接投资。外来投资可以是学习外国技术的重要途径,但它往往会妨碍本土技术能力的最终成长。中国与韩国在汽车部门中这样的案例很多,如吉利、奇瑞与上海大众和一汽,以及现代和大宇(这是与通用合资的企业),都已经开始走上了自主创新的道路。促进本土企业的成长至关重要,因为随着后发国日益迈向技术前沿,外资企业往往日益不愿意进行技术转让或技术转售,哪怕曾经有过相关授权安排。

再次,从东亚可见的另一个共同结论是,政府或公共部门的角色颇为重要,但并非总能导向成功。因此,更重要的是要找到每个产业部门中具体的政府干预方式。我认为,政府发挥的作用主要是鼓励相关的关键产业的发展,比如说在电信设备领域，鼓励本土采购。另外高科技行业，因为技术演变得非常快，所以政府主要是通过投入创新资金来鼓励本土的研发和创新。韩国企业有这样的历程，日本企业也有过同样的历程。

中国和韩国的赶超模式当中，其实有非常多的共同点。比如一开始本土企业都比较依赖外商投资作为学习的渠道，采取追随者的策略，但后来会不断地赶超，最后实现跨越。政府在不同的行业扮演的角色也是有所差异的。另外是中国的特色，中国的特色和韩国不太一样，一方面是中国的市场非常大，而且比较分散；另一方面是中国的中央政府和地方政府之间的关系比较复杂。因为中国人口基数庞大，所以相对于外商投资而言，中国有比较强的议价能力，在与外国企业进行技术转让谈判时，中国更能够达成较好的协议，这就是所谓的“以市场换技术”战略。

中国提议建造秘鲁—巴西两洋铁路的经济影响（秘鲁圣马科斯国立大学教授　卡洛斯·阿基诺）

李克强总理访问巴西和秘鲁期间，再次重申了建造两洋铁路的建议，希望该铁路能连接巴西一边的大西洋和秘鲁一边的太平洋。该建议为巴西和秘鲁政府所接受，此方案的可行性研究将于 2016 年 5 月呈交。这是一个很大的项目，将有益于中国、巴西和秘鲁。

第一，此项目所带来的好处是巨大的，因为它允许货物从巴西经秘鲁运至中国及整个亚洲，从而节省时间和距离。目前巴西的商品要出口到中国，如铁矿石、大豆，必须先从大西洋走，从北边到巴拿马海峡，花的时间很长。如果有了秘鲁—巴西两洋铁路，货物可从巴西经由亚马逊河流域和秘鲁运达中国，绕过巴拿马运河，从而节省大量的时间和金钱。秘鲁将会受益于该项目，因为这条铁路会穿过秘鲁境内目前尚互不连通的城市和海岸线，这将有助于带动这些城市的发展。从宏观经济上看，秘鲁的发展形势较好，通胀率很低，没有公共赤字，经济增速也不错，但基础设施状况很差，尤其是铁路占比非常低。秘鲁国内一些地区之间都没有铁路连接，只能乘飞机，如果建铁路会让沿线地区的往来更方便。缺乏交通运输等基础设施是秘鲁、巴西面临的重大挑战之一，也是拉美国家总体面临的重大挑战之一。就此而言，建造这一铁路可以协助解决这个问题。

第二，地缘政治方面会产生很大影响。中国在拉美的影响原已与日俱增，这条铁路的建设将标志着中国开始参与该地区所需基础设施的建设。一段时间以来，人们都在谈论中国参建一个经由尼加拉瓜而替代巴拿马运河的方案，但这只是一位中国商人的项目。中国已经是拉美国家的第二大贸易伙伴，且是其中几个国家(包括秘鲁和巴西)的第一大贸易伙伴。中国正在增加在该地区的投资，尤其在矿产和石油方面。中国也是一些拉美国家的最大债权人，其在基础设施发展上的介入将进一步加深与该地区的既有关系。

第三，完成此项目的困难和挑战也是很大的。技术上的挑战是，铁路要穿越森林茂密、雨量巨大的亚马逊地区，还要通过高海拔的安第斯山脉，而同时又需要尽可能减少对野生动物和当地原住民造成的破坏性影响。另一挑战是，需要在秘鲁的沿海城市设立庞大港口，以保证火车直达港口，且该港口要有足够的能力来装卸来往中国的货物。

中国的“赶下创新”(日本东京大学社会科学研究所教授　丸川知雄)

关于发展中国家技术进步的研究通常关注的是，这些国家的企业如何缩小与发达国家领跑者之间的技术差距。然而，对于那些想要实现经济成功，并为增加该国收入水平作贡献的发展中国家的企业而言，它们并不需要在技术上缩小与发达国家同行们的差距。经济学理论认为，对于发展中国家的企业而言，与发达国家先行者的路径不同，它们可以在不同方向上去提高自身的科技水平，或者采用在发达国家已经被废弃的技术，这有时候会更有效。

所谓的“赶下创新”，指的是发展中国家的本土企业和本土人民所开发的技术和进行的创新，是他们以不同于发达国家同行的方式所达成的技术进步。当前已然出现了一些“赶下创新”的实践，并对中国的经济生活产生了重要影响。包括 VCD、电动自行车、山寨手机和便宜的智能电话，以及 Adobe Flash 制作的动画片。所有这些不仅在中国，也在其他发展中国家创造了巨大的市场。VCD 是一项由日本制造商开发出来的技术，但这个技术在日本并不成功，因为这个技术刚刚上市的时候，录像带放映机在日本已经非常受欢迎了，但在中国，录像带却很快在 VCD 的冲击下失去了它的竞争优势。电动自行车最初只是日本制造厂通过减少电力辅助型自行车的一些功能而发明出来的，中国的企业发现日本的这种电力辅助型自行车有一些高科技的功能，在中国根本不需要，是多余的，所以他们把这些功能去除了，降低了生产成本，使之变成了电动自行车，电动自行车在中国非常受欢迎，已然发展为一个产业。此外，山寨手机和便宜的智能电话是由一批中小企业生产出来的，它们为低收入人群提供了一个代替名牌手机的廉价选择。中国企业家在“赶下”创新方面，已显示出了他们的卓越。

其实我提出的概念并不是全新的，在20世纪70年代的时候就有人提出了叫“中间技术”的概念。“中间技术”强调的是要根据发展中国家的情况对技术适当地作生产要素的必要调整。一个企业要取得经济上的成功，一定要掌握发展中国家独特的社会生活环境，尤其要考虑到当地低收入人群的需求。所以对于发展中国家的企业而言，其实技术创新不应该仅仅是为了赶超发达国家，而应该找到新的出路、新的方向。

上海自由贸易区金融改革开放与人民币国际化（上海社会科学院世界经济研究所研究员　徐明棋）

中国（上海）自由贸易区的金融开放和改革的措施引起了外国政府官方和金融机构的高度关注，因为上海的目标是要建成国际金融中心。中国人民银行、银监会、保监会和证监会出台了自由贸易区改革开放的51条措施，其主要的特点是在自由贸易区与海外国家、地区之间建立了特殊的通道，资金从海外进出自由贸易区实现了自由化，这就在客观上使自贸区与海外人民币离岸市场直接相连，成为境内的人民币离岸市场。自贸区还先行一步推进了利率市场化和汇率机制的改革，一个对外扇形开放的窗口已经打开。自贸区还推进了银行、保险和证券业的进一步开放试验，这些措施对人民币国际化产生了重要的促进作用，也将给上海国际金融中心建设带来新的动力。

人民币国际化，正式来说应该是从2009年开始的，中国政府鼓励跨境贸易人民币的结算，从2009年开始，人民币的跨境结算快速增加。中国政府之所以推动跨境贸易结算，最大的一个出发点是为了让中国的企业能更好地应对外汇波动的风险。当然中国政府有它的一些战略目的，就是希望能使人民币发展为一种国际货币。随着中国经济规模的进一步增加，我们有越来越多的跨境经济活动;随着人民币的国际化,它在某种程度上已有助于国际货币体系的改变。

一开始,人民币为主的贸易主要发生在中国的进口方面,也就是中国把人民币给付出去,人民币流出。但现在很多的人民币是在境外市场上,尤其是在香港,香港近年来人民币的存款迅速增长。法兰克福、卢森堡、伦敦的人民币资金情况也差不多。总的来说,所有人民币的市场都在壮大,这些离境市场的壮大,也有助于人民币成为国际货币。但如果国内的市场没有去推动离境市场的发展,也有可能会阻碍人民币成为国际货币。中国(上海)自由贸易区建设和开放就起到了一个境内推动的作用。自贸区最大的作用是能让区内外资企业,此外也允许自贸区的个人开设一个账户,这个账户是人民币和外汇的自由贸易账户,有了它,资金就可以自由进出自贸区、海外,从而实现资金的流动。未来自贸区可能会扩展到整个浦东新区,甚至整个上海,然后再逐步地推广到整个中国,就是中国的所有企业都可以设立这种账户,这样的话就能真正实现货币的自由流动。

中国人民币国际化是在资本账户没有完全开放、人民币尚未完全自由兑换的背景下推进的,因此离岸人民币市场将在其中扮演重要的角色,而上海自由贸易区承担了连接国内金融市场与海外人民币离岸的衔接作用,在人民币国际化的进程中具有非常特殊的地位。

比较中国在美国和尼日利亚的投资:机遇、挑战和沟通策略

(美国肯尼索州立大学教授　高红梅)

中国的FDI已经达到一万亿美元,以前叫FDI,但当我们再看一些新兴市场的直接境外投资的话,不妨把它称为ODI, O就代表海外。为什么这些公司要走向全球化,主要的原因一是中国政府有太多的外汇储备,需要使用,如果钱一直在那里待着的话,就越来越不值钱了;二是很多公司需要增长,因为全球化的推进,越来越多的企业意识到要走出去,寻找新的海外市场;三是希望能加强国内的运营,因为越来越多的国外企业进入中国,我们需要学习他们投资。如果我们在海外市场投资,就会寻找到新的机会,寻找到新的竞争点,可以帮助我们改善国内企业的发展。

中国公司在海外扩张的几种运营战略,包括在建立海外生产基地、全球化

的并购、用自己的技术和效率来打造全球品牌，此外还有先进入一些新兴市场，比如东南亚、南美等，然后再慢慢地从这些发展中国家向欧美等发达国家市场拓展。

本文以3 000多种中文和英文网页的文本分析为基础，结合对在美国和尼日利亚的中国企业所作的系统观察，提出了有关中国企业走向海外的机遇与挑战。在美国，中国投资已经从2000年几乎空白增长到2014年的500亿美元，预期可在2020年达到2 000亿美元。中国投资者在15年里购买或创立了1 600家在美公司，目前雇佣着超过80 600名全职工人。尼日利亚是非洲最大的经济体，2014年拥有来自中国企业的超过180亿美元的总投资，而在2000年，这一数字仅不足20亿美元。如今，有超过200家中国企业在尼日利亚经营。

然而，在每一个新的全球市场上，由于文化差异以及从商习惯和思维模式的不同，经常会出现相关挑战。全球公司必须采用与所在地相容的新商业模式，如此才能在新市场上取得成功。中国投资在美国和尼日利亚有着大量的机会，但也遭遇着巨大挑战，主要体现于三个方面：中国企业的冲突管理方式效率偏低；对当地文化不够熟悉；与当地顾客缺乏全时段的沟通渠道。我之前提出关于东道国文化适应分析的CELM框架，其中涉及东道国"文化"(C)、从商"环境"(E)、目标消费者"生活方式"(L)、目标消费者"心态"(M)。首先企业要能融入当地的文化，理解当地的经商环境，包括法制环境、常规的经商方法、他们的经营系统、他们的银行体系。更重要的是，企业要理解当地人是什么样的一种生活方式，比如华为可能有非常先进的技术，但如果不能融合当地人的生活方式，技术再好也不行。最重要的一点也是最后一点，就是人们的心态，他们对这个企业的认知是什么，他们对这个企业有怎样的看法、观点。通过对中国企业采用CELM框架分析，可以向中国公司提出多元的沟通策略，目的在于促进它们适应当地状况，在海外最大限度地提高其生产率。

第三圆桌议题：国家治理体系的新蓝图

中国经验的历史维度和世界意义（华东师范大学历史系教授 刘昶）

中国改革开放30多年来的经济发展奇迹不仅重绘了世界经济政治的版图，也正在促使人们对西方历史经验所确立的现代化模式进行重新思考。无论是从西方国家在近代化过程中逐步强化中央集权的历史经验来看，还是从中国数千年高度中央集权的帝国体制一统天下的情况来看，地方分权的做法似乎都找不到历史的路径依赖。但从中国长时段的历史视角来深入观察的话，以地方分权为重要推动的改革，其成功却是有着深刻的历史根源的。

地方行政架构在中国传统的政治话语中被称为“郡县”，而与脱离或独立于这种大一统中央集权体制的地方势力“封建”相对立。郡县制把所有的权力、资源都集中在中央，地方只是为了实现中央的施政目标而存在，它没有自己独立发展的目标，也不允许有这样的目标，也没有资源和手段。郡县制的好处很明显，它帮助中国维持了两千多年的大一统局面，避免了地方封建割据以及由此引起的封建战乱与纷争。但是郡县制的弊端也很明显，它剥夺了地方发展的机会，扼制了地方发展的活力，而这些恰恰是“封建”所能给予地方的。民国时期曾经有过短暂的中央和地方财政分权，中国这才出现了真正意义上的地方政府，有自己独立的财权和事权，可以代表地方利益来谋求地方发展。中国改革开放30多年所实现的“超常增长”，其动力很大程度上来自于这里，来自于地方政府为发展本地经济而进行的持续而激烈的竞争。人们常常把西方近代化的经验简单地理解为私有企业、自由市场和放任的政府，其典型代表就是英美的发展道路。推动西方近代化的并不只是私营企业在“自由市场”上进行的个体水平的“公平竞争”。在个体水平的竞争之上，还有民族、国家之间的竞争，而且后者的重要性丝毫不亚于前者。德国和日本是后起国家，要赶超英美这样的先进国家，冲破它们对后起国家设置的种种有形无形的壁垒和障碍，不得不依靠国家的力量。所以国家在德日等后起民族的赶超过程中起了很重要的主导作用。

之所以把中国与近代西方世界相比较，而把中国的地方政府和近代西方的民族国家相提并论，是因为以人口和疆域的规模以及历史和文化的容量来衡量，中国是和西方世界等价的文明实体，对应的是整个西方世界，而不是任何一个西方的民族国家，在 20 世纪以前尤其如此。在中国的历史世界及其现实语境中，真正与西方的民族国家相对应的实体实际上是中国的行省，甚至更小的地区。近代以来，在西方列强的压力下，中国开始向民族国家转型，并参与到由西方主导的民族国家间的竞争游戏中，但中国始终不是，也不可能是一个近现代西方类型的民族国家。

中国改革开放 30 多年，在某种程度上重复了西方近代化的路程。西方在 300 多年的近代化过程中，几百个政治实体逐渐整合为几十个民族国家，这些政治实体和民族国家始终在不断地竞争。竞争提供了很重要的发展动力，但也造成很大的灾难，所以西方的近代化伴随着不断的战争、流血和破坏。这份政治遗产直到今天仍是困扰西欧政治进一步整齐化的噩梦。而中国在这 30 多年里，因为郡县制的政治架构仍在，尽管可以有很激烈的地方竞争，但是在地方之上大一统的中央政府仍在那里，所以我们的地方竞争不会造成像西方民族国家之间的那种战争。因此，虽然历史上郡县制阻碍了中国的地方发展，但注入了封建活力的郡县体制保证了我们可以用和平的方式来实现地方之间的有序竞争，用和平的方式来实现现代化。从这一点来讲，中国这 30 多年来走过的道路具有独特的世界意义。

中国文化与西方政治激进主义（哥斯达黎加大学政治学院教授、副院长帕特里西亚·罗德里格斯·奥尔凯梅耶尔）

很多情况下，西方社会都认为自己国家的安全要建立在其他国家拥护他们的民主制度之上，但中国是寻求另外一种发展模式。这不是我们以前传统意义上的软实力，而是需要很多非政府的利益攸关者参与到中国的国土安全和地缘政治的目标达成过程中。

研究指出，我们对于文化改革或者文化变革比较感兴趣，希望能够了解到到底有多少人已经把这种所谓的集权主义或者中央集权和等级制度完全摒弃了，因为这样一种文化的传统对于政治体制而言具有相关性且具备相互促进的作用。

另一点需要注意的是，一些集权的政府比较腐败，很多集权的国家、政府所作的决策都是不透明的，所以腐败现象丛生。西方的激进主义者批评，大多数中国人或者很多集权主义国家公民不具有对称的信息，信息掌握得不够全面，盲目地相信、信任他们的政府。如果说媒体有更自由的发言权，能够把这些信息全面地传达给大众，可能情况就不一样了。还有一个词叫做 Framing，Framing 就是构架、构造这种文化元素。很多这样的再创造，或者新闻的再创造被这些政府机构用于剪裁一些新闻的真实性，你会发现全世界各个国家都有这样的情况发生，一些新闻出来，总是会被裁剪，进行重新解读。

很多人很喜欢这种后现代主义的构架，因为后现代主义非常具有批判性，但是后现代主义并没有给我们提供特别多、特别有建设性意义的建议。后现代主义的哲学家们认为这种说理性的建议和推论并不是能够说服别人的最好方式。他们认为情绪主义可能更有用，即把一些新闻或者一些文献进行情绪化处理，比如文学作品、电影、报纸、杂志等，这些媒体渠道都可以由 NGO 或者一些激进主义者，通过某些间接的方式来进行裁剪。

后现代主义存在于国际关系、新闻学等很多大学学科中。比如，人权方面的激进主义，相当于西方殖民行径的延续，很多人对此表示很担心。再比如，有一些人的做法跟人权稍微沾一点儿边，就会被这些人跳出来抓住小辫子打。

中国有一些资产和资源、文化方面的传统，可以帮助我们对抗这种西方的政治入侵或者说渗透。西方想要有这样一种自由资本主义或者说自由民主，希望在全世界让自由民主都能开花结果，但是中国有它自己的模式。

尤尔根·哈贝马斯曾经说过，自由民主有三个特点：平等、真诚，还有最好的论证就能获得胜利，这可能是西方适用的模式。西方这些 NGO、智库、非政府组织势力非常强，但中国的情况和西方并不一样。因为中国在 NGO 发展方面可能并没有外国这样活跃，但是由于 NGO 控制着很多言论权、话语权，我并不认为 NGO 非常活跃的情况下，西方这种自由民主主义真的是平等的、真诚的，而且我也不认为会论证的人就是掌握真理的人。

美国很多大选候选人，需要借力于这些 NGO、激进主义的言论，替他们说一些他们不太好说的话，比如人权等问题。作为总统的候选人，如奥巴马当时也经历过这样一种两难的境地。可能 NGO 的一些言论并不适合在公共场合进行支持和背书，但是如果这方面做得不好，NGO 的力量就会变得非常大。

国家和创新：当前公共政策面临的挑战（巴西—中国研究所主任安娜·贾瓜里贝）

中国科技发展的框架非常特别，有中国特色，但是非常成功。因为中国综合了很多国际化的优势资源，还有一些好的资源，能够把我们科技的创新环境建设得比较合适中国的发展。国内国外的挑战并不能阻碍中国的科技创新政策发展。

在 2008 年爆发的金融危机前，中国政府以及中国学术界希望能够把一些经济增长的原动力转向其他领域，希望找到一个转型的发展。比如要减少对于投资和贸易的依赖，要培养一些新的增长点，其中，重中之重的一点就是创新——激励创新。中国也希望能够有自己的一些新的公共政策模式。中国政府从上到下都有这样一种变化，就是转型升级，把一些经济增长的原动力进行转型、转向的发展。

这些变化发展的背景还是很不一样的。现在面临世界经济放缓的大背景，而且这种经济放缓还会持续很长一段时间。经济增速放缓了以后，贸易机会和投资机会就变少了，生产力也会受到影响。中国的很多优势也可能会面临一些挑战，譬如微量创新、渐进性创新就会受到一定的影响。但是中国并没有放缓创新的脚步，很多中国经济学家也在讨论如何战胜这种中等收入陷阱，这也是中国现在所面临的外部大环境和内部的环境。

中国创新模式多元多维，经济增速放缓反而突出了创新的重要性，但是同时，这些技术革新的不确定性也增强了，虽然可持续发展应该算是创新的终极目标之一。这并不是一个明确的科技和经济的等式，中间还有一些不确定性，即纵然市场背负压力，但未必一定会产生技术创新，也未必会由于技术的革新就肯定带来一定的经济增量。

以前在半导体如火如荼发展之时，信息社会不断地打开它的机遇之门。但是那些机遇从成本角度来讲并不一定是最佳的抉择，所以我们必须面对这些挑战，作决策的挑战。我们必须要有变革，必须要有变化。怎样才能有变革呢？就一定要有一个好的愿景。好的愿景建立在一个做政策、决策的心态和思路上面，政府作为决策制定者，其实发挥着推手的作用，扮演着协助者、指导者、监督者的角色。

中国现在面临的是从赶超式的经济转变为创新型的经济。在欧洲或者在西方会有官僚或者监管式的制度，在中国，这一切远远不够，必须得有一个全新的思路、思维支撑，不能仅仅照搬西方的模式，因为赶超这一阶段已经过去，现在已经慢慢转型升级到创新经济了，必须要有一个比较开放的空间和环境来支持创新的发展。

创新挑战和知识平台之间的互动息息相关。同样，对于企业界来说，机会也是非常多的。中国这个科技创新发展的范式、标准框架非常具有创新性，而且也是特别有利于经济界和企业界发展的。要让这样一个标准和框架能够可持续发展下去，我们必须得了解什么样的结果才是可行的，什么样的体制和机制必须先建立起来才能达成理想化的结果。

金砖国家之间在科技创新、创新经济发展当中的合作还不够活跃，比较局限，只有一部分、一小块创新的合作在金砖国家之间展开。很多国家愿意在研发方面有一些合作，我个人建议金砖国家可以考虑共同面临的这些挑战，加强创新研发方面的合作。

中国完全有能力选择适合自己的创新模式。一定要和原来那种赶超经济时期所采用的创新模式有所区别，必须要有一个新的理念和思路框架才能够找到最合适我们的创新路线。

自主创新就是中国能够走出强国之路最重要的推手，还要融入整个公共服务和公共产品的全球分布的大框架当中。

中国腐败治理战略转型中的方向与重点选择（上海社会科学院法学研究所研究员　魏昌东）

腐败的治理在中国现代转型过程中较早启动，呈现出以下特色：

首先，表现在基本模式上。中国现代转型中腐败治理更多采取如下举措：

一是寄治于刑，二是从严治理，三是出教于刑。在刚刚通过的刑法修正案当中，也没有放弃对贪污贿赂犯罪仍然坚持死刑的配置。

其次，中国的现代转型当中，不断扩张刑法对腐败调整的范围，然而这种应急性的措施没有实现从权力的生成、运行以及监督和透明这些方面所进行的前置关口的治理，因此腐败案件，特别是重特大腐败案件屡有发生。

尽管"不敢腐""不能腐"呈现出关键点上的转折，但目前中国的腐败治理仍正面对着五大困局。第一，在反腐资源的投入方面，投入了大量的资源，但是却出现了治理成效不彰的状况。第二，尽管中国广泛地配置了腐败治理的资源，但是仍存在着静态腐败治理的资源与动态反腐的机制不畅的困局。第三，腐败黏性与反腐惯性的困局没有从根本上打破。腐败黏性指的是当腐败成为一种侵入社会各个角落的"文化"的时候，对这种劣质"文化"的去除存在制度乃至具体司法措施和机制的障碍。第四，反腐力度极端化与腐败烈度居高不下的困局。

从当下中国腐败治理的现状和困局的情况来看，我认为应该重点关注以下问题。

首先，关于中国现代腐败治理的方向选择。首先，进行理念的彻底更新。中国在传统腐败治理的理念上采取的是一种所谓的消极治理主义，也就是对已经发生的腐败犯罪给予最严厉的刑事惩治，意图对其他的腐败者形成相应的威慑，但是这种单纯依靠刑罚而进行的治理已经呈现出明显的被动性。因此，根据西方腐败治理的经验，确立并推动积极治理主义的理念，成了方向选择中的第一个问题。积极治理主义的理念对于中国腐败治理而言，意味着要实现三个转变：(1)变"缘事而治"，即对已经发生的腐败犯罪进行治理，为"环境和生态的治理"，即实现腐败根源性的治理。(2)变"寄刑而治"为"尚法而治"，也就是要通过法律、文化以及教育这些方面推进中国对腐败问题的全社会的总体认识。(3)变"权力之治"为"文化之治"。当下存在更多的是国家主导、国家推进、权力之治的趋势和现象，而这种治理我认为还需要转变为文化之治。

其次，推进腐败现代治理的"治本之战"。对于真正地建构从根源上遏制腐败发生机会的环境和状况，需要尽快地推进"治本之战"。在"治本之战"中，当下的中国应当重点注意两个问题：(1)构建权力的现代运行规则；(2)进一步明确权力生成与运行的生态环境建设。

再次，关于中国现代腐败治理的策略选择。有四个方面需要给予重点关注：(1)将腐败治理纳入国家治理的宏观体系，进行国家治理资源的全面化、体系化构建，避免腐败治理偏移出国家治理的核心这样一个已经存在的现实问题。(2)要建构以积极治理为导向的腐败治理机制，实现反腐静态与动态资源的有机协调。(3)要提高和扩大腐败治理中预防性战略资源在国家腐败治理体系中的地位与作用，实现由以惩治性战略为主导向以预防性战略为核心的转变。(4)探寻清廉社会文化构建的有效机制，创建具有协同性的社会治理资源、国家治理资源与政党治理资源的效率整合。

通过以上两个方面具体的路径选择，我们要不断地完善立法体系建设，不断健全治理机构建设，不断推进运行机制的完善与建设，最终实现中国从根本上遏制腐败、构建清廉社会的目标。

城市如何通过“十三五”规划促进生态治理（中国社会科学院城市发展与环境研究所研究员　王　谋）

中国建设生态文明的挑战与困难在哪儿？可能有以下几个方面的原因，主要包括社会经济、城市化水平、工业、能源，等等。

我们现在的挑战，首先是社会水平发展不高。未来社会发展的速度对我们的生态治理构成了非常大的挑战。我们的人均收入虽然有所增长，但是横比来看还是处于世界较低的水平；社会的二元性结构非常突出，贫困人口依旧非常多，从 2014 年的发展公报来看，中国还有七千多万的贫困人口。

另外，我们正处在一个快速城镇化的过程中。去年中国的城镇化率是 53.77%，这只是一个名义的城镇化率。城市化意味着更多的人居住在城市，中国需要更多的能源。城市化是导致我们对能源需求急剧增长的一个重要因素。如深圳，通过二三十年的建设，有了一个翻天覆地的变化，而所有的变化都可能带来我们对能源的需求，对资源的需求，从而导致对环境的压力。

此外，中国还承担了大量转移排放的任务。在世界上我们被喻为“世界工厂”。根据测算来看，过去 30 年我国每年平均 GDP 增长约 10%，中国工业也在经历劳动密集向资本密集的转型。2014 年出口总额占 GDP 的 23%，与进口比例相当。由此可见，如果中国继续作为世界工厂的地位不变，在资源环境的压力方面，中国不仅要承载自身的发展需求，还要被动承载全球发展对于资源环境的需求。

中国的资源禀赋与能源结构本来就不是很好，我们是一个严重依靠煤的国家，中国对煤的消费量，依存度是66%，有2/3左右。可再生能源相比其他的国家也相对偏少，但这个结构是在短期内很难改变的现实。

中国还面临技术锁定效应。建设生态文明也好，国家发展也好，经济发展也好，都会面临这样一些挑战，包括技术锁定效应。国家有二元性，行业的发展也有二元性。我国的一些行业，如制造业很先进，但同样也存在技术相对比较落后的产业。

这是对未来中国增长的一个预测，总体看来，在2030年之前，中国会经历快速成长的过程。继续城镇化、继续工业化的过程会带来对能源和资源的需求，资源环境的压力会加剧。这种情况下城市如何推进生态文明建设呢?

对于"十三五"来说，这可能是我们未来要考虑的重点。那么"十三五"的规划应考虑哪些内容?第一，空间。从国家层面来讲，需要划定主体功能区。从一个市的领域来讲，可能没有那么大的规模规划主体功能区，但需要划定一些生产、生活、生态有机联动的区域，我们叫做"三生空间"。第二，产业负面清单。对于城市来说不符合生态条件的需要一票否决。第三，根据资源环境承载力控制城市发展规模。第四，明确城市核心功能。现在的中心城市，如北京、上海、广东，这些城市恨不得把什么中心都集于一体，导致核心功能不明确。第五，优化布局优质城市公共服务资源。把优质资源放在相对偏远的地方，美国这一块做得非常好，把著名高校放在一些小的城市，把这些小城市也带起来，同时减少了中心城市人口的压力。第六，考虑对生态资源进行定价，逐步建立起生态补偿机制。

国家治理的系统理论和指数化（华东政法大学政治学研究院院长、教授　高奇琦）

政治发展理论的演进过程和中国可以相互结合。中国其实在第一个阶段和第二个阶段都是后来的学习者。在20世纪末和21世纪初，民主化理论在一大批学者的推动下非常流行，民主化的经典著作，以《第三波》为代表都被翻译过来了。在第三个阶段，我个人认为这恰恰是讨论我们今天讲的国家治理的契机。

中国国内的国家治理研究我认为有两种，第一种是关于国家治理的理论，比如俞可平教授、杨广斌教授的研究，但是理论体系的建构和国家治理的标准化操作研究可能还是比较缺乏的，所以我们的研究就试图在这方面作一些探讨。我个人理解国家治理这个概念其实有三点非常重要的内涵：第一，自发性。第二，整体性。这一点反映在我提供的国家治理指数的评估体系中的三类指标——基础性指标、价值性指标和持续性指标。第三，阶段性。不同的国家在不同的发展阶段，其国家治理的重点应该不同。比如对于还处于失败国家边缘的或者刚刚正在进行构建的国家而言，基础无疑是最重要的；当它的发展达到一定程度之后，它应该会强调价值公开、公平、公正这些要求，但是这些要求强调到一定程度之后，它的效率多数会下降，它的创新也会下降，所以这个时候是需要强调它的持续性的时候。因此，国家的治理是一个层次性的、阶段性的内容。

第二部分，主要解释西方的国家治理指数化成果，包括它们存在的一些问题。西方在治理相关方面有大量指数类的成果，这些指数都有很好的优点，但是也都有不足。整体看来，西方在治理指标上主要有三类缺点，但是缺陷严重程度不同。例如，有非常强烈的价值观偏好，会选择人权、自由这些在西方学者看来非常重要的内容，这条路径上大多数有影响指标主要依赖于主观测量、主观数据，指标设定上也会倾向选择一些中国学者理解的国家治理或者相关但有一些差距的内容。

那么，相比国外的学者研究，中国学界做了什么？中国人民大学完成了非常重要的指数，俞可平教授也领导他的研究团队作了国家治理的评估，但是这都有一些不足。人民大学的指数主要是统计学教授们在做的，俞老师做的指数指标体系非常好，但是分项指标特别多，有 130 多个次级指标，然后需要大量的测量主观数据，就是可操作性比较差，所以没有进行实际的测量。

我对此进行些许补充，我们的这个指标主要是三个一级指标，基础性指标、价值性指标和持续性指标。基础性指标里我们分为三个二级指标，分别是设施、秩序和服务。我的观点就是试图把中国人的观念融会到里面去，就是对设施的强调。首先我们的一级指标是基础、价值和持续；二级指标分别是设施、秩序、服务。第三个是创新。我们每一项二级指标下面也有三级指标，三级指标下面又有四级指标。通过这么一个层次我们把这些概念做到可测量。

认同竞争与国家治理：当代中国国家治理的重大课题(对外经济贸易大学国际关系学院院长、教授　戴长征)

国家认同是最高层次的认同，国家认同层次的最高表现是政治分离，其中有三个形态：一是不认同族群的分离要求，二是不认同族群的自治要求，三是不认同族群的特殊立业要求。政治价值认同最难统一，但总有交叉重叠的部分，富强、民主、文明、自由、自主、正义、法治、富裕、自足这些价值统一起来很难，但总有重叠的部分，其中交叉重叠的存在让认同分离的人们总有商讨的可能。政治制度认同最易发生分裂，且危害极大，原因在于政治制度的运行与政治权利结合，如果不从性质、功能和程序上对权利进行区分和约束，则政治制度是最终的供给指向，对权利的指责通常会延伸到对政策制度的怀疑上来，这就是部分人群始终是爱国的，但又不爱社会主义的原因所在。政治结构认同与政治制度认同一样是权利和利益关系的结构性表现，因而具有极强的敏感性，阶级、基层、集团、派别有着极强的属性，用文化习俗、地域习惯、语言认知的差异相交织具有很大正当性。政治行为的认同体现在方针政策的安排上，具体政治形成过程的展开具有具体性、直接性的特点，最常发生认同分裂但比较容易化解。

高政治认同是一个辩证的弹性发展过程，需要选择有效的策略和路径，需要作出充分的努力不断加以调试。一般来说，国家构建、制度优化、价值实现和行为规范等环节是通向高政治认同的必要过程。在国家认同方面，在基层具有国家成果的基础上，当局主要突出中国特性，寻找中国国家的正当性和发展理由，从而论证中国特色社会主义道路制度和理论的正确性。在政治价值认同方面，除了强调共产党领导、人民民主、公有制的元素外，还有体制改革、市场经济等具有现代特色的因素，并在实践中不断调试，吸收容纳更多现代文明的内容。在政治制度认同方面，坚持民主集中制的基本原则，强化中央权威。在政治结构认同方面，要提倡社会公平正义，通过建立社会保障制度、取消农业税、城乡医疗保险、教育改革等制度和措施调整利益格局，改善大众观感。

中国法治的演进(阿根廷萨尔瓦多大学中国研究系主任、教授　马豪恩)

社会主义法律变革存在三个阶段,第一是革命阶段,第二是革命法制阶段,第三是社会主义法制阶段。在第一个阶段,我们往往要对原来各种各样的政治规范加以废除,在中国也是如此。中国共产党建立国家是在1949年10月。他们那个时候就废除了国民党的各种法律体系,这就是革命的阶段。第二阶段主要是确立新的法制体系,按照社会主义原则,强调政治需要国家或者执政党推动法制建设。当时确立了法律秩序,而且也经常提到法制,但很快它们就被我们所说的革命法制体系或者说人民民主体系所替代了。第三个阶段是社会主义法制体系巩固阶段,主要是专门确立了各种各样的法律原则来推行社会主义的法制。中国的第三个阶段是从1978年开始的,因为那个时候中国开始着重进行社会主义建设,因此高度重视社会主义法制体系。1996年,江泽民提出了我们要确立一个社会主义法制国家,依法治国,建设社会主义法制国家。一年之后,中国共产党代表大会强调了一个新的说法,并在1999年修改了宪法,改为建设社会主义法治国家,健全社会主义法制。

在西方各种各样的出版物中,他们的政策表述都是把法制译为依法治国,就是按照宪法来治理国家,因此引发了很多的争议,因为人们普遍理解最高法制秩序的权威就是法制,但是其跟中国的依法治国还是有所区别。中国共产党说依法治国,就是充分利用法律作为一个治理的工具,让人民来遵守法律,所以这个就是强化它的社会主义法制。十八大四中全会发表公告:依法治国,强化或者建立有中国特色的社会主义法制体系,同时来建设一个社会主义法制国家。为了实现这样一个目标我们要能够坚持中国共产党的领导,中国共产党的领导是中国社会主义法制体系的一个精髓,是中国特色社会主义的精髓,而且也是在中国实现社会主义法制的一个最基本的保证。中国共产党的领导是跟社会主义法制相对应的,社会主义法制必须坚持共产党的领导,中国共产党的领导必须依靠社会主义法制。

依法治国这一理念得到了很好的表述,另外就是建设社会主义法制国家这样的政策,这是按照中国共产党公报所说的。但是在西方我们知道法制和依法治国实际上是不一样的,这种依法治国跟西方的法制是不一样的,而且他们更多地认为这是社会主义的法制，实际上跟社会主义的宪法秩序是不一样的。所以从这个角度来说，在中国用依法治国来指法制实际上有一定的误解或偏差。人们希望有一些本土的创新，而不仅仅是用外国的术语或者外国的观点。在中国，要把一些复杂的政法观念翻译成外语并不容易。在社会科学中，我们知道西方的理论已经拓展得很大、很多，所以西方的规范实际上已经影响了人们的很多概念和模式，在这种状况下，首先我们要提出一些基本的概念；第二就是我们需要把它放到中国实践中，同时要把西方一些政治敏感的概念加以调整。因此我们必须按照社会主义法制原则来解读，另外通过这种方式使西方对中国不要有不切实际的期望。

全球治理与软法之治（上海社会科学院法学研究所研究员　王海峰）

首先，要辨析什么是硬法与软法。从法理学的角度来看硬法的特征，从法理学的角度给它一个简单的界定，就是需要依赖国家强制力保障实施的法律规范。而与硬法相对立的软法，它的概念是效力结构未必完整、无需依靠国家强制保障实施，但是能够产生社会实效的规范。

软法和实力之间的区别和联系是什么？什么是软法和软实力？我把它归纳为三个方面的内容。一是软实力的体现一个方面表现在一国的文化、价值观念、意识形态感召力，对于软法的形成具有绝对性的作用。二是一个国家的国内非政府组织的影响力对国际软法的形成作用也是非常巨大。三是一个国家对现有国际组织的利用能力也主导了国际软法某一个领域的形成和发展。

国际经验是什么？目前，软硬兼施的立法模式或者说治理模式已经在国际社会形成了全球治理的一种模式。我以欧盟、世界贸易组织和里约环境与发展大会为例进行简单解释。

比如，欧盟条约中规定了一些建议、意见、一般行动纲领，中长期框架计划，以及大量无欧盟条约法律基础的决议、指南、宣言、行为规则等，这些都属于欧盟软法的范畴。这些软法具有共同的特征，就是不具有完全法律上的约束力，但是也并非完全没有约束效力。欧盟成员国在给予国内企业补助、援助的时候，都要受欧盟法一般原则的约束，所以这些具有法律效力的或者不完全具有法律效力的软法在指导欧盟成员国的治理时起到了一个比较强的援引性的作用。

又比如，世界贸易组织（WTO）的软法治理，可简单归纳为这么几点：第一，法庭之友的介入；第二，国际标准的采用；第三，宽泛、模糊的例外条款；第四，模糊的优惠条款；第五，对敏感问题的暧昧态度。WTO 的前总干事在接受记者的采访时就表示了这么一个暧昧的态度，说世贸组织在征收关税问题上目前既没有开绿灯也不是亮红灯。他在敏感问题上的暧昧态度，也就是说在关税问题上的暧昧态度保证了美国在国内立法方面在碳关税问题上立法的行为。

另外一个例子是里约的环境和发展大会，它们同时采纳了软法和硬法两种文件，像环境与可持续发展原则的《里约宣言》，像《21 世纪议程》《生物多样性公约》《气候变化框架公约》，这些文件中既包括有法律效力条约的形式，也包括不具有法律效力而具有指导性意义的软法。

那么，如何从国际经验来理解中国的软法之治？在这里我们可以从三个角度看待中国目前的软法之治。首先，中国的软法之治体现在民主协商制度这个方面。其次，日益完善的中国人民政治协商会议的章程（简称政协章程），也构成了民主协商软法规范体系的基础。最后，中国软法之治的未来发展。第一，它提升中国的软实力，积极主导国际社会的软法形成；第二，从国内的角度来看，它壮大国内的行业协会标准化组织，并且积极培育社会共同体的形成。我想应从国内和国际这两个方面进一步加强国内的软法之治。

第四圆桌议题：文化传承、融合与创新

迎接五大洲不同文明交流互鉴的新时代（复旦大学现代化进程研究中心主任、历史系教授　姜义华）

就当前来说，不同文明之间也形成一种竞争性的共处关系，它成为冷战后的国际关系。

首先，文明问题在今天之所以特别凸显出来，更深层的原因是全球经济正在从传统的以工业资本为主的产业经济，转向以自身科技信息文化为主导的新兴产业经济。

其次，怎样交流互鉴来消除文明冲突。

第一，承认文明是多元、多样、多彩的，这是建立不同文明互联互通、交流互鉴的一个基本出发点。

第二，文明通常起源于挑战和应战。文明的衰落大多是自身自觉的丧失，而文明的解体几乎都是因为社会和灵魂的分裂。这是今天我们在考虑不同的文明互联互通时，要把握的一个基本点。

第三，明确当代五大洲所有文明的共同使命。人类经历了漫长的文明时代，创造了多彩多姿的文明。到今天全球化进入互联网时代、大数据时代的营造一切的信息革命，人类文明正在书写着新的篇章。

今天，我们知道怎样才能够真正地避免文明的冲突。我们要有效利用全球责任，由平等互利取代全球的控制，用交流互鉴取代全球的干涉，要把全球化变成真正的全球依存、全球互补、全球共享。正是这样一个历史性的使命，考验着当代世界上所有的文明及它们的智慧。我们正面临新的一场工业革命，由于电脑语言突破了现有各种语言的界限，把不同语言文化更密切地联系起来，推进了它们之间的理解。因为互联网大数据的使用，人们的生活发生了极大的变化。互联网大数据化有利于促进材料科学、新能源科学的发展，进一步改变人类的衣食住行。

在这样的情况之下，五大洲所有的文明都有责任密切关注现在人的发展，关注人的全面发展和各种指数、数字的提高，努力把保证人自身的存在发展和解放，推动人的权利、人的价值不断提升及有效实现，促使人的认知、感情、审美水准的不断提高，促进人的知识、道德、美感、意志的健康培育，并将其作为我们共同的目标，加以追求并落实。

现在工业经济充分信任市场，谋求短期巨大利益，鼓励人们攫取自然资源，不惜严重破坏自然经济，获得利益，不愿意承担相应的责任，不愿尽保护生态环境的义务。

所以我们应当确立人类对自然资源平等共享的权利，把对自然资源的使用和保护自然资源、改善生态环境统一起来，尽最大的责任，也使人类能够在新的全球化过程中获得更大的自由。

我想这些挑战不是任何一个国家、一个民族、一个文明所能单独应对的，在这些挑战面前，没有所有的国家、所有的民族承担责任，不充分利用各个国家、各个文明既有的人文资源，没有多元化、多样化人文的共生、共创、交流和互补，人类走不出已经摆在面前的困境。

今天我们更需要坚持合而不同，国与国之间、不同文明之间平等交流，相互借鉴，共同进步，这样才能够共同应对未来给我们的挑战，使我们的文明能够大踏步走向未来。

儒学培育践行核心价值观的历史经验（华东师范大学哲学系教授 陈卫平）

我们现在正在推进四个全面，这四个全面的价值目标是什么？就是社会主义核心价值观。这个是全面深化改革，跟 20 世纪 80 年代初的改革有很大不同。在 80 年代初我们进行改革的时候，价值目标到底是什么，并没有一个明确的规定。现在的全面深化改革，比这个要更进了一步。以前是摸着石头过河，现在就知道河的对岸应该达到的目标是什么样的。从这样一个角度出发，在我们今天培育和践行社会主义核心价值观的时候，传统的文化给我们提供了一些什么样的历史经验，这个是值得我们探讨的。我在这里主要讲三点。

第一，仁义礼智信与核心价值观的结构。我们知道儒学成为社会的主导思想，是在董仲舒向汉武帝提了之后，同时他把仁义礼智信联系在了一起，因为孔子那里的仁义礼智与孟子的仁义礼智信是分开讲的。这表明董仲舒认识到，儒家要成为主流的意识形态和需要它有明确的价值观是连在一起的，这两个是同时出现的。这种核心价值观有它的一种结构，分为两个方面：一是五常之道，它也有着不同层面的区别；二是同时它又有着贯通在一起的一个本体的根据。仁义礼智信，其实也区分为三个层面。仁就是仁政，它讲我们要建设一个什么样的国家的问题；义跟礼，其实是作为一种社会层面，它要回答的是造就一个什么样的社会的问题；智和信是一个人的层面，回答培养什么样的人的问题。儒家的仁义礼智信为核心的价值观，不仅要把它区分为三个层面加以培育和践行，还经常讲人同五常等，这给我们的历史经验是，核心价值观既要有不同的层面，又要有贯彻不同层面的整体依据。这一点对于我们今天完善核心价值观还是值得取法的。

第二，礼仪之邦与核心价值观的制度化。礼仪是培育儒家核心价值观的主手。为什么儒家可以支配中国人两千多年？儒家思想从汉代到清代实现了法典化，法典化从更广义的角度来讲就是一个制度化的问题，所以我们可以看到，儒家作为核心价值观得到落实，其实是和礼仪的完善、礼仪的制度化是分不开的。

在董仲舒的时代，儒家核心价值观并不占主导地位。再过了将近100年左右，在白虎通的会议上，儒家核心价值观才比较明确地得到确定。这一段时间里，为什么会产生这样一个变化呢？这是因为汉代儒生所做的一个重要工作，即把儒家思想礼仪化，使之从一种思想学说变成了一种制度，并得到了具体的落实。所以我们从后面的《汉书》《后汉书》的记载中，可以看到不少地方官员通过礼仪实践儒家的价值观。

这给我们提供的经验是什么呢？就是礼仪作为儒家价值观的制度化，是把儒学的价值观落细、落小、落实，渗透生活当中。落小是因为礼仪覆盖了每个社会成员，落实是因为礼仪具有规范行为的有效性。

第三，《四库全书》与核心价值观的话语体系。儒学作为核心价值观得到培育和践行，在很大程度上是由于它建立了一套合理的、合适的话语体系。这一点集中反映在清代《四库全书》这个典型例证上。《四库全书》是在多话语体系的表达上核心价值观跟历史的对接。历史典籍是事实的根本。史从礼出，史以正礼，所以用史作为核心价值观话语体系核心的构建，表明作为核心价值观的“经”具有被历史事实证明的合法性。还有《四库全书》中的“集”，表明核心价值观话语体系的构建不是干巴巴的口号，而是赋予意识形式意识形态，从而感化人。也就是说要礼合于情，这样核心价值观的“经”才容易入脑子。这里留给我们的经验是，坚守基本的价值和多元包容，与历史、艺术形象相结合。

文明多样性：历史趋势与伦理自觉（上海社会科学院哲学研究所研究员 陈 忠）

我想从历史哲学和文明史的角度谈谈对文明多样性的认识。

首先看不同的历史哲学家都是怎么看文明和文明多样性的。我们看一下黑格尔，在黑格尔看来，世界历史的推进就是处在不同地位的文明主导地位之间的变化和转换。另一方面，每种文明有机体都有一个成长、发展、衰退的过程，没有一种文明可以长久占据主导地位，再强大的文明，包括西方文明都会由盛而衰甚至走向灭亡。我把他的文明观称为多元中心的悲观论。

在汤因比看来，一类是自然法则，一类是人性法则。他指出，人类离开原始自然越远越是有能力。他认为即使是同一系列共同的挑战也可以有多种多样的经验，在挑战和应战中生存的多样文明往往由于彼此的战争、内部的战争走向崩溃。他希望唤醒人体的主体潜能，来避免社会文明特别是西方文明重蹈覆辙。我把他的观称为文明性可能性、文明拯救论。

以上是两位哲学家对文明的探索，但是他们都受历史条件的制约，并没有真正站在全球化特别是当代新全球化的角度看待文明的多样性，他们探讨文明多样性的主要目的，是为了探索西方文明的命运。我们需要对文明多样性进行一些结合文明史角度的哲学的沉思。

我要讲的第二个部分是，结合文明史特征来看，在当代世界文明史事业中，早期人类社会就是一种多样复杂的社会。在不同复杂性的社会，不同文明体都生成了各具特点的经济、政治等不同领域，另外，不同复杂社会形成的文化观点也各不相同。从早期到现在，多样性始终表现在两个层面上，一个是不同文明体的差异性，一个是文明体内部构成要件的多样性。多样性使人们不断遭遇问题和冲突，可以说文明具有共生性，多样性是文明的内在本质，是文明发展的内在结构性动力，也是导致各类文明冲突的一个重要原因。

在反思与分析的意义上，文明多元性的成因主要来自两个方面，一个是自然，一个是社会。对自然，黑格尔等很多人都进行过探讨，在他们看来，不同的地理区域有不同的特点，人们在这里发展，必然形成具体气候、自然、生活条件及思维方式，从而形成多样文明。人的习惯多样性，特别是多样的分工领域一旦形成，就超越了自然生态，成为文明多样性不断深化的原因。

文明的多样性表现为不同的行为、制度、习俗等，文明多样的本质核心其实是分工领域、分工方式的多样化。也就是说，人们分成不同群体的专业、专门的生产者，正是这些日益多样的专业的生产者，创造出日益多样的文明成果。

从文明史的角度来看，分工的分化，推进了文明的禁锢。分工分化与文明多样性促使人类取得巨大成功的同时，也应该看到，分工分化与文明是一把双刃剑，是一个过程。在它们的深化过程中，人们日益结合为和现有方式具有差异性的群体，在这些群体之间，现实也存在多样的差异。当出现垄断、利益固化时，新兴领域和分工会迅速地发展，冲击传统的分工方式、分工领域，就可能产生社会冲突甚至剧烈的社会动荡。把握文明与历史的趋势，对减少文明的动荡和代价应该是有意义的。

这就进入我讲的第三个部分，我们未来有什么设想。

追求自身发展的同时，兼顾其他文明体文明的利益，保持不同文明体总体的均衡，成为一个选择。总体均衡的法则也适用于文明体的内部，任何一个文明体都不是抽象物，而是由不同领域构成，最终处于不同领域的多样分工。发展利益、发展机会甚至发展代价等方面的总体均衡是一个文明体、一个国家、一个区域能够稳固发展的重要条件。

最后我想强调的是在营建公共空间的同时，自觉促进文明多样性客观法则的内化，将成为文明健康发展的主体保障。

哲学史中的双语主义和多语主义（意大利国家研究委员会人文社会科学部主任　利·波佐）

我要给大家介绍一些理念和概念，是关于文化创新方面的。文化创新和社会创新是由技术创新所带动的，当然我们可以对创新精神进行衡量，方法是看看新的创新是否能解决我们当前社会的问题，创新结果在社会方面是否能得到有效应用。从这个角度来说，也可以通过一定的方法来进行一个评估，我们可以看到这样一种社会的创新是不是解决了社会的问题。也就是说，对于老百姓的生活是不是有具体的改进，如果有改进它就是创新。第二个问题，是不是技术的创新，也就是成本是不是正确，换言之是不是整个社会能够承担整个创新成本。第三个问题，是不是有一个总体性一般性的社会共识，也就是说，在这个社会中是不是每个人都答应、都同意这种社会创新。比如医疗保险，是不是每个人都同意呢？我们有一个医疗卡，这是一个高技术的东西，里面藏了一个芯片，这个芯片里存有我个人健康的记录，所以我的健康信息跟个人信息都被这样记录在医疗部门，这是一种技术方面的创造。

首先第一个问题，这种方式是不是真正解决了我的问题？是的，为什么呢？因为我所有的医疗信息都被安全且客观地存放在了政府那里。第二，成本是不是正确呢？是的，因为我们付得起这样一种技术和卡，它是不太昂贵的，这样能够节省金钱，所以这也是可以接受的。第三个问题，是不是医保的每个人都同意把医疗信息放到卡里面？是的。

所以我认为有时候技术创新并不是可行的，比如个人化、个性化的医疗，如果我们看到谷歌上面关于个性化医疗的情况，它讲的是给病人看病的一种方法，是关于病人和医疗健康部门之间的关系。它说，不同的人，不能服用同样的药品，而是要针对每一个病人给出量身定做的建议或者开出量身定做的药物，我们承认这是对的。这样做是不是解决了这个问题？是的，个性化的医疗，现在我们可以看到，对于癌症病人来说，可能是有效的。但是从另外一个角度看，我们要找到一个正确的病人比例，来接受这样一种个性化病人，能够让他们活得更加久一些，是不是现在技术还没有达到这一水平？第三点，成本是不是足够低？不是的，医疗成本还是非常高，遗传学的医学手段成本还是非常高。还有整个社会是不是承认？一般人是不是可以接受？不是，技术创新现在不能被看作一种非常好的社会创新，因为不是所有人都接受，这里讲的就是一个例子。

我们如何做到文化创新？文化创新是在技术创新之后，当然它也在社会创新之后。什么叫文化创新？说到文化创新，整个欧盟社会在这方面非常安全，同时非常具有创新性。目前整个社会会创造出一定的价值，同时还要非常包容。欧洲社会非常包容，讲到包容，它意味着我们能够接受外来的人口，我们可以接受更多的少数民族、少数主义。事实上，欧洲是现在世界上唯一一个高度多样化的地方，我们可以看到联合国教科文组织高度评价了欧洲社会高度的多样性。我们完全接受不同文化之间的对话，也接受其他的文化价值和社会价值。

第四个目的就是反映社会。我们希望我们的社会能够不断反思，这是非常具有哲学性的话题。我们曾经有一个研发委员会，名字叫作“居里夫人”，他们曾经负责欧洲的研发。委员会负责人是爱尔兰人，每一次项目他都说所有因素中第一个优先考虑的就是气候变化，第二个老龄化，第三个是能源的供给。每一次我都会举起手来。他说，女士，我代表意大利政府，意大利政府有四个优先考虑的问题，第四个就是文化多样性。这个女士说为什么。他说，因为欧洲现在有 23 种语言，我们有 23 种官方语言。我们实际上有很多各种文化的遗产，我们必须为了人类保护这些文化遗产。在移民社会的问题上，这个夫人说，波佐教授，你希望我们做什么？他说，我们先要坐下来反思一下是不是，是的，我就是想让大家反思，我们一起坐下来思考一下。反思型社会就是这样。

在意大利，中国人的移民，差不多有 50 万人。我们总共有 6 000 万人，其中有 50 万人是中国移民，还有一些人是在意大利出生，然后在意大利上学，从幼儿园、小学到中学。我们设想一下，在意大利的一些有五六十年历史学校里面，这些学生被要求学习希腊语、拉丁文还有哲学，大概是两小时希腊语、两小时拉丁文、两小时哲学，这是很重的课业。我们来想想，他们在读柏拉图，柏拉图是一个哲学家。中国学生是非常聪明的，他想要得到好的分数，我们都希望有好的分数。他知道希腊文，我们知道这是技术革新，他就去网上找，他用希腊文在谷歌上检索，就能查到这篇文章。他可以用希腊文读柏拉图的作品，也可以读拉丁文的柏拉图文章，因为柏拉图的作品也有译成拉丁文的，然后，他也可以用英语阅读关于柏拉图的文章。美国的所有学生都可以读关于柏拉图的东西。但是这里面有个有趣的事情，我们在使用社交媒体，我们的孩子也可以读到关于中文的柏拉图作品。所以我们希望孩子用普通话阅读，如果他能用中文来读，就能了解柏拉图相关的一些中文文献。然后这个十五六岁的孩子说好，在学习的过程中，父亲告诉他，老子也有类似的这种思想。这个孩子很聪明，接着又去读《老子》，当然他不一定要去图书馆，他其实可以利用技术革新，比如用因特网来阅读。他又回到教室，接下来的一节课上，他说老子说了这些东西。意大利的学生，他也可以去阅读老子的著作，生活就变得非常美好了，这就是我们所说的文化创新。因为这些孩子回到了他们自己的社会身份，然后又了解到了文化的多样性。学生变得更加丰富、多元，他们理解自己的父亲跟他说，你要去读《老子》，老子和柏拉图有类似的思想。这就是我们所说的文化创新。当然还有好几个不同的领域和方法，来实现文化的创新。

我觉得现在我们的中国同事在这里做得非常好。问题在于我怎么样去衡量文化的创新，是否可以用量化的方式来衡量。我们很容易量化和衡量技术的创新，也很容易衡量社会的创新，衡量它是不是被接受了。文化创新怎么样去衡量，怎么样去量化？我们也希望大家能够开始想要衡量文化的创新，我觉得这是一个非常重要的概念。在《哈佛商业评论》上，大概是 2009 年的时候就提出了这样一个概念，叫作核心创造。

核心创造这个概念六七年前就已经提出，意思是说我作为一个用户，我体验过艺术的世界，我留下了这样一个印迹，有些人知道我曾经看过这些东西，我不需要去写一个评论。比如现在你想要买一本书，你可以先看亚马逊上看过这本书的人的评论。其实我不需要写这些评论，我可能上传了比如说一些电影，我就都留下了痕迹，他们知道我曾经去过哪儿。我们曾经非常努力地工作，想要找到一些方法去量化。比如在博物馆里面，哪些观众在什么地方停留了多长时间，我们其实可以通过他的手机进行跟踪。

核心创造是一个非常有趣的概念，如果我们能够理解核心创造，我们就可以了解现在所谓的禁忌。有很多人不愿意去谈论这个问题，但是我觉得它是非常重要的，那就是数码的管理。我觉得没有办法让全世界所有的文化作品都免费提供，人们肯定要为这些看过的文化作品付费。核心创造可能可以用于解决这个问题，我们希望这个社会在不断进展、不断进步，如果完全免费，版权和著作权问题就没有办法解决了。

最后，我是在意大利的一个研究所工作，从事中欧移民的研究。我们希望移民不要把自己的属性和身份给丧失了，我希望这些移民来到西西里或者其他地方的时候，他会说我是我自己。但是如果这样，警察就会把他们送回摩洛哥去。所以，否认我们自己的身份是不好的。我们不能用照片，不能用指纹，因为这些都是可以改变的。我们也不能太多地用头发，但是我们可以用虹膜，就是用眼睛的虹膜进行辨认。利用这些身份的识别，可以办理签证或者其他一些身份证明。我觉得这非常复杂，但是我们肯定要很好地管理这些事情。

这里我想说的是，这种研究什么时候会成为一种社会的范式，我们也不知道。事实上上个星期五恐怖袭击的身份识别，成为现在备受关注的问题。我们知道每年有70万人来到巴黎，恐怖分子就藏在其中。首先我们要做的就是去追踪这些恐怖分子，我们要去跟踪他们的手机、他们的个人档案，这是一个很大型的安保措施。如果我们要把所有的欧洲人，或者是移民的手机都进行跟踪，那将是一个很大的工作量。

尽管如此，从研究的角度来说，我们在作移民研究时使用的每一分钱都是非常值得的，所有这些，比如医疗人员还有环境，以及对移民相关的所有事情作一个360度研究都是非常值得的。当然这些事情在中国可能没有发生，但是我觉得现在在欧洲这样做非常值得。我们知道中国有很多人在意大利，我们希望他们在意大利做得很好，现在这方面涉及每个人。

我想要总结说，文化创新对于移民来说是非常重要的。我们希望移民能够来到意大利，来到欧洲，而且能够做自己。我们不希望他们放弃自己的身份。我们实际上作了很多的努力，我曾经和中国大使馆、汉办还有孔子学院谈，说中国人不仅仅将要自己的孩子抚养长大，还要教给他们中文。我们知道在意大利，中国孩子们星期天都不去玩，都去上周日汉语学校。其他孩子去度假的时候，中国孩子去中国学校，这是他们保留自己身份非常重要的举措。我们希望，中国的孩子能够习得双语，真正的双语，不仅仅只是了解一些词，能听懂，而且希望他们能够记住孔子和老子。

我觉得多语种和双语种都是非常重要的，这才是持续不断文化创新的一个基石，我们一定要了解所有的核心创造力。

意象中国的诗意解码（华东师范大学图书馆馆长、教授　胡晓明）

意象中国诗意的解码，不是一般的意象特别赋予中国文化的内涵。它不仅在古典的中国，而且在现代中国也不断再生创造；它不仅是文学的、艺术的，而且在宗教、政治等其他方面，都有一些跨内相通的方面。此外它还有很多的变化、古今的传承，所以我们才把这些意象称为中国文化意象。意象其实带有符号意义，不是一般的形象，而是带有中国文化的符号。

意象是非常具有传播力的，文化的传播力，我们常常讲，文化的传播，往往一个是文字语言的传播，还有一个是图像、艺术的传播，最能够具有较强的传播力。西方文化意象中，最大的意象就是耶稣的受难，他有一种牺牲的精神、受难的精神。在一种东方文化中，我们看这个图片，是一个受难图，这儿有一个小鸽子，老鹰把鸽子吃掉，释迦牟尼救这个鸽子，他说你不要吃这个鸽子，老鹰说我要吃肉怎么办，他说你割我身上的肉吃，老鹰很坏，说割这个肉太轻了，要跟鸽子肉一模一样，就拿到秤上称。这是另外一种文化，也带有牺牲的精神，跟西方文化受难精神是一样的。在古典西方文化中都有这样一种牺牲的精神。

但是还是有很大不同，西方文化比较主张强悍地站起来，高举的、征服的还有无限的，但是东方文化比较多的是躺着的。这个也是东方文化的意象，这个意象就是非常大，特别有震撼力。其实这个人，参观的人跟这个柱子差不多高，非常震撼，这个卧佛，在这里恬静、安详地躺着，代表一种东方的理念，也能够有非常强的气场。我在杭州很多地方都看过它的展览，虽然是仿制品，但是气场非常强。西方文化是向上、向高处发展的，眼睛都是往上看，看天堂。但是东方文化是恬静的、往下看的。

意象的关键在于，一方面有象，一方面有意，意就是人心这样一种文化的创意。

说到中国意象，台湾地区做得非常好。如果谈到其中最有中国文化意蕴的，就是云门舞集了。用舞蹈来表现书法，我们感到飞动，生命力的张扬，浪漫挥洒与天地万物在一起自在洒落开心疏放的状态都是非常具有中国文化特色的一种表现。所以云门舞集非常成功，全世界都能够传播。像这样的一些艺术是我们今天这个时代非常需要的。

另外台湾传播中国文化重要的一个范例是周杰伦，他把中国风用在音乐上的《青花瓷》，用经典的中国文化意象，编成了一首非常好的歌，在流行歌坛有极大的影响力。

台湾最近有一个很大型的研究计划“东亚文化意象”，研究的都是韩国、朝鲜、越南共同分享的文化符号。比如桃花源，不仅中国有，日本也有；西湖，不仅中国有，越南也有。通过一种文化符号的分享，更加拉近这些国家作为一个文化共同体的关系，这是台湾研究很成功的地方。

现在这个时代是中国文化意象传播的时代，诗意的解码需要去研究中国文化中富有诗意的东西，要很细心地体会理解，客观地知道这个东方文化的心灵，要去谛听心灵的声音。只有尽心谛听古人的声音，才能理解中国文化的深厚和复杂，才能真正懂得中国文化的精神。

简单地说，中国的文化意象具有多义性、再生性，有中国文化的思想，有中国文化的张力，蕴含着传统中国隐蔽的信息。

互联网+提升中国文化软实力（上海社会科学院文学研究所研究员 花 建）

我集中讲三个问题。第一是互联网+激发全民族文化创造力。中共十八大提出了建设社会主义文化强国的战略部署，提出了增强中国文化整体实力和文化竞争力。它具体又集中地体现在文化的创造力、文化的生产力、文化的贡献力、文化的传播力和文化的服务力上。从文化生产的意义上讲，它需要三大资源：金融资本、文化资源、社会资本。它有三大方式：文化的在地生产、文化的在场生产、文化的在线生产。

互联网+不是孤立的。它和我们今天所说的三大变革，大潮流、大数据、智能制造、移动互联，以及包括视听表达技术、仿真技术在内的六大技术潮流密切相关，形成了科学技术与文化结合的两大方向：嵌入式和推动式。

随着互联网技术的更新越来越快，从原来 15 年左右更新一代，到现在已经缩短为 5 年更新一代，我们的文化软实力建设，正在出现全面感知、智慧节点、互联互通型的新生产力模式。从这个意义上讲，互联网+将空前地激发全民族的文化创造活力，为中国提升文化软实力提供强大的动力、活力与魅力。

第二是互联网+提升中国文化生产力。一个国家的文化软实力的重要组成部分，是它的规模化、集约化、全球化与专业化的文化生产能力。随着互联网+的出现，全世界范围内正在出现一大批与互联网密切相关的跨国公司和领军企业。

我们看这张表，像亚马逊、谷歌、迪士尼等，都在和互联网+的结合中获得了超强的增长能力。比如表上的第 232 位，迪士尼公司大体创立于 20 世纪 20 年代，并于 30 年代开始形成正式企业架构，2014 年排行 232 位；但亚马逊成立于 1996 年，到 2014 年它已经在世界五百强里排行 112 位。可见长江后浪推前浪，新的业态焕发出比传统业态更强的增长态势。这也是亚马逊自 1996 年成立以来，不断进入本国乃至其他国家市场的一个重要轨迹。

从中国的情况来看，同样面临这样一种态势，我们来看这张图。以 2013 年为例，在我们中国文化生产力的主要板块里，现在增长最快的，我们看左面第一排，它的市场营收产值达到 2 540 亿，第三位电子游戏达到 1 144 亿。另外，电视动画也和互联网结合得非常紧密，达到 1 000 亿元左右，尽管它是一个年轻的市场，但其产值几乎是当年中国电影市场的 10 倍左右，远远超过了电影市场。从中可见这种竞争和变化的重要态势。

这里有必要指出，根据国务院 2014 年关于推动文化创意和设计服务与相关产业融合发展的指导意见，我们还需要把许多市场联合起来考虑。比如旅游市场，它在 2013 年的收入是 2.06 万亿人民币。这就提出了一个如何依托互联网 + 与相关市场相互联动，形成一个小球撞大球、脑袋撞地球的竞争态势。而这种情况，正面临着令人喜悦的信息潮流。

最后，互联网 + 也在推动中国文化走向世界。今天，在互联网 + 的背景下，全球范围内的文化传播、文化贸易正在呈现新的面貌。从我们国家目前出口的情况来看，与互联网相关的新兴产品增长非常快，比如 2014 年中国自主研发的网络产品，包括网页游戏、客户端网络游戏都获得了大幅度增长。中国自主研发网络游戏的增长率远远超过了传统意义上的一些门类，而且还出现了平起合一的新业态，这在专业界有很多讨论。有政府投资的，也有企业投资的，特别是像阿里巴巴、19 楼空间这样，又是企业又是平台。可以这样说，互联网 + 非常有助于中国文化传播、文化服务更快向世界扩展，推动中国文化走向世界。

电影与国家形象构建及其含义：以主旋律和独立电影为中心

（韩国国民大学社会研究所教授　朴英顺）

中国 2008 年召开奥运会，还有 2010 年召开上海世博会以后，中国的国家形象有了较大的改善。但是随着其拥有强大建设力量和经济规模的快速发展，在世界上，中国危险论也开始抬头。所以中国为了改善这种形象正在多方面努力，通过文化软实力打造新的国家形象。

因为通过文化力量提高中国的国家形象与国家竞争力直接相关，进而政策、经济和社会形象也向正面转化。简单来说，国家形象是一个国家所具有的多种信息经过整合形成的一种形象，是人们对其的一种综合认识。还有其因素并不局限于起搏的产品，企业的印象还应该包含通过新闻、网络、电影、刊物等多种媒体而形成的综合印象。所以我觉得我想电影作为一种媒体，一种传播，它是一个具有反映和传播国家形象的文化软实力。

先看主旋律电影与国家意识形态的变化，主旋律电影与国家意识形态可以分成两个阶段。第一个阶段从20世纪80年代末到90年代末，这一阶段基本上是以国家意识形态为基础，逐渐探索艺术性的过程，也就是说这个时期是国家意识形态和电影的关系从政治形态向文化形态变化的时期。第二个阶段是从20世纪90年代末一直到现在，这一阶段是应对好莱坞电影挑战，扩大中国文化产业的过程，也就是说，这个时期是国家意识形态与电影的关系从文化形态向产业形态变化的时期。

第一个阶段的主旋律电影，主要分为赞扬社会主义发展历史和以英雄为主题的电影、描述落后少数民族的电影、纪念建国与共产党创建的政治电影、以人民英雄或劳动者为主人公的电影等。比如开国大典、百色起义、大决战、周恩来等，主要是政治电影比较多。这些作品从内容到题材乃至资金支持都与政府具有紧密的关系，反映中国的意识形态。20世纪80年代末、90年代中期以后，中国电影界出现了娱乐性、商业性电影热，中国政府为了确保电影市场发展，决定改变对主旋律电影的认识，于是开始缩减政治性宣传教育的要素，在作品中加入商业性和艺术性的要素。所以在主旋律电影变化过程中，国家意识形态是从政治意识逐渐转向到文化意识。

第二个阶段，从2000年制造的主旋律电影中，可以看到题材在不断变化。2000年前后出现的主旋律电影的重要特点之一，就是随着好莱坞电影逐渐扩大在中国电影市场的占有率，中国政府相应地采取了应对和保护的措施。从此中国电影界的内部开始更加关注面向保护国家意识形态和本国文化的电影产业。为此，代表中国热的商业电影巨头冯小刚等导演开始参与主旋律电影的制作。比如《建国大业》《集结号》等，这些电影在作品展开与趋势方面，有了改变，还增加了商业要素，从而吸引了广大观众的眼球，成功刷新了票房记录。

怎样通过电影展现国家形象？第一，需要开发多方面的内容和题材；第二，增加播放频道，以及推广传播和宣传的渠道；第三，利用国际电影节的途径；第四，包容香港和台湾地区的电影，与在国外活动的华语电影，等等。

最后我说三点，来作为一个结语：第一，多样的电影、多样的途径、多样的趋势和题材，多样的频道、多样的传播、多样的合作等才能构建多样的国家形象。第二，当今中国在国家形象的构建和宣传方面，政府和中央媒体是国家形象构建的第一主体。第三,文化软实力是长期形成而逐渐发挥效果的。一个国家的文化和国家形象也来自该国的政治目标和各种政策等内力层面,如果中国政府想通过中国电影提高国家形象,需要改善多种电影环境。中国的硬实力加强,在国际社会上树立良好的形象,那么电影就能够发挥更好的效果,进而成为一个有魅力的软实力。

全球文明城市:未来30年上海文化建设的愿景(上海社会科学院文学所副所长　荣跃明)

上海社科院正围绕上海未来30年发展作一个规划研究。在未来30年的发展中,上海提出了建设全球城市的目标。在实现这个目标的过程中,要想发挥城市文化建设对于全球城市建设的支撑作用,需要在把握国际、国内形势变化和时代发展新趋势、新特征的前提下,进一步明确上海城市发展的文化目标或者说文化愿景,不断丰富和深化它的内涵。

一、把握现时代发展的特征。

二、全球文明城市应该是上海国际文化大都市建设的一个新坐标。

三、创新上海城市文化体系建设新模式。

四、与全球文明城市建设一起,深化和拓展新文明的内涵。

我们已经处在人类文明转型的阶段,未来30年,上海必须深刻把握人类文明转型的新趋势和新特征,在保证人类新文明的信息、生态、治理和文化融合四个维度上,着力拓展全球文明城市文化建设内涵,在人类新文明形态的意义上,构建新文明的城市样本。

首先是信息文明。全球经济和社会的深度信息化正在加速和深刻改变人与人之间在生活和生产中的交往方式和关联程度,充分信息化将极大丰富人的社会性,极大提高人的智能,培育大城智慧,从而把人际关系提高到新程度。现实世界由物质、能量和信息三大要素构成,通过控制能量流来控制物质流。信息的特征是不守恒和可共享,建立信息社会的新文明意识,把信息置于三大要素之首,通过控制信息流、物质流和能源流,是人类走向新文明的有效途径。当前人类社会信息化进程正在全面推进人类新文明形态的展开和形成,全球文明城市建设不仅要参与这一进程,更应当成为展示人类信息文明的一个典范。

其次是生态文明。信息化和生态化是人类文明不可分割的两个组成部分，人类发展基本就是人和智能关系的文明化。当今世界人类遭遇的资源环境困境，从根本上说是由工业文明靠掠夺大自然谋求发展造成的。超越工业社会的局限和弊端，确保人类发展可持续，是生态文明最重要的价值取向。没有高度发达的信息技术和信息意识，就不可能在世界范围建成生态文明。中华文化有天人合一、人与自然和谐相处的优秀传统，上海建设全球文明城市，就是要在继承民族文化优秀传统的基础上，在人类新文明的意义上，实现人与自然、城市与乡村不同阶层，以及经济社会的和谐、可持续发展。

再次是治理文明。20 世纪 80 年代信息技术的广泛应用，既促进了经济发展，也对各国政府管理提出了严峻挑战。围绕既要保持经济增长，又要实现社会公平正义，一种主张多中心权利运营、崇尚平等合作、强调责任、公民参与、更有效率的治理新理念在世界范围展开，从基层社会到国家再到全球层面，经济、政治、文化、社会生态各个领域，文明转型时期人类期待现代治理实践，形成符合人类新文明的成果，贯穿现代治理实践中的制度之争、竞争最终由现代治理成效体现出不同社会制度的优劣。十八大明确提出了国家治理体系和治理能力现代化目标，上海建设全球文明城市，以更高的治理能力展现了中国的力量。

最后是文化创新。信息技术的迅猛发展和广泛应用，不断推动各种媒介跨接融合，并以巨大的革命性能量重塑社会结构和人们的交往方式。信息技术应用和人类交往的不断扩大和深化，必然带来多元文化的并存。但是人作为文化的主体，多元文化的并存并不能从根本上改变人们的相互关系和地位。因而秉承不同价值和理念而导致的文化冲突也不会自动消失，因此在文明转型时期，文化融合作为多元文化参与的交往形式，必然是人类新文明不断形成和展开的趋势与选择。上海建设全球文明城市，就是要在人类新文明意义上坚持中国特色社会主义、社会主义文化发展方向，以更加开放包容的心态，继承民族优秀文化传统，广泛吸收外来文化的优秀因素，并在文化融合创新中为人类新文明作出更大的贡献。

发挥文化品牌在城市文化塑造中的“六‘引’效应”（上海社会科学院副院长　谢京辉）

我报告的题目是：发挥文化品牌在城市文化塑造中的“六‘引’效应”。

第一是引领。以文化品牌辐射性主导城市文化提升，运动城市社会人文系统的核心组成部分。引领性的城市文化是那些留得下、记得住的文化，比如文艺流派、文艺作品、文化企业、文化工程，甚至文化景区。城市作为文化载体，需要集聚人文精神，也就是价值观，包括人才、资金、技术、信息等重要资源。流传于世的各种品牌文化载体，往往是具备、集聚了这些条件。

第二个是引擎。引擎是以文化品牌集聚性驱动文化产业的能级提高。每个城市都要有驱动力，也就是发动机的效应。因此城市社会经济文化的发展，均需要依托于若干的主导企业，特别是城市文化的发展，高度依赖于文化创意等相关产业。

第三是引力。以文化品牌的“黏磁性”推动城市文化的向心力。城市文化品牌有吸引力的作用。为什么有？第一个方面，文化品牌是这个城市的名片，每个城市都有自己的名片，如果说文化品牌比较强了，那么它吸引力就比较大。第二个方面，文化品牌的城市文化向心力主要体现在如下方面：一是文化的核心竞争力，二是推动经济转型和要素的升级；三是促进产业的集聚。第三个方面，就是讲引力，以文化品牌的“黏磁性”推动文化的创新力，文化品牌集聚通过核心竞争力、经济转型、产业集聚等方面产生综合效应，是城市发展重要的主导力量。同时，通过品牌的塑造，也能更好地提升城市文化产业的价值和空间，进一步增强经济的辐射能力。引力还反映在，我们通过文化品牌可以体现出平台的作用；其次，文化品牌还要做产业；再次，是做产品。这些都是文化品牌中的一些平台，中央电视台就是一个平台，可以展示。我们的一个剧目就是一个产品，最后形成产业规模。

第四是引导。以文化品牌的放大效应来引导城市的演变。每座城市其实都不一样，不一样不仅是地理条件、风土人情、美味佳肴不同，除了这些以外，更深层次上是文化的不同，也就是城市的文化差异。从品牌的角度来说，它肯定是一种差异性的东西，不是同质性的东西，所以才有吸引力。人们记忆中对文化载体所形成的概念非常重要。再从引导的角度来说，文化影响力是一种为别人接受的方式与改革他人的思想和能力，这种能力必须具有丰富的文化内涵、有效的传播途径，以及文化受众根本性的认同，这就是文化的力量。另外，文化品牌不仅具备这些特点，而且能够通过自身的知名度、美誉度产生放大效应。从品牌角度来说，有五大效应，这些效应文化品牌都占据了，所以能起引导作用。提高文化品牌知名度的关键，是通过活动来展现，一方面要做大做强文化产业，另一方面要不断扩大传播渠道，提高传播的质量与效率。

第五是引发。以文化品牌的内生力注入“互联网＋”。在互联网时代，文化品牌对于城市的文化意义更为明显。在互联网时代，中华文化的传播要吸收多元文化，面对多元文化的竞争压力，同时也有向外传输的机遇。

第六是引申。以文化品牌的创新活力，提升城市文化品质。城市文化活力在于创新，城市创新源于创新文化，在建设全球科创中心的过程中，城市的文化创新不可或缺。城市文化是城市的灵魂，文化品牌是自身发展需要创新，得到社会认同，科技创新其实是与文化品牌的融合，使人们能够得到这方面的满足。建立科创中心非常重要，我们一定要高度重视。

上海城市空间的生产与消费文化（上海社会科学院文学研究所研究员包亚明）

21 世纪中国城市的发展是一种加速度的状态，不光是上海，全国很多城市都呈现这样一个特点。从这张图上可以看到，在城市区域，在时间轴上的这些变化。就上海的发展而言，很多人会谈及 20 世纪 30 年代的上海。但是 30 年代的上海从地理环境来说，面积只有现在上海面积的 1/10。我们还可以看到土地的使用情况，现在上海的基本格局差不多是 2000 年到 2005 年形成的，此外在人口密度方面也有较大的发展变化。

房地产在中国的城市发展中起的作用非常大。不管是城市文化风貌上的变化，还是它一些格局的变化，房地产在推动中国城市的发展方面，都是非常重要的引擎。关于上海房地产市场的演变，从图上可以看到。还有房地产的类型，表现在区域的变化、从低密度到高密度的变化，还有城市高度的变化。回顾上海的历史，石库门的建设，密度比较低，可以看到，密度比较低的区域往往是内环以内的中心区域，还没有被拆掉的老房子。

现在，在上海核心城区之外的商业，包括餐饮基本上呈现的都是连锁商业的形态。你要找一些店，特别是单一经营、比较有特点的，只有在城市核心区域，尤其是衡山路历史风貌区里才能找到。实际上这种情况是跟上海半殖民地的历史联系在一起的，这些餐饮店，包括酒吧，跟法租界基本是吻合的。

把这些完全重叠在一起，我们会看到，它们在空间分布上的特征。除了刚才讲到的法租界区域里形成一条轴线之外，这条轴线还从小陆家嘴核心一直延伸到大虹桥区域，然后就是一个轴加一个环的空间形态。从这个空间形态我们也可看到，其他风貌区，包括江湾这些区域事实上对消费产业的吸引力并不是非常大，这是一些空间格局数据上的分析。从这个分析中，我们看到了新兴消费空间的发展跟城市原来历史风貌区、历史街区的重叠。这样的重叠表现出消费空间的布局和历史风貌区具有高度的同质性与共同性，这个特征就是上海城市空间的演进，它最后会产生什么样影响，还有待观察。其中到底是历史风貌区重新获得了保护重要空间驱动力，还是城市空间控制力又一次不平等分配，除了资本力量介入外，也有政府推动，甚至还有政府和资本的重叠。

最后讲一个外滩源的个案。外滩源是一个空间，这是它在旧地图上的一个变化，1870 年外滩的风貌，1900 年的风貌，1910 年、1930 年变成这样，1940 年的风貌，这是外滩老的地图，这是南京路口的，然后是外白渡路桥边上的景观。

外滩在历史上就是一个金融区域，是一个划界。现在，外滩重新变成了一个金融区域，以及一个中央商务区。这其中当然有很多资本的因素，有房价问题。上海的高档餐饮店，除了小陆家嘴，基本上就是在外滩，尤其是西餐。所以，外滩一条线聚集了上海最好的餐馆和酒吧。外滩源是苏州和黄浦江交会的一个区域，它最早是上海的殖民地，外滩 33 号就是以前英国领事馆的旧址。外滩源的开发，为了重现英国殖民地的风貌，甚至拆掉了一些大楼，让这个区域的建筑高度控制在 6 到 10 层楼的高度。可以看到，这里有资本、政府的影响，有商业自身的发展，有城市空间的变化。

总体来讲，城市是一个有机体，城市功能的确需要变化，但在这个变化中，事实上各方利益集团在城市空间里是有着深度的博弈的。怎么样来体现城市的价值观，是一个值得高度重视的问题。

中国文化集群转型和升级的若干问题（乌克兰国家美术与建筑艺术大学教授 维·瓦连京）

19 世纪末 20 世纪初，在北京、天津等大城市，曾出现过一系列文化创意集群，在上海也有。在文化产业领域中，有相互关联的文化企业，相关的执政机构,以及专业化分工和协作关系紧密起来,这就是集群。产业组织在一定的区域内聚集,形成企业集群,这些产业组织就是集群,各个产业组织应该符合一定标准,并利用它的优势来生产文化产品,比如媒体类的,动漫、电影、电视剧这些也是文化产品。一部分产业越来越没有物质性的基础,都是生产软件类产品或者服务。无论是何种文化产品,都有一些优势。文化产业集群生产的产品,最少有四五个优势。

第一,文化是一个生产平台,生产规模、生产量越来越大,因为在文化集群里,劳动生产率非常高,而且它们和市场连接很紧密,所以可以说,文化集群的规模也是挺大的,生产量大,销售快,市场的规模越来越大。

第二个优势是生产成本。因为生产量越大,生产成本越高。交易成本也是比较高的,因为文化产业集群要市场化,所以市场规模越大,交易成本越高。输入市场的消费或者费用也就特别低,尤其是服务类文化产品。

第三是竞争优势,一些先进的文化产品,创新程度越高,创意力度越大,竞争优势就越多。

第四个优势是文化生产集群产生的知识产权。知识产权依托是一个优势。因为这种方法让文化产品扩大到上海这样的大城市,也让它扩大到一些中小城市,而且提供了一个"走出去"的渠道。这样,一些中国产品,如刚刚说的梅兰芳的京剧,就会被其他国家吸收。

下面谈升级的问题。首先,根据我初步的分析,最少存在两个挑战。第一个挑战是,中国从改革开放以来,文化产业依然处于初级发展阶段。昨天一些学者介绍了工业革命,有老工业革命或者工业革命第一段、工业革命第二段和工业革命提升之后的新模式。所以从工业化角度来讲,我国的文化产业还处于初级发展模式,应该走上工业升级的模式。第二个挑战是,在全球价值链中,中国的一些文化产业存在处于最高、中等还是低端环节的问题。从我作为一个外国人的角度来看,至少在东欧国家,很多优秀的中国文化产品还不在我们国家的价值链里面。

提升文化集群内的文化产业发展,有两三个途径。第一是在创新概念中,促进文化和科技的融合。文化离不开科技,两者融合越深,规模越大,时间越长,所以效果和效应越好、越高。第二个途径是扩大文化资源的信息化规模。文化产业的各个部分,包括我的学校的造型艺术或演出艺术,或者媒体相关的作品、文化产品,包括游戏,等等,应该得到进一步的信息化。特别是在演出艺术的领域，还有文化遗产相关的活动，尤其是非物质的文化遗产，必须通过信息化加强传播和推广的力度。传统艺术在市场经济条件下，同时面对国际媒体和网络艺术的压力，其产品规模越来越小，相关艺术人士也越来越少，必须通过资源的信息化，加以保存和扩散。在中国，产业的内容很重要，更应该有技术性的科技基础。

最后，我的一个初步分析结果是，中国应该充分认识到文化产业集群的启动，完善传统制造业和高新技术产业融合。在实践方面，除发挥一般产业集群的作用之外，更应了解其内在特质，以制定科学的文化产业集群发展规划，引导中国的文化产业集群朝健康良性的方向发展。

以文化为方剂，加实加快中国形象传播（中国台湾汉学研究中心原馆长　顾　敏）

过去 30 年以来，中国各方面发展都非常快，以我长期从事文化工作的经验来看，唯一比较慢，赶不上发展脚步的就是文化方面。好在现在文化建设也被列入中国政府的几个建设项目，包括经济建设、社会建设、政治建设、文化建设，以及习主席后来加的一个生态建设，从我个人角度来看，这些建设都跟文化角度有关，不管社会建设、文化建设、生态建设，都跟文化有关。

文化建设不是一个五年、十年的计划，它是一个千年的大计。我们常说西方文明影响了世界五百年，从文艺复兴到现在，五百年是一个什么概念，是一个大时代的概念。西方文明五百年，照中国人的传播思维概念，日出日落，小的是十年河东十年河西，大的是文明的概念。中国要走到世界文明舞台中心的时候，还不会那么快到来，至少要等到 2050 年。我们在 2050 年要做什么事情呢？我前面说过，文明的交流会产生深远的影响。五百年前，西方人兴起研究中国学，利玛窦在上海徐家汇这里，把西方的哲学翻译过来，也编了第一本字典。利玛窦编的是葡萄牙文与中文的字典，这本字典影响了后来东西方文化的交流，并为西方人研究中国开启了方便之门，因为有这本字典的关系，这是一个概念。

我们现在所提倡的中国学研究这个概念，事实上是美国在 20 世纪五六十年代由费正清所创，即所谓现当代中国问题研究这样一个概念。现在我们把中国研究移到中国本土来进行研究，我觉得这是非常好的。我们今天所讨论的问题，可以延续美国人对中国所做的智库型研究,变成中国人研究中国的问题,邀请世界各地的朋友们研究中国问题。所以世界中国学论坛本身具有非常重要的意义。

现在的文明存在什么问题呢?事实上在20世纪60年代,人类文明有五种危机,可是五十年以后,到2015年的今天,变成了有十大危机。这十大危机证明什么?证明从20世纪60年代,全球化之后,西方文明对于全人类文明所产生的问题没办法解决,而这些问题越来越多。这是一个现实,我研究文化、研究文明正是研究这个现实。

中国的经济在发展,可是中国最落后的就是文化发展,所以文化要怎么发展?我们要不要画一个"天际线"?我们需不需要有一个"地平线"?在"天际线"跟"地平线"中间,中国文化怎么发展?中国人要建立的文化是什么文化,就取决于我们的"天际线""地平线"要画到哪里,取决于我们怎么样看待这个世界,我们怎样体验这个世界,我们怎样展望这个世界。

现代化的语境与国际化的表达:中国文化面临的挑战(上海社会科学院文学研究所研究员 陈圣来)

改革开放以来,我们一直提出要让世界了解中国,让中国走向世界。这个功课取得了一定成绩,但是在整个中外文化交流中,我认为中国文化走出去方面相对显得比较薄弱。如果中国文化不走出去,何以谈中国走向世界?中国文化在走出去的过程中,走不远或者留不久,有很多原因,应该综合分析,其中有一个重要的原因,就在于现代化语境和国际化表达。

我曾经担任了13年的中国上海国际艺术节总裁,我游走于世界各个国家。就我所见,在当今世界舞台上,已经很少看到原汁原味地演绎传统的作品。这里主要指文学和戏剧类的作品,当然其他领域也有这个倾向,我认为这恐怕基于两个原因:现代化和全球化。

第一,在现代科技和资讯高速发展的今天,任何一样发明都会对我们的生活造成改变。比如互联网和手机,人的阅读方式、书写方式、联络方式、沟通方式、思维方式、娱乐方式,都因其存在而发生改变。在现代化的浪潮冲击下,任何一个人、任何一方都不能置身事外、一尘不染,所以最需要大规模传播的戏剧、电影,必须要学会和适应在这种现代化的背景和语境中存在,就像鲁迅讲的，我们不可能拔着自己的头发离开地球。

第二，随着现代化浪潮的冲击，高科技的发达，地球逐渐成为一个村落或者山寨，国际距离如此缩短，全球化的浪潮与现代化的浪潮接踵而至，艺术更是没有国界。我们要进行中外文化交流，不仅仅将交流的对象局限于国内，而且要向世界传播好中国声音，讲好中国故事，树立好中国形象，这就需要有世界语汇。这不是狭隘的英语或者法语等世界流行的语种，而是以世界能够认同的习惯话语、观念来阐释、叙事。

我们过去一提历史，往往会有些沾沾自喜。中华有灿烂的五千年文明，我们今天要讲好中国故事，肯定要去开掘这些“矿产”。这其中就包含着最传统和经典的演绎，这种演绎、改编崇尚的就是这些作品中的朴实价值。中华文明在历史发展中，如何保持并散发其鲜活的生命力，这就需要我们不断揣摩并捕捉社会的焦点、大众的视点。因此，古典名著等，一定要用现代化的语境阐释，与现代社会结合起来发酵。

另外一个问题就是国际化的表达。我们不得不承认，汉语虽然使用的人数众多，但在世界上不是通用的语言，让世界了解我们的作品，必须通过翻译家的翻译。2012 年，中国作家莫言获得诺贝尔文学奖，莫言很聪明，瑞典给了他 14 个出席嘉宾名额，他把 5 个名额给了亲戚，9 个名额全给了他的翻译者，他知道，他的作品能够被世人所接受，翻译者功不可没。

这些翻译者主要都是国外的翻译者，莫言知道这些人懂得当地的欣赏习惯、欣赏眼光、欣赏角度。他甚至允许其改变作品中人物命运的走向，因为他知道，翻译者作出这样的改变，是为了让当地更多人走进他的作品，并更加喜欢他的作品，这让莫言的作品顺利跨越东西方的障碍和差异，成功进入西方的主流语境。

与世界共享中国（上海交通大学人文艺术研究院院长　刘　康）

我讲“与世界共享中国”这个题目，大概有四点意见，有感而发。现在这个世界的民众其实对中国特别关注，比如我 30 多年前去美国，中国基本上没有出现在媒体的视点中，除了中国出现负面新闻时。现在不一样了，现在每天什么事都离不开中国。为什么呢？中国现在已经是引领世界的大国，中国突然变成了一个大国，这是我的一个感想，或者说我对中国变成大国的意见，我发明了一个词，中国“被大国化”。这个转变发生在2008年左右，世界范围内发生了重大的经济危机，中国却取得了标志性的发展成果。2008年中国举办北京奥运，中国变成了一个举世瞩目的明星，站上世界舞台，世界各国的人民非常想了解中国。既然中国是一个世界大国，你拿什么东西与我们分享？

所以我想讲的第一点是，中国与世界分享什么？怎么分享？你是一个大国，大国需要有大国的胸襟，大国的视野、义务和职责，这些首先表现在你如何与世界各国人民共享你这个大国的资源和成果。

第二点，怎么讲好中国的故事、构建话语体系。但是这个话语体系、传播体系也好，表达也好，语境也好，或者我们经常讲的中国的形象也好，首先它有一个基础，它的基础就是它的价值体系。价值观是什么？这就是说，中华文明作为一个伟大的文明，中国作为一个引领世界的大国，它现在对人类共同体能够作出哪些贡献，这个应该是我们大国的价值体系、价值基础。

第三点，让我们讲这样的故事，让中国具有这样大国的情怀，能够与大家分享中国的胸襟，建立一个与全人类共享的价值体系，现在看来还不是特别容易的一件事。

但是，我们现在到了一个转折点。2008年以后应该是第一个转折点，我们面临一个巨大的变化。我们有没有认识到，我们有没有作好准备，以崛起的、雪耻的心态，把自己从一个落后挨打的局面中扭转出来，其实这个挺重要的。这不仅仅是一个怎么面对自己的问题，实际上也是一个怎么面对世界国家的问题。

第四点，中国要做世界领袖了，不管你愿不愿意做，很多人已经认为中国是。我跟阿拉伯驻华大使交流很多，我说中国不是超级大国，他们都说中国就是超级大国。不管怎么样，中国现在作为一个世界的领袖，需要有一个共享的胸怀，需要有关怀全人类的情怀，要让全世界的人们由衷赞美和信服中国的领袖地位。所以说来说去就是我们应该从价值观的高度，来讲我们为人类所承担的风险、所作出的贡献。

中国京剧在泰国：文化传承与创新（泰国朱拉隆功大学中文系专座教授　芭萍·玛努迈威汶）

中泰两国跨文化的互动和交流，是从中国的制陶者开始的，那个时候是大城府时代，除了中国的陶器，暹罗也有其他的艺术形式，还有一些海上交易。这些海上交易人员在暹罗大量留居下来，主要是在塔城库，并且带来了很多设计。有一些艺术形式保留了原始的中国传统，但是慢慢也变成泰语的了。自古以来，华裔的泰国人就在中华文化传统的信念、风格以及习俗上有很多的传承。在中国的社区里面，那些神庙中供奉着他们自己的神；有很多中国节日，他们自己庆祝。在这些节日时，比如春节，他们就会表演京剧，而且供奉自己的神。除了中国节日以外，中国的京剧也会用来招待其他国家的造访者，庆祝皇室成员的生日，以及用于其他一些重要节日。自古以来一直有这样的传统。

我们知道在阿贝德的时期，中国和暹罗就建立了友好的关系。根据某些调查研究，在泰国的潮州人是全球最多的。潮州文化在泰国非常兴盛，不仅仅因为潮州人很多，而且因为他们的演唱和表现都非常受人欢迎。但是还有一些人不是很感兴趣，所以他们也开始去招收泰国的表演者，并用音译的方法，将京剧译成泰语。这类表演者大部分都是来自东北部的泰国人，现在泰国有 20 个这样的京剧团，还有一些是来自泰国西北的人。

在两百年之后，也就是 1982 年，泰国有一个先生，他就推出了潮州剧团，用泰语表演潮州剧，表演的是包青天，当时表演的剧本也非常好。在 2015 年，泰国的大学也用泰语推出了潮州剧，主要是为了纪念公主 60 岁的生日，这种创意的表演，包含了文化、社会、政治和环境等各种语境。这一表演中，新的故事是关于八仙的，演唱则是中国京剧音乐和泰国音乐的融合，也就是说由泰语演唱，用泰国东北的演唱方法。这个表演一出就引起了轰动。2015 年 6 月 26 日表演的八仙贺寿也非常受欢迎。这出戏包括了非常好听的中国旋律，还有一些泰国式演唱，公主自己演唱的。除了庆典还有音乐的一些创新以外，这个表演保留了中国京剧的传统形式，讲述了八仙的经历以及其他的一些神和仙女，还有王母贺寿的故事。

表演中还有一些特殊的情节、人物，比如被禁止的牛郎织女之恋，还有孙悟空，以及三个其他贺寿的人。第一幕八仙上台，所有的神仙都聚集起来，然后一起向王母祝寿。在王母的生日聚会上，众仙得知，天界的桃树已经不能结果了，这是因为凡间很多人都在遭受干旱。大家可能都知道我们泰国三年前遭遇了干旱。王母就让八仙去解决这个国家的问题，八仙接受了这样一个神圣的职责，并邀请织女一起，因为她曾经住在凡间。在去凡间的路上，他们经过泰国东北部的地方。人们唱了一首泰语的歌，这些歌打动了八仙，使得他们重新思考，他们应该如何解决这个区域的问题。于是八仙就出现在人们的梦中，托梦给凡人，让所有的泰国人实施自给自足的经济，通过共享来寻找幸福，所以后面问题就缓解了。

八仙向王母报告这件事之后，给王母送上了清木瓜色拉，牛郎、织女和她的六个女神姐妹，送上了自己制造的织物，吕洞宾表演剑舞，剑舞之后，牛郎和七个仙女又表演了一个洗浴的舞蹈。很明显王母非常高兴，而且也非常喜欢这些神仙送来的礼物，尤其是清木瓜色拉，因为王母从来没有吃过清木瓜色拉。当年是泰国非常重要的一年，因为是公主的生日。接着这些表演者回到"凡间"，带着仙桃作为礼物送给公主，所有的演员上台，然后把仙桃送给正在观剧的公主。

如何在西方讲好中国故事(《文汇报》原驻巴黎记者　郑若麟)

在西方如何讲述中国故事？我认为有三个方面要注意。我们在打造对外传播机器的时候，尽可能利用西方主流媒体讲述中国的故事。我们国家在2008年以后，大大加强了对外传播，包括对外电视广播和媒体，《中国日报》现在在法国都可以买到。但是，尽管这样，依然存在不足。比如中国中央电视台法语频道，我现在在那里做主持人，在法国有一定影响，但是影响范围毕竟还是非常少，用户2万，可以影响到法国的主流媒体，但是影响不到法国的大众，所以我们要想影响法国大众，还是得进入西方的主流媒体，这是第一。

第二，我们在创立自己话语体系的同时，也要尽可能利用西方普通民众能够接受也能够理解的方式，特别是不会引起歧义的方式的话语体系。这里要提到中国政坛有三本书非常成功，成功就成功在它创立了一套中国话语体系，西方用民主专治的概念，西方用人均收入的概念，它提出人均净资产的概念，这是非常重要的，这可以影响到西方的上层，影响到西方的研究机构、思想界。但是对于西方的老百姓来说，我们还是要用他们所熟悉的语言概念，来讲述中国故事。我写的这本《与你一样的中国人》实际就是对这个方面作的尝试。

第三就是在传播中国故事的同时，我们要讲述我们需要向外面解释的东西，比如"一带一路"、中国式的法治、中国梦等。我们也要有针对性，针对西方民众，对他们想要关心、了解的领域，作出我们的解答。

刚才好几位演讲者都讲得非常好，陈老师讲的这个，我们的京剧、我们的文化走到外面，这是非常重要的，这是我们文化传播的方式。

在西方讲中国的故事，我的经验是我们必然会面对西方媒体的傲慢和偏见，傲慢是西方自认为是道德正确的一方，偏见就是他们认为只有中国改成与他们一样的政治体制，才是唯一正确的做法。所以在讲述中国故事的时候，有必要对这种傲慢和偏见作出回应。

最后我提出这样一个观念，在西方讲述中国故事到底应该突出中国和西方在历史、现实、文化、民族等各个领域完全不同，还是要强调中国道路与西方是相同的，不同的只是发展的阶段性差异，我觉得这是我们对外讲好中国故事首先要解决的问题。如果强调中国道路与西方是相同的，只是一个阶段性差异，那就是我们自我承认我们是落后于西方，承认西方代表历史的正确方向，承认西方的道德价值观就是我们的未来。

我的这本书《与你一样的中国人》，原来的题目我想叫作《中国与你一样不同》。但是编辑认为，在法国文化中，实际上这个不同是不好的，建议改成现在的题目，只有这样我们才能讲好中国故事。

讲好故事有两大方向，是对西方上层讲，还是对普通大众讲。基辛格说你控制了石油就控制了所有国家，控制了粮食就控制了所有人民。那么，谁控制了媒体就控制了所有人的思想，特别是电视媒体。法国有一个前总统，他说电视是第一大权力，我们知道所谓的三大权力，而电视是第四大权力。我们对外讲好中国故事一定要重视电视媒体。

第五圆桌议题：社会结构与社会发展

中国青年的历史蜕变：国家与社会关系的视角（南京大学社会学系教授　周晓虹）

今天我的讲演是从国家关系的视角谈中国青年的百年历史蜕变。我将从三个方面来作这个简单的讲演。青年的意义，实际上是由社会来建构的。传统中国社会没有青年的概念，只有成年和未成年。实际上青年这个概念或者说这个群体的出现，是在中国近代以来，特别是新式教育以来的事，只有一百多年的历史。

我把中国青年的百年蜕变分成这样四个阶段：在激进青年和革命青年之后，又有造反青年和世俗青年。首先看激进青年。从岁数上讲这一青年群体基本上是1880年后生的这一代人，既包括国民革命前后的一些青年，也包括毛泽东、周恩来、邓小平等第一代中国共产党人。到了革命青年，和先前的激进青年相比，他们的学历和出身相对要低，而且由于启蒙主题的弱化，革命青年也不太追求原来的激进青年曾经舍命相逐的个人本位和自由倾向，这使毛泽东和中国共产党人成功规训青年知识分子，使其顺从党的目标成为可能。1949年中国革命的胜利，实际上并没有改变革命青年的辨别标准，但是在1956年的苏共二十大以后，毛泽东陷入了一种深深的焦虑，就是对接班人的焦虑。在这样的情况下，发动了"文化大革命"，并且红卫兵被推上历史舞台。

第二部分，讨论在国家和社会的夹缝中间，中国青年是怎么成长起来的。激进青年时期，国家和社会处在家国同构的状态。传统的家族提倡妇道和孝道，具有鲜明的权威主义的倾向，与千百年来国家的专制统治相吻合，青年带有反家庭的特点。

最后，我要谈的是文化反哺锻造新的代际关系。这里有一个最基本的想法，我从集体记忆的角度来研究，什么时候会发生代的断裂。我觉得主要是集体记忆的重构产生问题的时候，会发生代的断裂。刚才我讲了，中国青年是四代青年，但是我认为在中国，在这四代青年之间真正发生的问题，实际上是前清的遗老遗少和激进青年之间发生了集体记忆的传承的问题，以及造反青年和现在已经登上历史舞台的世俗青年之间在传承上也开始发生了集体记忆的断裂。而在激进青年到革命青年、革命青年到造反青年之间，我认为他们本质上在集体记忆的传承方面是没有发生大的断裂的。所以这里我讲只有两次大的断裂。

实际上，年长一代对年轻一代支配权力的丧失，并不是当今中国代际舞台上的全部剧目，另外一部分剧目是代际之间的对话和共生，也就是我们倡导的文化反哺。文化反哺不仅出现在家庭内部，也出现在城市生活之中，并且也是整个中国社会代际之间最为普遍的一种文化现象，广泛地出现在社会生活的方方面面。1978 年以后急剧的社会变迁，改变了代际间的权力格局，年长一代话语权力的旁落导致一元的单向代际支配关系转向多元的代际并存关系。在现实的代际关系中，从代际隔膜、冲突、共生到代际反哺，还有传统的代际支配，称得上林林总总，形态殊异，不一而足。这样一个大的变化，有可能改变两代人的处事样态和生存方式，并使年轻一代呈现和他们的父辈，更不要说祖辈，迥然不同的价值观和社会行为模式，因此最终改变我们这个传统深厚的国家周而复始的历史。

未来五年中国社会发展面临的挑战及政策思考（上海社会科学院社会学研究所所长　杨　雄）

我这个题目是“未来中国社会发展面临的挑战及政策思考”，谈几个观点。

第一个观点就是，我运用了中国 2014 年的 HDI 数据，表明了从社会发展的角度来说，与全世界的 187 个国家相比，中国的社会发展取得了显著的进展。HDI，社会学家都知道，它是现在比 GDP 应用得更加广泛的一个指数，它的主要核心指数包括教育、预期寿命，还有收入。当然这个收入是一种按照购买力平价计算的收入。

我们看到，中国在明显的成长进步发展过程中，还面临着一些需要关注的社会问题。第一个问题是发展的不平衡性。比如这个图示，颜色越红表明 HDI

指数越低，颜色越绿表明 HDI 指数越高。现在的统计口径不一样，中国的统计版本和国际的统计版本不一样，加权以后只能看到 2010 年到 2012 年的情况。整个中国是由橘红、橘黄慢慢地变黄、变绿，说明整个中国的 HDI 指数在提升。但从内部差异来看，这一块就比较落后，沿海是比较偏绿的，所以还是有内部的巨大差异。

我们把 HDI 发展指数分为四个 section。比较 top 的 level 是北京、上海、天津，系数已经超过了 0.8。第二集团是处在全国平均线 0.7 左右的省份，如江苏、浙江、辽宁、广东，等等。后面是低于平均线的省份，云南、贵州、青海，等等，这几个省份显著低于全国的平均线。这是我们的第一个问题，发展的不平衡性。

这种不平衡性带来的直接的社会后果，是我国在保持 30 年经济增长的同时，没有把经济增长的成果传递到社会进步，使这一方面拖了后腿。所以总书记说，我们在“十三五”，在未来全面实现小康，要使老百姓有更多获得感，这种获得感我认为就是社会进步。因为现在老百姓的基本温饱满足以后，更关注的是健康，更关注的是教育，更关注的是生活的幸福感。这个就是我们现在面临的一个巨大的挑战。

第二个问题是各个地区发展的不平衡。在教育、健康以及医疗的资源方面，这种差异更大，由于时间关系我这里就不展开了。这是我们面临的第二个问题。

第三个问题，我们的城市化、城镇化给政府治理带来的挑战。从 2011 年开始，我国城市人口超过了农村人口。2015 年，有 7 亿多人口在城市生活。这样一种巨大的变迁是人类历史上前所未有的，它带来了城市的拥挤，公共服务方面，教育、医疗卫生、养老等出现了不少问题。这就是我们现在城镇化面临的巨大困境，一方面我们要脱贫，大量的人要进入城市，但是另一方面政府的公共服务，养老、卫生、医疗、教育等面临较大的短板。这是未来 5 年需要解决的第三个问题。

因此可以说，就是不平等拖累了整个社会的进步。

最后，就中国的社会发展，在政策层面上提出四点建议。一是社会发展目标。“十三五”提出的一个社会发展目标是要追求更加公正的社会，实现更加高质量的社会发展水平。二是要更加关注民生。习近平总书记提出要建设中产社会。三是在维护社会公平、平等方面，我们有大量的工作需要做，比如解决城乡的两元、城市的两元等问题。四是激活社会，五中全会提出要激活社会，上海也正在研究激活社会。

代际流动的性别差异：1978—2010 年（复旦大学社会学系教授　李　煜）

关于社会固化的讨论已经有两三年时间，但是我觉得可能有一个议题被我们忽略了，也就是在代际流动中的性别差异的问题，今天想根据一些经验的材料，报告一下我的发现。

代际流动不仅是衡量代际固化与否，而且是测量社会结构开放性的一个核心指标。但是女性的代际流动一直是被忽略的一个议题，不管是在中国还是在西方，当然各有各的道理。就中国来看，其实我们很容易就想到两个对立的猜想，一个是我们是大规模的市场化，我们姑且简化地认为这是一个市场化过程，市场化过程在劳动力市场上，对女性是不利的。因为女性有生育的负担，对家庭的责任更多，所以这些东西有意无意地或者造成事实或者形成偏见，使我们认为女性的生产力相对较低。在这种假设下，女性在职业市场上的表现，包括她个人的职业流动，是不利的，市场化是不利于女性个人事业的发展的。

从另外一个角度去看，已经有很多研究也发现了，教育的扩张，特别是独生子女政策，使我们的孩子越来越少，造成少子化甚至是独子化，这使得家庭资源在男孩儿、女孩儿之间的分配问题上显得不那么突出。在以前，中国的家庭有很多孩子的时候，家庭资源少，会更多地集中在男孩身上；现在家庭资源多了，而只有一个孩子的情况下，女孩会获得更多的资源，这对于她们的代际流动会有很大的帮助。那么我们猜想不出来，在市场化以后，女性的社会流动是更得益了还是会更加吃亏。

女性社会流动有困难，最大的一个困难是，女性就业率低，这在西方特别普遍，特别严重，在中国稍微好一点儿。还有一个争议是，女性的社会流动更多地是受她父亲的社会地位影响还是受她母亲的社会地位影响。我想我们先把大的问题搞清楚再了解这些细节。

我们比较了女性的第一个职业和男性的第一个职业，由此规避掉职业中断以及和丈夫比谁的职业地位高等问题。大致的情况是，有人说男性女性没什么差异，有人说女性的流动率会大一点儿。实际上她们是绝对流动多，相对流动并不是那么大。

在这篇文章里我试图比较，那么就要有一个比较的框架。这个框架分两块，一个是流动率，多少个百分比的子女离开了父亲所在的职业地位，这是粗流动率；另外一个是职业流动率，因为产业结构的变化导致的结构流动，比如我们城市化、工业化了，很多农民的子女去做工人了。社会学流动分析认为，这个流动不会那么被我们重视，它并不意味着不平等的降低，而是社会结构变迁，逼迫一部分人转换到另一个行业里去。

向上向下的比，数越大，说明向上流动的越多，男性是从 1.56 升到2.8，而女性从 1.15，比男性低得多，上升到 3.14，比男性还高了。也就是说，1992 年以后，女性向上流动的机会比男性增长得快得多。我们再来看结构流动性，因为产业结构调整了，一些产业萎缩、一些产业增加导致的流动，男性是从 17％增加到32％，女性是从 11％，原来比男性低，增加到 30％，现在还是略低一点点。这个基本的含义是说，男性和女性的流动很大程度上取决于结构流动，而其中看上去女性获益更多一点。

职业区别度，性别在职业中的区隔的程度，从 0.1 下降到 0.06，也就是说性别区隔程度略有下降。

从流动特征上说，两性的差异并没有明显改变。1992 年的女性特征，低继承、难跨层，这和西方是一样的。1992 年以后，男女继承性均下降，女性下降比男性更多；跨层难度均上升，这可能是造成我们社会固化的一个很核心的原因。男性的上升更为明显，女性的向上流动比例会更高。

上海社会结构的转型变迁和未来发展（上海社会科学院社会学研究所研究员　陆晓文）

趁这个机会我把 20 世纪 70 年代末改革开放以后到目前为止的一些政府公布的有关数据作了梳理，从这些数据梳理中看看我们国家 30 年来发生了什么样的变化，这些变化会在我们未来的发展中起到什么样的影响或者作用。

下面是一些研究结果。从 2010 年到 2012 年，上海市政府的财政支出发生了非常大的变化，公共服务财政支出的比例逐年增长，现在已超过 57％。这就是说上海政府经济的功能在弱化，而且弱化得非常明显，但是公共事务角色的重要性在上升，而且也上升得非常明显。

上海的行政空间也发生了非常大的变化。上海的居民委员会在1999年的时候是2 801个，但是到了今天就只有1 610个。这就是说我们的行政结构，行政实施的内容、范围和对象全部发生了根本的改变。最近国务院和中央政府发布了要对农村的所有制和产权进行改革的条文。这种政策的推出实际上和我们整个经济发展过程以后的行政结构变化和行政对象变化，有密切的关系。因为虽然我们的村民委员会减少了，居民委员会增加了，但是其中的财政机制、收入机制、分配机制和所有权机制依然没有完全改变。这一点在我们的未来是很艰巨，也是一个很重大的任务。

我们的居住形态也导致原来的聚落发生了变化。在这样一个行政区域、行政结构发生巨大变化的条件下，社会管理、行政体制、行政效能方面没有调整的话，未来上海的发展的和进步要受到相当严重的影响。

经济结构方面的变化，公有制从90%以上，现在变到了50%以下。公有制和非公有制制度方面的变化，不仅仅是一个生产方式的变化，它背后实际上隐含着社会利益关系的变化。这也意味着未来的政治形态中，不同的利益集团，或者说利益群体，与政府之间的关系发生了重大的调整。这一调整如何解决是一个非常大的挑战。这是我们的经济结构的变化。

社会阶层利益变化的分布图。大家可以看到，20世纪90年代，可支配收入处于人均水平以下的比例超过90%。但是那个时候我看过一个数据，当时最高收入不超过最低收入的3倍，也就是说这是一个非常平均的收入状况。上海的统计年鉴里有上中下不同收入水平的有关数据比例和有关计算。但是，到了1997年以后，逐渐缩小的收入差距又开始扩大。1999年扩大的速度非常快，当时统计局对上中下比例的有关计算已经去掉了，在上海统计年鉴里面已经没有这样的数字，也就意味着这种利益的差别和收入的差别，已经无法统计了。

对于未来的上海来说，经济社会处于一个非常的转折时期，大家可以看，中国的经济结构处于一个非常关键的转折时期。据我获得的有关资料可知，上海今年的GDP可能是在末十位，全国的末十位。这样一种状态实际上对于上海来讲是非常严峻的，尤其是政府的财政能力已经不足以支撑经济的发展。未来的经济靠谁？这成为一个非常重大的问题。社会管理处在重建的过程中，我们的行政形态变化调整以后，整个上海的社会管理方式必须要作出调整。

在未来，第一要把上海城市自己的事情做好，要把上海和长三角的关系处理好。然后，作为一个世界性城市的上海，它的职责和任务也是非常重大的。

有六个方面的问题我觉得非常要紧。利益关系在未来要和谐，政社关系要和谐，社群关系要和谐，生活方式要和谐，空间布局要和谐，另外，很重要的一点就是文化价值要和谐。

我国城乡劳动参与率的变化趋势及其决定机制（日本同志社大学教授　严善平）

我的报告题目是“我国城乡劳动参与率的变化趋势及其决定机制”。我用的是大家比较熟悉的CHIP数据，有1988年、1995年、2002年、2007年和2010年这五次调查数据，包括城市和农村的两个方面。

我的目的是想通过这个全国性的调查，通过微观数据的分析来观察中国就业率的变化，对就业率的变化和有关因素进行描述，最后建立简单的回归方程，来看看这些有关因素对就业率的变化到底有没有影响，有多大影响，随着时间变化影响程度是怎么的。

首先我想通过汇总数据看一下中国劳动就业率，也就是16岁以上人口中就业人口的比例是怎么样一个变化过程。可以通过这个曲线看出来，它是不断下降的。到2010年，劳动参加率，100人中有73人处于就业或者失业状况，就业的是71个人，2个人处于失业状况。1995年劳动参加率要高得多。所以说整个就业率的走向是下降的。

这是关于男性和女性、城镇和农村按年龄计算的就业率曲线，这个大家比较熟悉。比较显著的特点是，随着时间的推移，整个就业率下降比较快，特别是城镇的女性下降得更快一些。这是男性的，这是女性的。

这个是学历和就业率的关系，五次调查的数据分别按照小学、初中、高中、大专、本科及以上的五个学历层次划分。再进一步分城乡来看，也有一些非常有倾向性的特征。教育水平比较高的层次，就业率比较高。农村的高于城镇的，这与前面的表述有相关的方面。

另外就业率当然也与城镇的退休率有关系。在城镇，大家知道女性50岁以上，男性60岁以上，如果是白领女性，55岁以上，还有一些特殊原因是可以提早退休的。由于这样一些原因，中国的城镇中退休人员的比例不断上升，这里显示了1995年到2010年的变化过程。总体来看，100人中有30人离开岗位。

从不同年龄来看,也有同样的倾向,时间关系不作说明了。我想强调一下,在45到49岁,最下面这个蓝线,还是比较年轻的阶层,他们已经离开了工作岗位。这个原因多种多样,下面我会谈到什么样的原因导致他们提早离开劳动市场,导致就业率的下降。

还有一个要素就是高中以上或者说高校的发展,对年轻人进入劳动市场的推迟是非常明显的。比如以前初中毕业、高中毕业的人,马上可以进入劳动市场,到现在随着高校教育的发展,很多人读完高中以后再继续上大专、上大学或者上研究生,这样让相当一部分人进入劳动市场的年龄推迟,从而导致整个劳动力市场的就业率下降。这里显示了城镇和农村的,16到24岁,按照我们的理解就是高中,从上高中开始到大学毕业之后、硕士毕业为止的这样一个年龄段,有多少人还是在校,从而可以看出2002年,比方说农村是30个人,城镇是64个人,以后城镇变化不是太大,农村继续处于上升阶段。这样一种高等教育的发展对劳动力市场中就业率的降低到底有多大作用?这是下面要讨论的问题。

最后我的主要结论是这样的,就业率总体呈下降趋势,但农村下降相对较慢,城镇下降较快,特别是城镇女性就业率。第二,无论城乡,男性就业率普遍显著高于女性。教育水平上升可以显著提高就业率,尤其在城镇家庭。在乡村地区,16到24岁人口比例每上升10%,家庭的就业率下降2.4个百分点。此外60岁以上的人口比例也是负面影响就业率的,并得到了一些实证的结果。

改革中的中国社会领域的社会学研究(美国加州大学伯克利分校社会学教授 高棣民)

我对中国社会的观点主要是从1979年,我在上海复旦做留学生的时候形成的,我是第一个公费公派的美国留学生。所以那个时候刚好我的同班同学都是老三届,是77、78级的,还有工农兵学员也是我的同班同学。

我1979年来过社科院一次,1979年是社科院刚刚恢复,而且社会学研究所刚刚建立。所以他们把一些人从别的单位,别的研究院、研究所拉过来,说你现在是社会学家,但是社会学到底是什么东西不太清楚。因为1979年在上海的经历对我的影响非常深刻,别人都把我当成大上海主义者。上海现在的变化太大了,我已经被淘汰掉了,但是对上海还有很深刻的感情。

我看了大概 30 到 40 个人的英文著作，我发现他们的研究有三个趋势，或者说在他们的研究成果中，发现中国改革开放开始以来的社会变迁有三个趋势：一个是市场化，一个是私有化，第三个是全球化。当然，它们在中国各个地方的影响是不一致的，速度和深刻程度也是不一样的。所以中国社会是什么样是很难定义的，不科学、不准确。但是由于市场化、私有化、全球化，会影响到党和政府跟社会的关系，所以研究中主要是注意到这些。

我自己的研究发现，1949 年到 1979 年，主要是党领导一切。我在复旦的时候，党领导一切，一定要听党的话，不要动自己的脑筋，就是要跟着党走。从 1949 年开始，党从上面要改造，按照马克思主义和列宁主义，要改造社会的结构，改造社会。我发现 1979 年以来是相反的，党扩大了社会空间，它不要领导一切，而要让社会力量自己活动、自己发展。因为那三个趋势影响到各种社会力量的活动和变迁。当然偶尔党还会肯定或者否认或者要取消掉一些社会的现象，所以党是从领导一切发展到治理。

我发现社会学家主要研究的是中国改革开放以来的一些新生事物，就是有一些什么样的新的社会群体或者社会力量形成。在国外用英文发表的社会学方面的论文，研究的主要是以下的社会群体：

第一是流动人口及其个人和家庭的情况。第二是企业家，我自己研究的是个体户，小型的企业家。现在企业家包括个体户也包括大型企业的企业家。第三是独生子女，很多人口学家也研究独生子女问题。当然，从上个礼拜政策变化以来，会有一些新的研究。第四是中产阶级，最近刚刚形成的中产阶级。第五是宗教信徒。第六是全球化的华人，这个包括海归，也包括中国跟海外华人的关系和旅客在国外的活动。第七是律师，一方面是经济方面的，产权、合并这方面的，另外也有人研究所谓的维权律师。第八是同性恋，这也是一个最近新生的群体。第九是下岗工人。第十是社会团体和活动的参与者。第十一是网民。我发现有这样十一个方面的研究。研究这些群体的形成以及他们在各个社会领域参与的活动，而且他们很多人都参与不同的社会领域，一个人参与很多的领域，研究他们怎么样影响这个领域里的规则。

另一方面，在国外也有很多人研究公民社会，我们休息以前也提到了公民社会。因为最近有新的 NGO 法律，国际 NGO 法，这是国外很多人关心的。从美国的观点来看，NGO 这个词，公民社会是很健康的、很积极的、正向的一个东西。我们知道在中国有一些人很怀疑，是不是参与公民社会的人别有意图，他们没有善意。所以很多人都在关心公民社会的形成和将来。

我在复旦的时候，中国的社会结构是比较简单的，现在很多元化，非常地复杂。党，我想是承认每一个人的利益，每一个人的观点、人生观是不一样的，所以从领导一切发展到治理，这是很重要的、很值得关注的现象。所以怎么样使现在很复杂的社会结构协调和和谐，是一定要关心和注意的问题。

当代中国社会组织健康发展的再思考（上海大学副校长　李友梅）

我今天发言的题目是“当代中国社会组织健康发展的再思考”。我举几个例子。第一个，紧密扎根在基层社会，也就是我们现在讲的基层社区，它是社会组织参与社会治理的首要条件。这方面西方很多国家已经有很多经验，在欧美国家，社会组织是多元社会治理结构的重要构成，这是大家都知道的。它们在社区日常公共生活中承担了大量维持社会秩序的职能，使政府避免了直面一些社会矛盾和社会冲突。其实紧密扎根基层社会，嵌入到社区日常的公共生活，是社会组织发挥社会治理功能的重要前提。我觉得这是西方的一些经验，尤其在操作层面上、机制层面上，我们是可以借鉴的。第二个就是形成稳定、可预期、透明的资源供给制度环境，是社会组织与政府部门错位提供公共服务的基本条件。这个也是在西方的经验里抽象出来的一些可以借鉴的经验。在现代社会，组织以专业化的方式供给公共产品，是需要对人力资源和专业化服务进行长期投入的。当一个社会形成了稳定、可预期、透明的资源供给制度环境的时候，才有可能形成社会组织长期发展的激励的信号，才能促使社会组织长期投资自己的专业服务的能力，这个相关性也是在经验里面可以看到的。第三个就是信任文化合作与资质的横向治理网络是社会组织发挥非市场治理功能的基础条件。最新的西方前沿研究甚至表明，硅谷的兴起，英美国家通过技术体系的快速发展，以及德国、日本精密技术体系的进步，都与经济类的社会组织在企业集群、行业治理中充分发挥社会协调功能、遏制搭便车投机行为有关。这个功能的有效发挥要求行业组织之间通过达成持续的约束性契约，建成有效联盟、共享信息等社会化纽带，这是一个社会化机制，并形成高度稳定的横向治理网络，只有这样社会组织才能发挥作用。它是有条件的。

我们讲了社会组织发挥治理功能所需要的社会条件和制度环境，接下来就讲讲，在中国，地方政府发展社会组织的实践逻辑及其后果。就像我们开头说的，中国政府没有在它发展社会组织的时候足够地考虑社会条件和制度环境。在十八大以前，我们国家几乎没有系统地出台过关于社会组织发展的政策，虽然中央政府在不同时期有一些宏观的政策信号，但是这些宏观政策信号缺乏清晰的整体的框架，于是各地政府在发展社会组织的时候，均采取了一些自己的策略。比如重点发展公益性、经纪类的社会组织，这在客观上对社会组织的功能领域进行了筛选，这种筛选意味着不少地方政府在制度设计上对社会组织承担社会治理的功能，进入基层治理结构的重视度不够。那么由此带来的结果是什么？政府花了大力气资助的社会组织常常与基层社会公共生活的需求不相匹配。

从上述政府的策略中可以看到，大量社会组织在短期内被孵化出来了，但是被孵化出来的同时也产生了社会组织发生大量的非预期后果。当前中国不同地区社会组织的发展都呈现出一些相似的悖论性的特征，比如组织数量日益扩大，但活力不足；拿的项目日渐增多，但专业化服务能力提升缓慢；承接的政府转移服务快速增长，但是社会属性和公共性没有同步提升。如何解决此类问题？政府和研究者现在开始给予了越来越多的重视。建议建立联合监管体系。当前越来越多的政府条块部门、基金会、企业都开始为社会组织发展提供资源，资源的结构和流向趋于复杂化。这意味着传统上依赖民政社团管理部门进行监管的社会组织监管体系日益不适应。因此创新探索有效的监管体系很有必要。比如我们有一些建议，在顶层设计上形成高度联动的社会组织管理协调机制和相应的组织机构，那么这个管理协调机制应该将社会的协调机制包括在里面。依托信息化技术，引入动态流程管理方法，实时呈现不同社会组织承接的项目以及执行的状况，建立社会组织信用评估体系，通过制定社会组织信用评级体系等，实现对社会组织行为的长效化管理。

经济成长之外的大中国地区包容性发展的挑战（台湾大学社会工作学系教授　古允文）

我的题目是“经济成长之外大中国地区包容性发展的挑战”。我用大中国的概念，来概括台湾、香港和大陆三个不同的中国人社会。这三个中国人的社会的一系列的发展经验，如果能够累积起来，对未来整个中国学的研究应该会有非常大的贡献。

21 世纪以后，是不是今天我们继续强调经济成长就能解决我们的问题？还是除了经济成长之外我们必须要有其他的关注点？这些其实也引发了一些关注，比如像联合国的社会发展研究院，它们也看到这样的趋势，所以也尝试在 2005 年到 2010 年实行一个大型的研究计划，想要探讨一些理论性的问题。非常有趣的是，从社会发展的角度来看，台湾社会或许是第一个中国人社会，它历经了三种不同的阶段。这是台湾公共支出的转变，从这个比例的转变大家可以看到它经历了三种不同的阶段。这是一个非常有趣的发展过程，也是第一个中国人社会中，从强调军事到强调经济发展到强调社会政策、社会保障的历程。香港基本上也差不多，在社会保障方面的支出和教育方面的支出占的比例比较高。相对来说，香港没有军事支出，所以从这个角度来看，台湾社会有它的特殊性。

从这些不同的议题来讨论，我们可以发展出很多更细的东西。有趣的是如果说我们来看整个的大中华社会，包含大陆、台湾和香港，刚好以我们的经验能够在相当程度上去回应以及丰富刚刚 UNRISD 提出的一系列理论性的讨论。我们的第一本书是 2000 年在香港出版，当时用的题目是《龙之耀》，我们是"龙"经济体，不管是小龙还是大龙。2000 年我们出版这本书是对大陆、香港和台湾经济发展作了比较，这是我们的第一次比较。通过这次尝试，我们把香港、台湾、大陆的学者进行了一定程度上的连接。

经济的发展是不是可以解决这样的问题？我们看到，台湾非常有趣的地方就是，过去是以不同的职业为对象，慢慢也转移到以全面为对象。也就是说政府统筹的角色越来越强，通过这样来应对分配问题。我们看到三个中国人社会里，贫富差距最低的是台湾，虽然其也带来台湾的发展会不会因此受影响的质疑，台湾内部也有这样的辩论。

大陆的发展方向似乎也走向了类似的社会保险制，可是它跟台湾最大的差别是没有全面的统筹，基本上还是在各个地方政府的层级。在这样的情况下，在大陆社会中包含的城乡二元结构，以及在都会里存在的二元结构，是不是有办法妥善解决，消除不平等，这大概是我们观察的方向。

所以未来我们的发展模式是不是还能够维持过去的以经济为导向的方式，换句话说，一切都是以经济成长为优先，还是在这个过程中开始有一些不同的思考，会不会有一些新的发展模式可能在 21 世纪受到重视。不同社会里可能会有不同的情况。

从两岸三地的经验来看,我们也发觉,以现在的社会而言,决策已经慢慢很难再由上而下了,在这种过程中,经济成长也不再是唯一的目标。所以我们现在迈向所谓的新常态,也是因为面临这样一个压力在里面。这其中政府的角色依然要存在,即使不是大政府也要是有能力的政府,能够面对相应的问题。或许如此,未来中国人的社会里就会有新的发展模式,也会真正和21世纪的旧模式有一个告别。我们也期待未来的发展,在华人社会里能够既有经济成长又有社会保障,然后又有一个好的生活环境。

中国医疗保障和药品专利的挂钩审批:加入世贸组织15年来的教训(加拿大约克大学法学与社会、政治学系教授　莱·雅格布斯、杰·克里科里安)

我们的论文是关于中国在全球经济法改革背景下所获得的机会,这是关于贸易自由化和贸易协议的一个大背景。今天要谈的这个挑战就是,社会保障如何更多地与贸易自由化,以及和中国的贸易自由化相联系。我们知道中国的战略一致是围绕加入的WTO,也就是世界贸易组织的,它有一系列的贸易协议,此外还有一系列的双边贸易协议。最近中国对签署区域贸易协议非常感兴趣,这个星期中国的国家主席再次强调,中国希望通过APEC进一步推动区域协议。另外中国几个星期之前决定加入TPP,这还没有成为一个正式的决定,但说明中国已经积极地加入了TPP的谈判。

关于社会保障,一些怀疑产生的原因就是,像TPP,也就是跨太平洋贸易伙伴协议,这样一些协议其实更多的是关于一些特定的问题,包括知识产权,包括投资者的保护;而WTO则是涵盖国家更多、范围更广的一个协议。关于TPP非常明显的一点就是,它非常有可能存在于APEC的一个协议中,也就是它是美国对于贸易的一个标准的制定,特别是美国关于制药和医疗卫生方面的规则制定。我们知道在中国其实制药产业非常独特,中国40%的医疗卫生支出都是用于药品,而80%的支出用于非专利药,20%用于专利药物。

那么一个大的转变会非常大地改变医疗卫生方面的社会保障,我之前说到政策空间和机遇,这可能带来一定的冲突和矛盾。中国加入世界贸易组织的时候,其实是接受了这样一个专利的体系,也就是在制药方面中国采取了和美国相似的专利体系。TPP 是 12 个国家，有些非常复杂的协议。对于那些加入 TPP 的国家来说，美国的标准就是这些国家都需要采用美国的专利连接系统，它们都必须作好准备，把这样的一个事情排入议程。

关于评估，政府唯一的要求就是进行全面的倾听，其关键的担忧有两个方面。一方面是保护专利所有者的权益，以确保创新；而与此同时要允许专利药物在专利到期之后能够进入全面生产的领域，从而保护公众的利益。

接下来我们再来谈一谈中国的医疗卫生。我们都知道，现在中国正在考虑加入区域的自由贸易协定，包括加入 TPP，这是中国非常有可能做的事情。还有中国会引领一系列新的亚太地区的协议，这样的协定肯定是要包括美国的，这一点毋庸置疑。不管怎么样，我们觉得影响就是美国会为中国更好地顺从美国的模型而对其施加更多的压力，包括专利方面的压力，药物专利方面的压力。

显而易见，如果中国也尝试转型到这样一个更为公众所支持的医疗保健系统，在我们的公共医疗保健系统方面，会受到人们更多的关注。可以看到两点，一个是为什么中国的医疗保健系统，或者说专利的系统，现在没有特别受到影响，即受到现有非专利药的专利方面的影响，原因是中国并没有一个高质量的医药监督机构，也没有一个非常全面的专利药的清单。所以在中国有很多非专利药的公司会这么做，他们会去申请并希望获得中国有关部门的批准，就是药品的批准，然后就没有办法被告知他们申请的药品专利是不是已经被批准过了，因为没有一个这样的清单和名录。但是在美国和加拿大有非常全面的这样的清单和名录，所以情况就不一样了。

在贸易协议里有一点就是要求透明度，所以就一定要有这样一张清单。而中国这边没有很清楚的这样的名录和清单，一旦有了，相信非专利药的批准就会减少。

中国人口老龄化与医疗卫生费用趋势研究（上海社会科学院社会学研究所研究员　胡苏云）

因为中国人口老龄化是一个非常严峻的趋势，中国的医疗卫生费用也是增长得比较快的，关于这两个议题之间的关系也有很多现有的学者的研究。从中国人口老龄化的趋势来看，根据联合国的调查预测，到 2050 年的时候，中国 60

岁以上的人口规模将达到4.54亿，也就是要占到人口的32.8%；65岁以上的将有3.31亿，达到23.9%。人口老龄化和医疗服务方面的需求以及费用之间的关系是存在的，是得到公认的。根据全国卫生组织调查的数据，在通常的几个指标中，包括两周患病率、两周就诊率、住院率、慢性病患者患病率，60岁到65岁以上老年人的比例都是各年龄段中最高的。从1998年到2013年，这些指标都有很明显的上升。而且中国的卫生费用在这段时间增长也是非常快的，2013年的时候我们的卫生总费用已经达到了3.186 8亿元，卫生总费用占GDP的比重从1998年的4.36%上升到5.57%。从家庭和个人来看，城市居民人均医疗保健支出从1995年的110元上升到2013年的1 118.13元，农村居民这方面的支出已经从42.5元上升到588.9元。

再看人口和经济因素对我国未来医疗卫生总费用的影响。卫生总费用除了受人口因素的影响，主要还受经济发展、技术进步、价格变动、疾病谱等因素的影响，我们这篇文章主要看人口因素和经济发展因素的影响。我们用了一个模型进行了一定的测算，这个略过。最后测算的结果，从2015年到2050年，人口因素对医疗费用增长的贡献会逐步下降，这是我们的初步结论。

从卫生总费用占GDP比重的变化来看，是在逐步地下降，也会保持逐步下降的趋势。从总的来看，我们这里有一个图表，是2010年到2050年，我国GDP及卫生总费用的变化情况。卫生总费用的增长，2010年到2015年这段时间是非常快的，但是从2020年以后会有一个逐步下降的趋势，就是卫生总费用增长会下降。卫生总费用占GDP的比重会逐渐地略有提高，目前是5%左右，到2050年将增加到10.92%。

虽然我主要是研究卫生总费用、人口因素和GDP之间的关系，但是另外有一个很重要的因素也是今后需要进一步考虑的，就是技术进步带来的医疗费用的增长。技术进步也就是医疗技术的发展，包括新药、专利药的应用，还有新的医疗技术、医疗机械的应用，对医疗费用的增长的贡献越来越大。随着医改，我们对药物的监管越来越厉害，而检查和器械的费用增长得更快，这在以后的医疗费用中会是很重要的部分。

此外还有一个因素就是医疗领域所特有的供给者诱导需求所造成的过度医疗，这一块所造成的医疗费用的浪费，在我们国家也是很厉害的。但是由于种种原因，我们现在没有办法对这两部分，技术进步、使用药品和器械，以及过度医疗，所造成的费用对我们卫生总费用的影响，进行定量的分析。政府报告已经提出来，要控制卫生总费用，“十三五”规划里也说对医疗卫生，包括政府各方面的医疗保障或者养老保障、社会保障方面的数据，要逐步公开，很多公共部门的数据要公开，加上很多大数据分析技术的应用。以后关于医疗技术所带来的医疗费用的增长，以及过度医疗带来的医疗费用的增长，希望有更多的实证研究，得出这方面的支撑数据。

从一孩政策到二孩政策的转变（上海社会科学院法学研究所研究员刘长秋）

我的题目是“从一孩政策到二孩政策的转变”，主要是从学术研究的严谨性来考虑这一问题。从研究的角度来讲，“胎”和“孩”的含义完全不同。“胎”是指妇女怀孕到孩子出生之前的状态，不完全算是法律上的主体，只能是介于主体和客体之间的状态。“孩”是从女性肚子里出生后的状态，是完全的民事法律关系的主体，有完全的民事法律能力。从这个角度来讲，用孩取代胎更严谨。另外从国家的政策来看，我们国家从来没有限制过胎，但是限制过孩。你可以怀个几胎都无所谓，生下第一胎孩子还可以继续怀孕，只要不生下来变成孩就可以。所以我将题目定为“从一孩政策到二孩政策的转变”，这样更严谨一些。

我今天的发言包括三个部分，第一是对一孩政策的由来作一个评价，第二是对一孩政策到二孩政策的转变作一个分析，第三是对其引发的法律问题作一些思考。

一、一孩政策的由来和评价。

二、一孩政策到二孩政策的转变。一孩政策长期实施，比较有效地控制了我们国家人口的过度增长，同时也带来了严重的社会问题，人口红利的下降就是一个非常明显的例子。目前我们国家劳动力越来越少，需要劳动力供养的人越来越多，人口结构呈现不合理，对经济社会发展造成了严重的负面影响。

三、从一孩政策到二孩政策的转变引发的一些问题。第一个问题，关于我们生育政策的法律化的问题。第二个问题，有关二孩政策引发的待遇问题。

但是另外一方面，感性不能取代理性，我个人认为代孕本质上是一种违背人性的东西。因为女性生育孩子的过程绝对不是生产一件衣服、生产一个杯子这么一个简单的物理化的生产过程，相反，它是需要投入感情、精力、心血、心思的一个过程。在这个过程之中,女性一定会对孩子产生感情,甚至是亲情。如果我们允许代孕的话,就意味着我们允许女性在生育之后把孩子基于金钱或者其他的考量送给别人,这是对人性的漠视或者抹煞。我们要考虑到失独家庭的利益,更要考虑到代母的利益。失独家庭是我们过去的政策造成的失误,但是允许代孕的话就是用一个新的错误取代一个旧的错误。

就目前来看,代孕的情况在我们国家非常严重。我接触到好多案例,去年在武汉的时候卫计委就查处一起。当时查处的时候,相关电脑资料显示,那家非法代孕机构在一年零两个月时间里非法移植了 1 575 个胚胎,相当于一个月要移植 100 多个胚胎,这意味着有四五百个代孕儿在那家机构产生。而那仅仅是一家代孕机构,到目前为止中国有多少代孕儿,我们确实不好估计,但是这个问题已经非常严重。

那起案件中,经过卫计委查处发现,相关涉案金额已经达到 2.2 亿。这就是说,代孕已经成为一个巨大的产业,给我们国家带来了非常现实的挑战。而这个问题,我们国家的最高领导人,包括李克强总理也作了多次批示,但目前还是这样的现状,主要原因是什么?我们的法律并不是很健全,因为目前唯一规制代孕的就是卫计委的一个规章,这个规章没有太高的效力,只能处罚医院和医生,不能处罚相关的中介。而且即便是在处罚医院、医生的时候,按照规定也只能处罚 3 万元。实际上一次代孕就可能挣几百万、几十万,你罚 3 万一点儿都没有用。所以导致很多代孕机构在北京开设一次,被罚一次,然后跑到上海,上海做完再跑广州,死而不僵,出现了这么一种非常尴尬的情况。所以我个人认为,为了规制代孕,应该尽快完善法律,最好出台一部代孕规制法。

21 世纪中国人口老龄化发展趋势预测与若干对策建议(上海社会科学院城市与人口研究所研究员　周海旺)

21 世纪是中国老龄化发展非常迅速的一个世纪,老龄化的影响对于中国而言非常长久,也非常严重。先简单看一下中国人口老龄化的进程。中国人口老龄化大概是从 20 世纪 60 年代后期开始,到了 80 年代,特别是 2000 年以来发展速度非常快。老年人口总数和占总人口的比重,增长速度都很快。现在到 2014 年底,中国 60 岁以上老年人口数量已经超过了 2.1 亿,占总人口的 15%以上。

引起老龄化的一个重要原因就是我国生育率的急剧下降，20 世纪 70 年代的计划生育政策，特别是 80 年代开始的独生子女政策。最上面这条线是中国出生率的变化情况，下面几条线是日本、英国、美国的，明显可以看出中国的出生率下降得非常快，目前已经低于美国的水平了。还有一个原因就是期望寿命延长，中国是发展中国家中期望寿命比较长的一个国家。在 1965 年之前，中国的平均期望寿命还是在 45 岁以下，在 20 世纪 60 年代到 70 年代增长非常快，2010 年中国的平均期望寿命已经接近 75 岁，上海现在已经到了 82.5 岁。我们的期望寿命的增长速度是非常惊人的，现在已经与日本、英国、美国比较接近了。

我们国家的国际迁移很少，影响人口变化的主要是出生和死亡。这种情况下，我们建议出台配套性的鼓励政策，鼓励每个家庭按政策生两个孩子。写这个报告和论文的时候，全面二孩政策还没有出台，所以我们提出来，在单独二孩政策出台一年之后应该进行评估，全面进行调整，全面放开二孩。实际上在会议召开的时候国家已经作出这个决定了，说明我们当时的建议还是非常正确的。

第二个建议，希望能够提供一些公益性的婚接服务，帮助大龄青年婚配。

第三个建议是希望能够加大投入，比如在治疗不孕不育技术的研发方面，政府应该增加投入。还有就是像试管婴儿，这样的技术现在已经有了，但是一个疗程就要 3 万多块钱，有的两三个疗程下来要 10 万多块钱，希望一部分费用能够纳入医保报销。

第四个建议，为两个孩子的家庭提供更好的福利。在住房政策方面，比如生育一孩、二孩的家庭，国家和地方政府都应该有一定的住房补贴。大城市里增加一个孩子，家庭在住房方面的支出可能会非常大。

第五个建议，希望能够出台计划生育子女的意外保险政策。

第六是要实行老人老办法、新人新办法，比如已经是独生子女的父母，相关的福利政策应该延续，而不是取消，并且对有的失独父母，应该给予更好的帮扶。

第七是要加大与子女教育有关的投入，希望义务教育向幼儿园阶段或者高中阶段延伸。十八届五中全会提出来要普及高中阶段的教育，这也是减轻家庭经济负担的一个做法。

第八，在假期方面，希望延长照护的家庭，不但是女性可以享受，男性也应该有相应的照护假。

第九是完善育龄妇女和婴幼儿的照护政策，比如社区里应该提供更加完善的社区照护网络。

“外来者”的中国叙述(中国社会科学院文学研究所所长　陆建德)

我觉得中国社会对于外来者的中国叙述,态度上是有一个变化的。因为自己长期生活在一个社会里,对于这个社会有什么特色,其实自己是不理解的。我们有一种错误的思想,以为我一直生活在这个地方,这个地方我最了解,实际上不是的。你一定要有能力,就是你要到其他各个地方去,然后你才会产生一个比较的眼光。这种比较的眼光本土的人是不会有的。

中国从晚清开始就面临这个问题,外来的人描写我们的社会,关于中国的叙述,我们应不应该看。最初的时候,传统中国士大夫对外来人的叙述,是很抵触的。所以张之洞在《劝学篇》里劝中国人一定要读报,读外面的人关于我们的叙述,这样我们才可以对自己的社会有更深刻的见解。这样的例子,我觉得太多了,一百多年以后,现在我们可能还会面临这样的问题。

鲁迅先生说,真正支配中国社会的是道教的一套,儒家学说实际上是作为一种制约。我们千万不要以为我们标举的口号就是我们社会现实的真实的反映,我们所提倡的是我们的社会所缺少的。儒家学说在汉代被提倡,也是针对战国期间的无序,但是战国期间的无序一直延续了很多年。到了晚清和民国初期,包括陈独秀这样的人士,都意识到中国社会支配人的行为的实际上还是道教这一套。

还有跟道教相关的大量的民间习俗,以及隐藏的信仰,其实都不利于社会价值的形成。所以鲁迅先生那个时候有一阵讨论国民性,我觉得他在一定程度上受了日本人的影响,我并不认为这个影响是完全负面的。我今天特意拿来了一本书,这是日本哲学教授渡边秀方在1929年由上海北新书局出版的一本书。这里面对中国国民进行了大量描写。我作为中国人看了心里会不舒服,但是又不得不承认,背后有很多的描写极其锐利,一些书中所述的情况一直到现在还是这样。

这本书中有一个地方讲到,中国人碰到任何问题,就跟《水浒》里的史进一样,他要自己去练拳头,自己去练枪棍,自己去解决,或者请家庭成员去解决。我们现在也是这样,找熟人朋友或者怎么样。渡边教授说在日本我们碰到这样的情况,会想到去找国家、找警察。

所以有时候家庭其实就是一个个人的扩大,我们很多事情都是要靠家庭去完成,包括我们宣传上有一些误区,包括很多社会福利、社会政策方面应该努力改进的地方,我们都把权力下放到个人。像洪战辉这样的可怜的学生我们说得特别好,我看到这样的新闻就特别难过。我们的社会在哪里?为什么像这样需要帮助的人,没有人伸出帮助的手?这些事情在19世纪的英国和美国,我们已经发现有很多很多了。所以中国在这方面,还是要加强练内功,加强我们的社会建设。通过社会建设和社会制度的建立,来减少像洪战辉这样的事例,最终让我们感到,我生活在这个地方,这里是我的家,我爱这个地方。

这个家并不是小意义上的家。对整个社群里的同伴,我们见到也会笑一笑,打个招呼。我们种地的时候不会种一块地的菜给自己吃,另外一块地的菜用了农药化肥,给不认识的人吃。中国传统社会对陌生人是不友好的。要真正走向一个好社会,这个好社会对陌生人是有认同感的,是友好的。这方面我迫切希望我们社会学的同仁多作一些呼吁,就是为真正建立一个好社会和整个中国的善治,出一份专业研究者所应该出的力量。

中国少年司法体系的比较研究:从日本的视角(日本广岛大学法学院教授 吉中信人)

在中国,少年犯都是以少年司法体系来进行治理的。我们知道世界上有两种不同的模式,一种是福利体系,一种是司法体系。在日本,我们有三种不同的少年是少年司法体系的治理对象,但是在日本的系统里面,我们有很多的问题。从另外一个角度来说,在中国的系统体系里,有很多的可能性,而且有很多的契机来把少年司法体系变得更好。事实上中国少年犯的一种种类是这样的,大家知道在2012年的时候,我们有对于青少年的处理的方法,即加入到司法体系中的第五部分的内容。在中国你可以看到这样的法规,特别是针对青少年司法的流程的。另外在中国还有两个立法是关于青少年的。一个是1991年颁布的《未成年人保护法》,还有一个是1999年开始实行的《预防青少年犯罪法》。实际上这些都是行政方面的法律,在中国是双系统。对于青少年犯罪的处理,程序上首先是警察调查,然后是公共调查,然后进入到人民法院,人民法院将作出最终的判决。最后这个少年犯就会进入相应的司法犯罪的机构去接受相应的惩罚。在日本有三种少年属于司法对象。一种是触犯民法的少年,一个是行为触犯了法律,但是年龄在 14 岁以下的,还有一种是少年犯前犯,就是还没有达到犯罪的程度。这三种少年犯都会受到统一的日本少年法规范。

这里给大家介绍一下日本少年司法体系的大致情况。我们的主要法律是 1948 年的《少年法》,在少年机构里可以看到,我们还有一个《少年改良法》,是去年更新的。可以看到日本的少年司法系统也采用了美国的模式,也就是说这是一个老式的美国模式。另外我们也采用了询问系统,这是和咨询系统相区别的。还有一个特点是国家有重要的作用,要代替家长来担任起这个职责,扮演这个角色,很好地处理少年的问题。这是日本的一个统一系统,关于少年犯的问题,包括民事犯和刑事犯,在日本都是这样处理的,就是在这样一个统一的系统体制下进行处理。首先是警察,警察会去调查少年犯罪的案例;然后这个案例就进入公共执法部门,到检察院进行检察;之后发送到家庭法院,家庭法院会决定这个少年是不是要被惩罚。一般来说大部分少年犯的案例中,都会用教育的手段去处理的,或者说通过一些教育机构进行感化教育。当然,检察院的检察人员也可以把案件发送到区域法庭,在家庭法院作了决定之后再放到区域法庭进行审理。实际上刑事少年犯罪在日本是很少的,一般都达不到这样的层次。我们的教育手段、方法也有几种不同的种类,根据《少年法》第 24 条,第一个是监管,第二个是儿童的福利机构,最后一个是少年感化所或者说少教所,这是比较严重的案例会用到的,在案情严重的情况下也会发挥监禁的功能。当然,在保护性的措施下,我们的惩罚力度还是存在的。有时候采取这些保护的措施之后,不是说我们就不用惩罚了,我们是保护和惩罚共同进行的。

这是我最后的总结,有时候我们也会有一些批评,中国少年司法体系可能缺少特别是对少年犯方面的刑法司法,所以我想中国的少年司法系统未来可能也有很多的潜力和很多的可能性,把少年司法体系做得更好。因为我相信这样一个惩罚的权力应该是被给予的,而且很多时候,在司法的权限下惩罚力度可能会消失,我们也看到有很多这样的项目被引进使用,使我们的惩罚力度大大减小了。如果这个惩罚力度真的减小,我们在少年刑法的整个体系里,还是要去遵循合适的流程和程序。当然我们在整个刑法流程中,一定要考虑到孩子的最佳利益。如果这个系统里有福利的系统,那么中国就有很大的潜力和很多的可能性,把未来少年犯罪的司法系统做得更好。

中国儿童福利的状态和制度分析（澳大利亚新南威尔士大学社会政策研究中心高级研究员　尚晓媛）

我的发言题目是"中国儿童福利的状态和制度分析"。这个研究的大背景是在经济高速度发展的过程中，中国进入了一个高风险社会。从儿童的角度看，中国进入高风险社会，儿童面临的风险就大大增加了。所以这些年我们感觉，在大众传播中，中国儿童的问题发生得特别多，需要国家采取一些行动来解决这些问题。而且这也反映在中国政府的比较高层的决策方面，对儿童福利和儿童保护的问题也要求得比较迫切。2013 年我们的研究团队听各个部门的人说，当时一两个月之内刘延东作了 23 次批示，要求解决儿童保护方面的问题，当时是发生了儿童遭受性虐待的事情。

我的研究分两个部分。第一我们要了解中国儿童福利制度建设和儿童保护制度建设的问题。首先要对中国现在的儿童福利状况有一个了解，有一个基本的评估。我们利用了一些国际上针对儿童福利状态的指标体系，对中国的儿童福利状态进行了基本估计。在这个基本估计的基础上，对中国现在存在的各种儿童福利和儿童保护的制度作一个分析，然后得出结论，看看哪些方面儿童福利已经得到了充分的供给，哪些方面还不足，需要进一步的制度建设。

所以我们对中国儿童福利制度和保护制度情况进行总体评估之前，先要说明两个结论。一个是要支持家庭和保护家庭。在国际比较中儿童福利指数比较高，这样的结果对中国今后儿童福利制度的发展有重要的参考价值。就是说不管将来国家干预怎么进行，中心原则还是支持家庭和保护家庭，使家庭能够更好地抚养儿童，不轻言国家对家庭角色的替代。第二个结论，国家也要承担更多的责任，对所有的儿童提供底线的福利。家庭的能力正在弱化，虽然在中国家庭已经对儿童提供了非常有效的保护，但是这个方面家庭的能力在弱化。

此外，在家庭能力弱化的过程中，儿童福利和儿童保护方面的相应功能没有及时地从家庭转向国家，国家没有及时地把这个功能承担起来。这样就出现了现在的问题，就是儿童保护中出现的问题。这里最明显的就是"毕节现象"，这一事件中，不可谓政府不重视。第一次儿童出现问题以后，政府立马采取措施了，就出现孩子们在家里自杀什么的；然后政府再加强措施，赶快对家庭也尽量地提供服务，孩子在学校里又出现了暴力等问题，又在社会上出现问题。

这就是说我们的制度出现问题了，所以结论就是国家要承担更多的责任，要为所有的儿童提供底线的儿童福利和底线的保护。我们不是要求一个很高的社会福利，也不向北欧、不向其他西方国家看齐，我们要求国家承担起必须承担的责任，对儿童提供底线的保护。

下面提出我们认为的当前中国儿童福利制度和儿童保护制度存在的四种状态。从项目分析看，第一种是有效供给，第二种供给不足，第三种供给错误，第四种供给缺位。在这几种情况下，供给不足、供给错误、供给缺位都会造成福利供给缺失，使儿童出现问题。

第二个方面是儿童及其家庭基本生活的保障，这是经济上的救助，社会保险和社会救助。第二块，事实无人抚养儿童的基本生活保障，这一块供给还是缺位的。另外一个，贫困儿童家庭的基本生活保障，这一块我们因为缺乏数据，还无法判断。另外民政部现在正在进行适度普惠式的儿童福利建设，如果相关制度出台，这一块的供给状况会改善。此外儿童发展需要的教育服务，义务教育方面也需提高。

下一个方面是根据儿童健康需要的公共卫生服务、医疗保险、医疗救助，残疾儿童的康复和特殊需要服务。儿童的社会参与和需要的服务，这方面也是供给缺位。

中国社会特质与社会质量的国际比较（上海大学社会学教授张海东）

我要谈的主要内容是，我们从一个国际比较的经验研究中来反省一下如何运用欧洲的社会质量范式，在中国作社会质量的评价，这样一个问题。我从四个方面来谈：什么是社会质量，社会质量的国际比较，中国社会模式和欧洲社会模式，最后是简要的讨论。

通过比较，我们看一些具有显著差异的方面的比较。社会经济保障领域，收入和支出这个不用说了。就业方面，我们非正规就业的比例低，意味着中国人更喜欢正规职业就业；平均劳动时间远远高于欧洲各国。社会信任方面，我们一般信任略低于北欧国家，高于西欧国家；特殊信任，我们对中央政府和司法机构的信任普遍高于欧洲。利他主义方面，我们是非常低的。社会契约方面，中国人更倾向于贫穷是个人导致的，而欧洲更普遍地认为贫穷的原因是结构性的，是社会导致的。社会凝聚方面，我们的社会组织参与度普遍低于欧洲。社会联系方面，我们更看重与亲戚和朋友的关系，相对而言，欧洲人更注重同事交往的频率。选举方面，公民权方面，中国人参与选举的比例也是最低的，即使是村、居委会的选举。

此外，两种社会模式的差异上，比如社会的组织方式差异，中国是一个集体化程度非常高的社会，而西方是一个个体化的社会。中国社会模式的突出特征就是集体化，比如传统的家族制，改革开放前的单位制，等等，都有典型的集体化特征；改革开放以后自主的社会领域虽然扩大了，但是可以看到国家权力的渗透依然非常强。整个西欧社会模式是原子化、充分个体化的，这也是一个重要的差别。

社会组织方式另外一个方面的差异，就是社会团结的纽带。中国社会团结的纽带是以家庭为核心的这样一些关系纽带，这也可以解释，为什么在中国社会人们普遍对陌生人缺乏信任，因为我们是“熟人”社会。但是在欧洲，它是基于独立自主个人基础之上的社会联系，这也是社会组织方式上的一个差别。

在社会结构上也存在着比较典型的差别。中国社会是一个开放的、还没有定型的结构，西方是一个相对稳定的阶层结构。如果说中国社会是开放的、没有定型的阶层结构，可能很多社会学家会反对，因为我们现在有关于双向流动通道不畅通、已经固化等的观点。但是从经验数据来看，很多老百姓仍然觉得一旦有机会我们国家还是会取得成功的，认为我们的社会结构还是开放的、没有定型的，双向流动的渠道还是畅通的，还是朝向橄榄形的社会来走的。

从结构上说，我们要谈到城乡二元结构。在作中国社会质量分析的时候，我们遇到的一个最大的问题就是城乡社会质量没法进行比较，没有办法比较城市的社会质量和乡村的社会质量，所以只能城市比城市、乡村比乡村，不可能城市和乡村去比。

这里我作出简要的几点结论。第一，社会质量强调人的尊严，一方面强调制度给个人的尊严生活提供保障，另外一方面强调个人广泛地参与社会生活，实现人的价值。所以在这个意义上，社会质量可以作为衡量任何社会发展程度的有用的工具。第二，在理论的前提下，社会质量突出向社会性的回归，但中国的社会模式和西方社会模式存在显著差异，回归社会性的路径和方式有着根本不同。基于上述两点，我们认为衡量中国社会质量的时候不能完全沿用欧洲的指标体系，而要进行本土化的改造。

第六圆桌议题：美丽中国与生态建设

环境法制的理念（澳大利亚悉尼大学法学院环境法教授，武汉大学环境法研究所特聘教授　本·布尔）

综观可持续发展的十七个发展目标，第一个目标是和贫困有关的，另一个是建立有复原地的城市，鼓励可持续消费和生产。此外，还有三个目标是非常重要的，尤其是在环境法制方面，解决气候变化问题，保护环境，使其得到可持续的和有效的利用。

最近我写了一些关于地球资源可持续利用的分析论文，其中有专门的详述，第十六个和第十七个目标是落实方法的可持续性，这个和环境法制也是息息相关的。这个概念和中国生态文明的概念可以结合起来。这个概念在2007年刚刚提出，中国那个时候在水污染、空气污染等方面做得不是很好，但现在情况已经有所改善，但并没有一个很大的改进。所以，生态文明是一个面向未来的指导原则，它是在我们为经济发展奇迹付出昂贵代价的基础上实现的。经济上的奇迹是有了，但是现在环境的问题也需要得到解决。

我们要认真对待一些非常高层的官员提出来的概念，生态文明建设必须要成为“十三五”计划的一部分，最近的媒体上也有相关报道，换句话说，生态文明应当是接下来的五年计划中的一个重点。我希望是这样，现实也是这样，同时希望这一点在法律方面也能够得到更多的反映。

当我们提到环保法的时候，我们需要考虑的是一个绿色立法的草案。一旦我们在新的环保法方面取得进展，接下来就要有一套的法律系统供参考和研究，法律也进行了几次修订。但是，我们看一下环保法，可以听到不同的声音。比如有一篇文章这样描述：环保法的其中一章是，法律的制订是为了保护和改善环境，控制污染和公共灾害，以及保护公共健康。其实，这个概念应该放在宪法里,很多国家都是这么做的,把生态方面放在政府治理工作的重中之重,并且纳入宪法中,也许这是中国可以考虑的。

到 2016 年,联合国将会进一步澄清可持续发展目标。目前一共有 17 个目标,有 169 个子目标,是关于 17 个可持续发展目标的具体阐述。这些可持续发展目标对中国以及对其他国家有什么样的影响?一方面我们必须重新审视政府的政策,另一方面必须评估全世界的法律法规,特别是环境法,同时也要不断看这些衡量指标和可持续性发展的目标是否相一致。中国已经在很多领域扮演了领导的角色,我们希望中国在接下来的几年,在环境领域也起到领导作用。

建立“环保医院”,探索环境治理与监管新模式(同济大学环境科学与工程学院教授 赵建夫)

有了地方的支持之后,我们在嘉兴设立了一个嘉兴同济地方研究院,并且合作建立了一个可持续发展公园和 1 万平方米的研究实验空间,并开展了环境基础性的研究。

这项工作的思路主要基于以下两方面。

第一,环境的治理与监管是环保工作的关键和核心,老百姓关心、关注的点都要通过治理和监管来落实。事实上,监管和治理也是我们国家环境保护长期以来的一个短版。

第二,我们国家 20 世纪 70 年代初建立环境保护这个制度,基本上是基于这样一个理念——谁污染,谁治理。怎么来走节约化、集成化道路?如果依靠科技,如何更好地理顺政府、社会、工业界之间的关系?理性地关注环境也是我们面临的一个挑战。我们也试图来拓展第三方机构,更多地参与到环境的治理以及监管过程中来。

环保医院是以环境研究院作为依托,同时也依托上海在环保产业以及科技方面的力量。另外,我们也考虑到环保医院作为服务地方的一个公益性机构,我们自身不直接参与到市场活动中去。

嘉兴总共有 4 万家工业企业,有 11 万个污染排放源,重点监控的污染源就有 423 家,目前这些污染源都分布在各个行业。造纸厂的污染源就是造纸企业里的污水处理站，所以地方政府通过第三方的治理，把所谓“潜在的环保市场”显现出来。根据嘉兴市的产业规模和污染的排放量，我们测算出环境市场一年就可以达到80亿—100亿(的规模)，同时，我们也期望通过推动此项目，在嘉兴重点扶持8至10家规模比较大的环保企业。环保局以前都是监管各个污染点，未来监管对象会转变，8至10家环保企业是其的重点监管点。环保医院就是为政府监管提供前道服务，更多地关注它们的运行过程，所以我们设定了五个方面的功能。

第一方面，诊断。主要是对这些企业的污染状况进行分析和鉴定，同时对污染治理提出具体的方案。第二方面，推荐筛选。我们协助开展一些中介和技术服务，来筛选和推荐一些有实力的企业参与到嘉兴的第三方服务中。第三方面，监督。要积极参与到它们的运行过程中，有一点儿像“私人医生”，更关心它们在运作过程中是否是健康地运转。第四方面，公开。通过这个渠道可以采集到更多环境方面的信息，既可以面对政府，也可以面向公共，可以公开地实施。第五方面，沟通公共。引导社会理性关注环境的问题。现在我们打开手机就可以知道PM2.5是多少，我们甚至可以知道你家边上的企业的环境如何。

我们正在建立一个基于互联网的信息管理系统，这个工作正在建设之中，工作特别重要，一端是进入环保局，一端是进入互联网，采集环境污染、治理方面的信息。

目前我们做的主要工作一个是为嘉兴港区的危险化学品作出防护，特别是天津化学品爆炸事件之后，嘉兴也非常重视。另外，在嘉兴几个重点产业中，有污染比较严重的，比如说造纸、印染、制革，这些产业首先推进第三方治理。我们的核心是希望解决好这个医院怎么为政府服务、为公共服务，也为排污的企业服务、为治污的企业服务，这将是我们面临的一个非常大的挑战，也是我们试图探索的一种新方式。

以水资源的可持续利用促进社会经济的可持续发展(美国密歇根大学中国信息研究中心主任　马古斯·本特森)

首先，水在全球很多地方现在都是一个很严重的问题，而且正趋于恶化。

灌溉、工业、发电以及城市用水等,这些领域都提高了用水的需求,同时,世界很多地方的地下水也不断出现使用过度的现象,并且水位还在不断下降;很多地方的污染越来越严重,人类的居住环境受到影响,气候变化的影响越来越严重,这是非常令人悲哀的,以后会越来越糟。这些对于水的可得性方面,以及我们怎么使用水都有巨大的影响。

水的问题被放在了可持续发展的2030议程之下,这是今年9月份各国政府达成的一项协定,基本上世界上所有的国家和政府都达成了一致的意见,它也是可持续发展目标。

其实,水是全球政策中非常重要的目标之一。目标之间是相互联系的,很显然的是这些目标要取得进展,单独进行是不行的,必须要打包来进行。如果只选择其中一些目标,有些目标便不能得到同等的关注,因此我们必须要在选择目标方面、建立基础设施方面注意平衡。

17个目标,听起来有很多,记起来也很难,但实际上主要就是三大方面,核心就是希望世界上所有的人有更好的生活和更好的机会。同时我们也意识到要想实现这些目标,我们必须要保护地球,没有一个健康的生态系统,没有地球支持,我们的目标都没有办法实现。所以人的福祉最终取决于此,所以我们要统筹化地看到这个问题。

然后是基础设施,这里说的是广义的基础设施,不是说桥梁、机场等这些东西,我们指的是不仅是硬件,还包括软件方面。比如制度,我们选择的一些经济制度,等等。

我们的重点应该放在这里,怎么样建立起制度,比如能源体系,应当设定什么样的农业目标等,这些基础设施的目标应当重视,这样我们才能够在一个健康的地球的大背景下实现人的福祉。系统转变超越效率,实际上是指要和自然体系来合作,比如森林再造,湿地能够使生态流动重新回到平衡,实际上很多地下水的补充都是可以自动实现的,只不过是被人的行为破坏了而已。

另外,至于消费习惯,需要用到大量水的奶制品和肉制品的消费,是现在消费的一个习惯,原来的方式和可持续发展是不合适的。现代的水基础设施,若要提高效率就要高效处理水,但是水处理的时候需要大量的资源和能源投入,比如替代技术或者分散技术等。怎么样利用大自然来进行水处理工作?除此之外也有水系统养分的再循环,在人产生的废物、浪费的食品方面充分利用,这些可能给我们带来效率方面的提高。要想实现这个目标,需要我们进行改变,我们将对水管理的方式、对水有影响的各方面进行连接，在各个部委和各个部门之间打通，不能说这个部门的目标和其他部门的目标是不同的，还要在不同的地方，从本地到全国甚至是更大区域之间进行协调。

我个人坚信跨越式发展是一个真正的机会，尤其是对像中国这样的国家来说，更是这样。这就需要预测未来可能会有什么样的问题需要我们解决，预测有什么样的问题，然后提早采取措施，避免犯别人犯过的错误。西方文明处理了很多问题，也解决了很多问题，但是他们的解决方法并不是可持续的，我们必须要看到这一点。那个时候作出的决定在那个时候是正确的，但是现在来看是有问题的，我们不能犯他们的错误，我们需要找到更好的方法。我们应当抵制模仿别人的错误，像中国就是实现了从模仿到创新的转变。我们讲到“美丽中国”，中国和世界有很多的交流，并且在影响这个世界，所以要想实现美丽中国的话，必须要有一个美丽的世界，那么中国在这个过程中，对于美丽世界是可以发挥重要的贡献作用和影响作用的一个国家。

2030 中国碳排放峰值的政策讨论（上海社会科学院生态与可持续发展研究所所长、研究员　诸大建）

习近平总书记和奥巴马会谈的时候说，中国到 2030 年要达到碳排放峰值。我们通常认为，中国要实现 2030 年峰值就是加大新能源的开发这个战略当然没有错。比如，现在的小汽车出行在中国的碳排放中占了很大的比例，这个当然没有错，我们要改变生活模式，但是当前的政策和 2030 年不一样，对不对？再比如过去 30 年 GDP 高速增长，现在“十三五”提高到 6.5%左右，刚才这个测算到 2030 年下降到 6.5%也不够，还要继续往下走，这就是我和大家讨论的问题。有四个问题。

第一个问题，中国低碳的路径，新能源是远水救不了近火。2030 年以前，中国的低碳战略应该是商人驱动，在 2030 年对整个低碳的贡献中，国家的规划里提出来含水在内的新能源是 20%，剩下 80%是传统的化生能源。所以要实现低碳的 2030 年峰值，中国必须关注两条道路，一个是远期的道路，还有一个是化生的清洁化。这是中国的能源结构。所以中国到 2030 年如果 20%是含水、核的可再生能源，那么把煤的使用降低以后，可能天然气的比例会大幅度地增加，可能会增加15％。

第二个问题，倒数第二个变量的问题，大家都关注变量。中国故事和西方故事不一样，我们当前工业比重规模占了很大的比例，这个时候的政策重点是大幅度地做工作。说老百姓消费过度，当然是土豪消费得比较厉害，但是大多数老百姓的基本消费没有得到满足，工业消费占了很大比例。比如上海的人均排碳量比较高，其实都是被工业占掉了。要想城市化再上一步就要腾出来，如果工业不腾出来，那么中国的工业是相当危险的。

第三个问题，我们的技术可以替代。新能源也好，第三次工业革命也好，工业革命4.0也好，这些都是技术导向的。看一下X悖论，我们一直在改进，当然过去10年改进的速度慢，这与产业结构调整滞后或者回潮有关系。能源消耗总量往上走，如何理解？尽管产业结构在变轻，但是总能耗是在往上走，如何改进这个问题？所以前面的公式稍微推一下，就可以知道要在2030年达到峰值也就是能源可以上去，碳排放要实现零增长，不是说增长速度为零，而是说增加速度和去年持平。这个持平和GDP的增长率以及减碳速度的强度是对冲的。

中国道路怎么走，完了以后再修补是没有办法的。2030年峰值是一个全世界关注的中国故事，这个故事有中国特定的背景，需要我们研究政策，不是简单的事。

协调推进长江中上游扶贫开发与生态文明建设（四川大学经济学院教授、四川大学区域经济研究所所长　邓　玲）

生态文明建设和可持续发展有什么不同呢？显然在长江上游生态屏障的建设中就要有生态文明的理念指引，核心区是长江流域最重要的水源涵养地和重要动物的金库，这是战略格局的重要支撑地区。以建设长江上游生态平衡为主线，四川省做了大量工作。在新常态下加快生态文明建设既是实现绿色转型和社会主义现代化所必备，又是历史赋予长江上游地区的一个使命，我们曾和中下游一起讨论过长江黄金水道建设的问题和生态问题。

第一，以建设长江中上游生态屏障为主，有一些初步的试点和成效。整个长江上游穿过了青藏高原、云贵高原和四川盆地，先后有很多支流都流进来，整个流域长 6 000 多公里，光长江上游流域的全长就有 4 511 公里，占长江的 70%，流域经过了 9 个省区，占全部流域的 58.9%，因此这个地区的生态环境保护直接关涉到长江流域半数地区的生态环境保护问题。这个是整个的长江经济带，在长江上游有很多的生态保护区，是我们国家非常重要的一个国家生态安全屏障。

第二，在灾后重建的过程中，我们也建立了一个先进示范城区。四川学者对四川的环境理论结果和创新都有一定的影响力。我们省学者对生态文明进行的研究和提出的重大建议比较多，比如四川大学承担着生态文明战略和区域实现正在做的生态文明协同创新，以及国家发改委关于加快生态文明的制度和机制研究。在研究这块我们和周教授及曾刚教授有非常紧密的合作，一个是长江的头，一个是长江的尾，我们在这个方面的合作比较多。

第三，生态文明发展战略不是一个单纯的生态环境战略，而是一个文明发展战略。我们认为生态文明建设具有导向、净化、管控、协调和提升五大功能，所以才能够融入经济和社会发展各个环节中去，有一个引领的作用。

第四，我们认为生态文明要融入经济、政治、文化、社会中去，要推进绿色转型，不能是在系统层面说，而要进行系统分解，在要素层次和结构层面进行融合才是最深刻和最有效的。为此我们提出来一个方法论，我们正在一些地方渗透。

第五，我们认为环境问题，比如景观问题，比如长江中上游的屏障问题，如果是因为人的不良行为所致，就把不好行为的清单列出来。

第六，生态文明发展的三个力量，第一个就是植入式的路径，就是环境归置，用最严格的法律制度和最严格的政策推进环境治理，就是归置性的。第二个是融合。第三个是将生态文明的理念融入每一个人之间，要在全世界开展绿色城市活动，要让每一个人都是一个绿色的工厂。

最后一个问题是要弥补制度上的缺陷。在长江上游生态屏障的建设中，国家的指导性意见在最后一句提到了扶贫开发的问题，但是在长江上游全是国家级的贫困县，全国 800 多个贫困县有 200 多个都在长江经济带，所以可能会因上海等地的发达掩盖了其他地区贫困程度。

在长江中上游，整个长江流域的生态文明保护都要把扶贫放在一个非常重要的位置，这样才能真正地解决长江中上游的扶贫问题。

全球化背景下的中国水危机、应对措施及思考（自然基金会[瑞士]北京代表处，长江项目总监，上海中心主任　任文伟）

自然基金会是一个致力于全球环境保护的组织，1979 年开始开展工作，已经开展了 35 年。我们名片上有一个熊猫，大家都认为我们是保护物种的，但是我们不仅仅是保护物种，我们还在保护自然资源和水环境，以及保护星球。基金会的工作是在这个框架下开展的，传统的工作是在物种保护区的工作，更多时间是用在改变目前的生产方式、消费行为、不合理的资金流向，以及环境的治理模式。所以这里面要守住生态红线，这个是传统工作。另外更多的精力是在推动创新和变革，通过这些工作来保护实物能源和水的安全，这个是可持续发展的三个要素。

基金会是一个国际组织，中国的环境问题怎么放在国际化背景下思考。在过去很多年中国的对外投资或者吸引外资的比例是快速增加的，到 2013 年中国吸引的外资达到 1 200 亿美金，主要在房地产业和制造业。中国的对外投资也在同步上升，到了 2013 年达到 1 100 多亿美元，并且随着亚投行和金砖银行战略的实施，这个数字还在增长。中国出口的产品在快速增长，把中国的港口也带动起来，在 2010 年全世界最繁忙的港口只有中国上海和新加坡两个，现在最大的一个在长江，三个在珠三角，还有一个在青岛。随着我们自由贸易区的推进，这个数据还会更新。这意味着中国成为目前世界上最大的一个贸易国家，已经达到 4 万多亿美元的贸易额，也对中国的环境问题带来了很大的压力。现在中国环境的损失有 1 500 多亿，这个是 2010 年的估算。所以我们也在思考如何解决这个问题。我们提出了一个概念，这个概念目前在中国没有对应的词，我们翻译为“水管理的创新”。在考虑技术层面的时候，我们考虑的不仅仅是技术的问题，因为我们的生态系统是人与自然互相耦合的一个战略系统。我们以长江流域为主，它是人类跟自然高度耦合的一个系统，一方面有非常丰富的生物，另一方面经济也非常发达，如果我们只是从保护物种的角度去考虑是无法达成目标的。

我们过去投入了很多资金治理太湖，但治理的效果不尽如人意。这里面有三个主要的利益相关方，政府、企业和老百姓，这个是太湖流域 2.0。为什么在第一步的过程中考虑的是推动跨国企业，是因为中国产品输出占全世界的50%，而且主要是纺织、化工、制造业，也是污染比较大的行业。在这其中希望这些跨国企业和品牌企业能意识到水风险，通过水风险的管控来管控它们的产业链。这里的风险实际上是一个更广义的风险，一个是物理风险，就是它的供应链里的生产商没有水或者是水脏了；另一个是品牌风险，很多企业的品牌是正面的，像苹果、HM，但是供应链都在中国，很多一级供应链、二级供应链出了问题以后会影响它们，所以它们会进行处理。

第二是中国环保制度的不断完善，比如随着今年最新、最严格的《环境法》《水十条》出台，在江浙的很多纺织企业就面临着关停并转的命运，所以它们协调在思考转型。如果把这个风险纳入整个企业的战略中，可能企业会从被动地治理环境转变为主动地采取行动，所以我们把这些风险结合起来和企业沟通，其他这些战略融入企业的战略中去。

目前我们挑选了一些跨国企业，使每一个行业的领头企业和我们一起合作。在全球优选了一些行业，是和我们密切相关的，也筛选了一些企业和我们合作，来推动它们在这个行业的绿色转型。

中美气候自主减排目标比较和分析（国际中国环境基金会总裁　何　平）

大家知道今年是非常重要的一年，下个月的巴黎气候峰会非常期待能达成一个全球性的气候协议。其中最重要的两个国家一个是美国，一个是中国，因为这两个国家是重要的碳排放国，也是受气候影响最大的两个国家，我就拿这两个国家的气候指标作分析。

美国气候自主减排要实现 2025 年减少 26%—28%的温室气体排放，这是一个总的目标。主要的措施第一个就是清洁煤电，减少氢氟碳化物，它要求在 2030 年以前美国的发电企业下降到 2005 年的 32%。其次，美国提出的是氢氟碳化物，还有甲烷。2013 年中美两国首脑第一次会面的时候提出要减少 HFC 的使用，美国和中国都很重视，为什么？因为短期的空气污染物虽然不大，但是吸温的效果比二氧化碳强 3 000 倍。要扩大可接受替代品的范围。这两个措施将在 2020 年减少 400 万公吨的碳排放。另外一个是美国的重型车辆的消耗标准。2014 年奥巴马总统又授权 EPA 制订一个标准，这个标准已经发布了，2010 年开始实施。工业、农业的建筑节能方面，美国在这两年也非常积极，现在有一个计划叫作更佳建筑挑战，目标是在 2020 年以后，所有的工业和商业建筑节能 20%。

看一下中国的气候自主减排目标，有四个目标。第一，二氧化碳减排 2030 年达到峰值。第二，单位生产总值二氧化碳排放比 2005 年下降 60%—65%。新能源是中国这 10 年发展的一个大行业，目前中国的风能装机量是世界第一，投资也是世界第一；太阳能也是一样，现在 68%的太阳能组件都是中国制造，所以前几年属于欧美的，现在也在中国启动了，现在大概是在 450 GW 左右，要增加到 800—1 000 GW。最后，建设低碳城市。

我简单地从完整性、积极性、可行性、合作性方面作一些分析。完整性，中国在峰值碳强度方面提出了具体的目标，而且给予了 10 亿的资金支持，这是一个全国性的活动，是一个非常完整的计划。积极性，目标的高度和力度，从一个简单的分析可以看出来，中国提出 2030 年要达到峰值，美国是在 2019 年左右达到峰值，美国人均 GDP 在 4 万美元左右达到峰值，欧盟是在 2 万左右，但是中国的人均 GDP 是 1 万左右，所以中国要在没有完全发达到欧美生活水平的情况下达到峰值。第二个，人均碳排放量，美国是 19.5 吨，欧美是 12.5 吨左右，中国是在 10 吨以下，所以那个时候中国的碳排放量远远低于美国，在减排强度上比美国强很多。可行性，两个国家都面临一些挑战，中国是一个发展中国家，还在工业化和城镇化的发展过程中，能源的消耗和碳排放将会持续增加，这个过程有很多事是不可预计的。第二个挑战是地方政府对这个政策的支持程度，现实情况经常是上有政策，下有对策，是不是可以实现碳交易，还是问号。美国国会一直对清洁电力计划持反对态度，国会现在是共和党在控制，所以在这一块也有比较大的阻力。合作性，中美两国加大气候领域方面的合作。在哥本哈根会议之前中美相互都持有质疑意见，特别是奥巴马政府之后在国际气候议程里强调领导地位，中国因为目前的经济结构对气候变化的态度也非常积极。这两年我们的主席和奥巴马就气候变化会见了很多次，也有政策出台。今年中欧、中美、中英等也签订了相关的气候协议，中美两国都在气候领域采取积极行动，推动进程，所以两国能源部长就说，去年中美首脑在会晤之后的联合声明，完全改变了整个气候变化的步伐，这是一个明显的改变。

大气污染物与温室气体协同控制（环保部环境经济研究中心综合室主任　田春秀）

今年8月29日新修订的《大气污染防治法》里写到，对二氧化硫和温室气体要协同控制，我们看了这个也非常欣慰。我讲四个方面：第一，关于协同控制的发展历程，我们把它简单分为三个阶段。首先，认识到温室气体减排的次生效益与伴生效益。其次，认识到大气污染物控制与温室气体控制的双向协同效益。最后，追求协同效益最大化的控制阶段。

第二，关于协同控制有哪些经验和教训。像IPCC的评估报告，关于协同控制方面的内容非常多，所以从国际来看，这个方面的关注度越来越高。从一些国家的层面，我们也可以看到主要的一些发达国家正在走一条从污染物和温室气体单向管理向协同控制转变的道路。

我们国内存在的问题有以下四个方面。

1. 目前部门条块分割的管理体制导致协同减排难以从源头上落到实处，因为从现实情况来看，在设定温室气体减排目标的时候，是从各自部门的职责角度出发，更多的是关注单一的目标实现，综合考虑不足。

2. 目前分散的监管模式导致管理资源共享难和行政成本高，因为污染物和温室气体的监测统计、核算没有得到很好的利用，互相的经验没有得到很好的借鉴，所以导致额外地增加基础投资和行政管理成本。

3. 企业和地方负担比较重，因为存在很多针对同源排放污染物同步核算的情况，所以从这个角度来说也增加了企业的负担。

4. 科研基础比较薄弱，导致协同控制的技术和相关的政策难以有效地应用。目前已经有一些具有协同性的管控技术，但是这个领域更多地是集中在对大家使用的技术的评估方面。

第三，相关的政策和标准缺乏分析，有的实施起来成本比较高，减排的效果还不是很理想，这个方面的问题比较严重。针对这些问题我们也提出了一些初步建议。

1. 要切实加强污染物与温室气体管控的协调统一，要做到四个统一，统筹污染物与减排的对策措施。

2. 统筹污染物与温室气体的检测和考核体系，要统一执法监管。

3. 不断加大污染物与温室气体一体化协同管控科技化的投入，目前研究层面还比较薄弱，下一步在这个方面要加强。要进一步加强对现有管控技术潜在的协同效果的评估，因为目前研究还比较分散、不系统。要加强大气污染物与温室气体的应用。

4. 加强对相关政策的评估，评估完之后再推行这些政策，不要开始的时候特别匆忙地制订一个措施就开始实施。要进一步拓展和深化关于协同控制领域的研究，因为目前可能只关注大气污染物和气体，要拓展到同时关注水、土壤等领域的协同控制。

5. 要构建协同控制的综合示范平台，推动绿色低碳协同发展。我们要设立一个平台，这里要有相关的技术和方式，让大家在这个平台上找到工作的方式。

第四，加强污染物与温室气体协同控制的国际交流和合作。现在有一些好的经验和做法我们也可以借鉴，还有其他国家在协同控制方面好的经验和做法也可以学习和借鉴，在这方面要多加强国家间的合作和共同探讨。

新能源与区域发展重构（华东师范大学城市与区域规划研究院院长、终身教授　曾　刚）

中国的能源结构带来的问题非常严重，新能源的比例总体上比较低，2002年，和世界其他国家新能源消耗的比例相比，我们的比例只有10%左右，和其他新能源发展得比较好的国家有很大的差距。大家知道能源带来的问题是影响中国形象的一个方面。其带来的危机，不仅这些相关行业和企业的生产经营变得困难重重，煤炭企业的利润和经营效益大幅度上升，也造成了中国一大块的东西在新能源发展上比较滞后的问题。第二，国际背景，国外的新能源发展势头非常强劲，我们可以看德国，信息技术成为推动德国产业结构调整的一个动力，不仅现状很好，未来发展的趋势也是令人欣慰的，在新能源方面也有很好的经验。第三，尽管我们有很多的问题，但是中国政府在新能源方面也有很多的部署，刚刚闭幕的十八大提出把绿色作为中国发展的一个重要的方面，从中可以看到新能源的发展为中国未来的发展带来的价值和意义。上海市对新能源也作出了一些战略安排，希望最近能够实现 1 200 亿元和新能源有关系的规模，通过实际的行动和产业的发展支撑中国能源结构的调整，使中国的经济发展建立在一个更加健康的基础之上。

新能源对生产、生活的影响。首先是新能源重塑了能源产业空间新格局。其实新能源也是和新技术密切相关的新兴产业，和其他产业不同的是因为以前的传统能源主要是从微观上看，就是大规模；现在新能源的生产方式已经是比较分散的，可以推广到各家各户，在区域上也是比较分散的布局，这种格局在新能源的发展过程中有一个很大的变化。整个电网方式也发生了变化，更多地强调多种发电方式的融合，通过智能电网能够很好地融合在一起。其次，比较重要的是新能源的技术，它和其他新技术不一样，它的准入门槛比较低，进入门槛也比较低，和其他高大上的先进技术相比，它可以提供一个很好的进入和发展的机会。比如物理发电，不仅在上海有，在西北地区也有，在落后地区用新能源，光伏、风能发电、做饭包括充电都是非常司空见惯的，因为技术掌握起来比较容易，投资也很省，在新能源方面也创造了很多的就业岗位。在德国，新能源产业和传统产业相比增长非常迅猛。太阳能装置发电的利用使藏北高原比较落后的牧民也可以上网，所以这一点使得落后地区从封闭时代步入一个网络化的时代。

新能源对中国城镇的格局也有比较大的影响。以前比较落后或者比较荒凉的西北地区，戈壁滩人口比较稀少，现在像内蒙古和新疆已成为中国很重要的新能源基地，使这些地方的新型城镇也开始出现了。我们看这个图，颜色比较深的就证明资源比较丰富，大家可以看到西北这些落后地区未来有一个非常好的发展空间。从这个统计数据也可以看到，内蒙古、新疆、西藏、青海这些地方是未来中国在新能源方面重要的发展地区，在太阳能辐射这一块可以看到西部地区也有一个非常明显的优势。

关于国家的经验和我们国家的对策。要认清趋势，顺应时代潮流。首先我们要开展顶层设计，调整产业布局。其次要调整结构，扫清新能源发展的障碍。在很多国家，特别是传统工业比重大的国家，深化改革在这个方面也比较重要。像德国的鲁尔区，也是重工业地区，现在通过工业立法进入了一个新常态的发展阶段。中国的工业要升级，新兴城镇化要推进，新能源给我们提供了一个很好的战略机遇期，也为未来发展提供了空间。

经济去碳化发展和气候治理发展(上海国际问题研究院比较政治和公共政策所所长、研究员 于宏源)

因为今年主要是哥本哈根气候大会,大家都提交了减排纲要。这个大会本身也好,包括今年要达成的巴黎协议,都对各国的低碳化发展提出了约束。大家看这些国家提出的要点,都把可持续发展和低碳化当作了一个要点。另外,全球的资源压力很大,从这个图就可以看出来,像欧洲和美国,有一个明显和我们不一样的特点:电力在增加,碳排放在减少。比较 2010 年到 2012 年人均 GDP 和单位 GDP 能耗的能源强度之间的关系可知,目前日本做得最好。其中,中国是落后于全球水平,因为对中国来说,每一个政策都有很多相互关联的地方,既要减排减碳,还要提高人均 GDP,我们必须在人均 GDP 大幅度提升的基础上来提高二氧化碳强度等。但是从这两个图来看,我们和世界水平,包括欧洲及日本的差距很大。因为现在有两种模式,一种是美国的模式,一种是日本的模式,无论照哪种模式中国的碳排放都会增加 1 倍左右。随着人均 GDP 的提高,现在我们已经超过了欧洲,我们需要降到 7 吨作用,压力非常大,在国际上不仅有巴黎大会的限制,同时中国说要转型,但是几十年来还是在调整结构。任何一个公共政策的资源和手段,与其他政策的都是相互制约和冲突的。必须要考虑国情、收入和就业的各个方面,并找到一个均衡点;同时还要考虑国际竞争,因为现在大势所趋是低碳化,如果我们赶不上,不仅是转移产业没有做好,可能在全球的低碳竞争和规则制定的时候也会落后。

另外,不仅是市场技术的问题,还有经济的问题,包括今天谈的天然气的价格,煤炭的上网定价和可再生能源的定价,所有的税费和价格还没有完全市场化,在没有市场化的基础上很难形成中国自己来主导的价格,也很难有全球的话语权,因为没有一个竞争的市场,就很难有一个成熟完善的市场。油价已经低到了 40 美元以下,石油时代可能会被新能源时代取代,每一个时代的产生都有一个新的技术、经济和政治的主导型国家,中国现在一方面大宗商品是依靠进口,另外在技术领域,高级芯片对发达国家的依存度达 70%,这个要求我们在技术方面解决问题;另一方面减少对传统能源的依存度。这个路,无论怎么走,未来的挑战都非常大。我只是列举了少数的国家,比如印度,现在所有印度机场都是太阳能化。印度有 1 000 多个农村实现了手机和 LED 光的普及，而不同领域和国家都在寻求符合自己国家特色的低碳化，那么中国是不是可以找到自己的特点。我们谈到今天的主题是中国的话语，话语是制度，你做得很好，然后就能形成有全球影响力的制度。我们现在说的平台、低碳和市场都是美国或者欧美制度的结果，未来中国应该可以通过自己的生态文明的道路，把自己的道路做好，形成真正意义上的话语权。

上海碳市场的运行及在应对气候变化中的作用（上海环境能源交易所副总经理　宾　晖）

前一段时间，习近平主席在美国宣布 2017 年建立全国碳市场，表达了中国对节能减排的决心，也确实是对碳领域的一个宣传。国家碳市场如何建设，如何推广，或者在 2017 年建立碳市场的过程中会遇到什么样的困难和难题，在这里把上海作为全国首要的试点，过两天也是上海试点启动 2 周年，明年可能是试点阶段的最后一年。

其实，从上海的角度来切入，甚至国家整个碳市场的建设都比欧洲、美国更加复杂，体现在一些行业的复杂性上。在欧盟减排纳入的控排范围内，都是基于一些化石燃料的行业，所以在国内来说，包括从国家的层面考虑，有很多行业，除了直接排放之外还有一些间接排放，因此被纳入控排范围之内，比如用电。我国国内对这方面的梳理比欧美复杂得多，主要体现在核查的方法和分配体系建立上，其难度大于国外体系。

就上海的碳市场来说，是在 2013 年启动，这里我们公布了大概 17 个行业，有很多间接排放的行业也被纳入在里面。国家在 2017 年启动碳市场的时候，不会把全部 17 个行业都纳入全国范围之内，最近我们在讨论的可能也就是“5＋1”个行业，比如钢铁行业等，会被纳入国家的控制排放范围之内。所以上海目前也在考虑，第一阶段的试点以后，第二阶段是不是在上海地方进一步扩大碳市场范围，因此进一步控制上海的排放总量。

这些是技术上的内容，这个是历史排放和基准线排放的方法。虽然历史排放在初期会采用，但是国家这次将一些行业纳入减排范围之内，会更多地采用基准线的方式，对数据的要求更高，所以我们在选取行业上，会更多选择数据的核查和统计比较好的行业,同时它们也是重点排放行业。

目前,从国家层面来说,上海在试点的第一阶段公布了“9+1”,1个总的报告指南,还有9个方法学。现在国家也陆续公布了24个行业的方法学,比如建筑学,可以说在全国的各个行业都有一个相对应的方法学的标准。

刚刚说了构建碳交易体系中上海做的一些工作,包括核查和统计企业每年排放多少方面,有一个方法学的问题,这个是上海的经验,也上升到国家的经验。还有一个是历史排放和基准分配的方法。总体来看,因为上海也试行了两年,基本上取得了一些非常好的效果。例如最近企业在提反馈意见的时候均表示比较认可。

第三点就是交易,技术工作做好以后,下一步就是如何交易。从上海来说,因为是一次性分3年配额,2013、2014、2015年的配额都已经一次性发放,所以企业在3年期间对碳的工作和管理作了一些系统性的安排;从交易的角度而言,也更能增加交易品种。目前交易的方式有两个,一个是挂牌交易,一个是协议转让,主要是10万吨以上交易会以协议方式来完成。

上海在2013年启动碳市场以后,包括前面的一些工作,整个制度的建立都比较完善。我们经常讨论的是,中国经济的这一轮发展是因为人口红利,上海在交易层面上流动性并不足,但是在后期由于制度的优势,在全国都处于领先地位。这是一个投资机构的进入,旨在希望社会资本进入市场中,因为市场最主要的一个核心是价格因素,它会带动上下游迅速推动。下一步是要作出一些进入化产品的创新,或者是做一些中远期的交易模式,这个也正在探索之中,争取明年推出来,为碳金融化提供一些更好的产品。

实质效果方面,也取得了一些成果,这些成果不仅仅表现在市场上,主要是希望通过市场促进企业真正实现降碳的效果。目前上海在碳参与试点范围之内的效果已经呈现,大约是6%,还有企业内部的能源产品结构也发生了变化。

未富先老:中国生态文明建设面临空前挑战(美国密歇根大学中国信息研究中心主任　鲍曙明)

生态服务的核心其实是生态健康的问题,而生态健康问题的核心是生态平衡的问题。现在,在中国的生态服务里面临的最大挑战是什么?就是未富先老的问题。其实，这个生态服务是全球的问题，不仅仅是中国的问题。那么对于中国来说当前面临的问题和其他国家的有什么不一样，这个是我今天讨论的重点。

可以从以下角度切入。首先是从未富先老的角度。中国前两天刚刚推出二胎政策，这引起了全球很大的关注。之所以有这样的效应，是因为我们国家的老龄化问题已经显现出来。

从未富先老这个问题来说，其实中国的问题大家看到的可能是人口老龄化的问题，但是很多大家没有意识到的问题是社会老龄化，这个没有引起社会各界关注的问题。社会老龄化的问题有几个方面：实体经济不断萎缩，虚拟经济不断上升，自然资源不断靠近。全世界都是这个趋势的话，中国有什么不一样？这个和生态服务有什么关系？如果你比较一下，就会发现，中国和其他国家虽然大的趋势不一样，但是有几个地方是有显著的差异。

一是中国有最大的老龄化的实体，无论是从人口实体还是经济实体而言均是如此。二是中国老龄化的速度非常快，远远快于任何一个国家。三是我们是未富先老，生物链在不断崩溃。这一点在发达国家也是一样，美国已经没有办法独立生存了，本地的生物链断裂以后可以转移出去，这样就变成全球化，有全球化的实力来支撑它的生物链，否则它的经济就很容易崩溃。但是我们没有这种实力，在这种情况下我们的风险也在不断放大。

另外，中国的经济和社会制度还非常脆弱，因为我们正处在转型阶段。此外，社会在老龄化的过程中，还增加了社会收入不平等的问题，随之而来的是社会风险的不断放大。

生态学理论为理解这些问题，提供了系统的理论根据，其中有很多假设不一样，也会决定研究的走向，我把它总结如下。第一，万物皆有联系，这个是生态学最基本的。第二，生态系统是一个不断退化的系统。我们看到的是经济的进步、技术的进步和社会的进步。从系统来说是一个不断退化的系统，这个系统是指功能，是指新陈代谢的功能。

其次，另外一个角度。为什么老龄化地区比其他地方更有活力呢？其实是通过不断补充外来能量。如果上海没有外来人口的话早就老龄化了，所以需要大量的外来能量来进行补充。但这其实是有三大风险不断上升的：第一，环境的风险；第二，与之相应的健康的风险，全球的健康成本都在不断上升；第三，社会的风险。其实我们的社会并不是越来越和谐，当你的生物链不断断裂，环境风险不断上升，健康风险不断上升，社会怎么可能越来越和谐？所以我们今天看到的 IS 不是一个怪胎，它是一个社会的产物。

所以越是发达国家维稳成本越高，在这个国家的财政收入里占的比重最大，美国的预算如此，中国也是如此，而且成本还在不断上升。那么就很容易理解，其实这个指标就是从生物多样性、文化多样性来看，这个系统是不是在退化，退化的程度怎么样。在这种情况下，未来的趋势是，老龄化的人口不断上升，抚养力不断上升，国家间的人口迁移也不断上升，因为发达的国家需要劳动力补充。另外社会的空间变化其实是加大的，社会分层也不断扩大，社会矛盾也不断扩大，而传统家庭的价值则不断退化。

中国生态环境挑战与城市环境战略转型（上海社会科学院生态可持续发展研究所常务副所长、研究员　周冯琦）

我今天和大家汇报的问题主要有三个方面。

第一，为什么要研究城市的环境战略？可以从三个方面来理解。首先，中国未来发展所面临的生态环境挑战。其次，可能是由生态服务所带来的经济安全的挑战。最后，社会安全也同样受到挑战。

第二，我们对几个城市环境的战略演变作了比较分析，希望从国际大城市的环境战略演变过程中寻找一些规律，以及对这个城市环境可持续发展的影响。我们做了一个研究课题，做了一个全球生态服务转型的研究报告，进行了几个城市的比较。

以纽约为例。城市环境战略和城市的发展、城市的人口，以及社会的发展，还有城市空间布局的调整都有非常密切的关系，具体的变化就不再赘述。

以东京为例。研究东京都的环境发展演变发现，不同时期东京都的演变目标，以及采取的环境保护战略的举措和措施都不一样，也表现出随着经济和社会的发展，我们的环境发展目标和战略举措都在不断地进行调整。

以伦敦为例。从伦敦的环境战略演变可以看出，城市的人口在 20 世纪 80 年代之前有一个快速下降的过程。在 80 年代之前，伦敦也经历了非常严峻的环境污染问题，而这可能是非常重要的原因之一，导致这个城市的人口有了一个非常明显的下降，之后随着伦敦环境的治理和环境保护战略的转型，伦敦的环境质量有了改善，人们又重新回到城市中来。当然伦敦的环境战略也是从一开始的末端治理到环境优化，再到环境标准制度体系的完善；从单纯的环境问题到适应全球气候变化的发展目标的演变。

以上海为例。上海这个城市，是一个制造业占比比较高的城市，因此上海所面临的诸多环境问题和走过的环境发展过程与发达国家的大城市非常相似。上海在改革开放之后就面临经济的发展，到了 20 世纪 90 年代城市的定位发生了一些变化，主要是在环境基础设施的建设以及环境保护法律法规体系方面做了大量的工作。

对这四个城市作了比较之后我们发现，这四个城市都有一个非常共性的特点：环境发展战略和经济发展是密切相关的，不同的发展阶段，产业结构和主导产业都不同。另外其和城市规划也有关，体现在城市空间布局结构的优化和产业空间的优化。此外它和能源战略也密切相关，其实在这几个城市中，都表现出从煤、油、气、可再生能源替代的一个过程。

最后，简单总结一下：一、我们的环境战略演变与经济发展相关；二、环境发展目标具有连贯性、长期性、强制性；三、多个部门共同推进环境战略；四、采用多种政治工具的组合降低治理成本，开放区域协同治理，实现区域共治。

2015 年，联合国环境署在里约峰会之后倡导绿色转型，是千年发展目标，然后就开始了后可持续发展的时代。

用安南的一句话来结束我的发言：我们的可持续发展成败都在城市。

生态景观城市为建筑与自然环境提供生态系统服务（墨尔本水资源研究中心首席执行官 托 尼）

先谈谈典型的水管理发展。很多城市都经历了转型阶段，它们都处于转型的不同阶段，有一些城市还在不断地管理它们的水与生存的问题，但是还有一些城市应对的是水与生活的问题。

首先，它们在建立之初，希望能够获得水源，因为水源对一个城市说是基本的要素。其实，一个城市所处的位置和它能够获得水源是有着非常重要的意义的。接下来，这些城市就开始建立一些保护水资源的基础设施。之后，再进入到一个水污染的阶段。

但是有了知识和技术之后，一些发展中国家就并不需要一步一步进入演变了，它们可以实现跨越式的发展，来更好地确保水的供应和消毒、饮用。去年中国政府引入了一个政策，也就是“海绵城市”，这是为了解决未来很多城市会遭受洪水危险的问题。其背后的想法是，如果我们能够让城市恢复原来的生态服务，那么就可以解决洪水的问题。尽管城市整体的布局已经发生了变化，没有办法再回到原来的面貌，但是我们仍然可以来进行城市规划，使这个城市恢复原来的排水系统。“海绵城市”会给我们带来很多机会，我们可以不断改善水资源的质量以及环境的质量。其实这个“海绵”吸收的不仅仅是水源，同时也能够吸收一些污染物。

废水和污染物是很多城市所面临的最大的污染源。我们可以推动水资源的循环使用，比如用来浇花园、冲厕所，这样的话就可以减少对废水排放渠道的污染。在公共领域中，我认为首先要意识到空间是公共设施的基本特征，不能仅仅考虑这些空间美学上的意义，因为公共空间也必须要符合生态服务的需要，它们不仅要舒适，同时必须要有一些功能性的作用。现在我们应当具有一些科学的知识，应意识到这些公共空间要有一些生态功能。我们在澳大利亚已经做了很多的研究，发现可以把这些湿地的功能进行延展，把它们融入城市中，使得这个城市中拥有一些水源。

另外，我们也在研究技术。如果我们想建立一个花园，是不是可以利用这个花园来过滤水资源？我们之后也做了很多实验，研究如何利用路边街道上的树，并开始种植这些用于过滤的树木。在市里面种树的话，就不需要太多水来进行灌溉，因为有很多天然的、自然的水。我们还研究了种树街道的生态环境变化。在澳大利亚有很多地方采取种树这样的做法，现在中国也有。怎么样让城市变得海绵一样？就是在城市里建这些“肾”。这些绿树能够除水防洪，还能够让洪水以一个非常安全的方式排出去，这些都是可以同时实现的。

现在中国政策也要求这么做，希望能够节能，保护自然环境，而且这一举措还可以帮助我们避免一些农业的作业受到自然环境的影响，使水能够在洪水泛滥时得到很好的排放，还可以增加更多额外的价值。以上都是澳大利亚的经验，中国可以以此为鉴，作为参考。

中国的环境污染是中国经济有效增长的最大障碍。现在有很多新的城市和老城市都可以重新开始，从而使发展和环保能够同步开展，我希望中国的未来是这样的。

美丽乡村是美丽中国的根与魂（中共中央党校哲学教研室主任赵建军）

两年前我曾经写过一本书，《如何实现美丽中国梦——生态文明开展新时代》，在这本书里就提到了一点，美丽乡村是美丽中国建设的立足点和出发点。要建设美丽中国，我们的重点、目标怎么着手？我专门从乡村这个角度来谈，主要谈四个核心观点。第一，乡村是中华民族的文化之根、精神之魂；第二，我们要深刻反省城市兴起或者说城市化对乡村文明的冲击；第三，建设美丽乡村实质上是中华文化的复兴；第四，建设美丽中国要立足美丽乡村。

为什么美丽乡村在美丽中国建设中占有这么重要的位置？乡村其实就是中华民族的文化之根、精神之魂。亚瑟·史密斯认为，在乡村比在城市更容易了解中国人的生活知识，因此必须把乡村看成中国社会生活的一个基本单元。作为中国学者，我也是这样认为的，中国文化以乡村为本，以乡村为重，所以中国文化的根就是乡村。实际上，从中国几千年来的文明史观之，我们也确实感受到了中华文化源远流长，并不在城市之中，而主要集中体现在乡村长期以来源源不断的继承与创新。所以几千年文明成果在乡村的积淀，是保证中国能够以鲜明、独立的文化身份，赢得世界尊重和认同的必要条件，也是中国城市道路不断发展的重要保证。所以这里面有几种形态，制度文化的形态、精神文化的形态，等等。

第一，乡村承载着中国五千年文化的主题部分，乡村的古老文化有如古老的河床，孕育和滋养着种族多样化的文化与精神，在生活的最基层承载、守护着这个民族最真实的文化底线。

第二，我们要深刻反省城市兴起对乡村文明的冲击。城市的兴起直接导致乡村文化价值解体，传统道德呈现碎片化。它带来的冲击导致乡村文化失去独立性，尤其是农民的精神呈现“荒漠化”、多元文化体系土崩瓦解。费孝通 1988 年在演讲中指出种族的主流是由许多分散、孤立的民族单位，经过接触、混杂、连接和融合，同时也有分裂和消亡，形成一个你来我去，我来你去，我中有你，你中有我，而又各具个性的多元统一体。所以这几十年的改革开放中，我们忽略了这样一个基本的诉求。

第三，建设美丽乡村实质上是中华文化的复兴。(1)乡村因文化源远流长而美丽。我们理解的乡村不单单是天蓝、地绿、水净的家园，它应该有更深的文化底蕴，更重要的是像总书记说的我要记得住乡愁，乡愁是文化最基本的体现。(2)留住乡村的味道。时光不能倒流，但是一个时代的文化可以给人带来更多的记忆，这些不仅仅从文化的形式，还可以从建筑的风格体现出来。(3)重塑回归田园的价值观。我们现在一味地追求现代化、城市化，因此出现了很多空巢村、留守儿童村、老年村等，这些都是工业化文明过程中带来的乡村文化的消失和解体，这实际上是我们今天要反思、反省的一个重要方面。(4)传统与现实要进行对话。习总书记说要使中华民族最基本的基因和现代文化相适应，与现代社会相协调，因此要借助城乡之间的思想、观念和文化上的共同之处，建立起城市文化与生态服务传统文化的互哺机制。(5)实现自然与人文携手。我们不仅要山川秀美，更要有文化的积淀、历史的流长。

第四，建设美丽中国，立足美丽生态服务。这里有三个理念，是我们在建设美丽乡村时需要把握的。首先，美丽乡村是美丽中国的根与魂。其次，绿水青山就是金山银山。最后，乡村文化是美丽乡村建设的重要内容。

如果我们的现代文化，我们的中国，不与生态服务文化接轨，我们就失去了文明真正发展的基础和根基，那么未来文明的可持续发展是难以真正实现的。

第七圆桌议题：中国学的现状与未来

建立一种批评的中国学（北京外国语大学海外汉学研究中心主任、教授张西平）

我们应该建议一种批评的中国学研究，这种批评的中国学是站在中国学术自身的立场，在一种开放的态度下与域外汉学界、中国学研究展开对话；是秉承着一种学术的态度和精神，从跨文化的角度对域外汉学的历史展开研究，将其对中国文化的误读作出一种历史性的解释，对西方汉学的西方中心主义和基督教本位主义给予学术的批判。对当代的域外中国研究也应该采取实事求是的态度，吸取其研究之长，批评其研究之短，在平等的对话中推进中国学术的建设和研究。

比如传教士汉学的研究，一部分属于中国基督教史研究的范围，早期的来华传教士在中外文化交流上发挥过重要作用，但我们也必须注意到他们大多都有明显的西方中心主义倾向，也有些传教士身份复杂，甚至有最后变成伪教徒的。对传教士汉学我们既不能一味地肯定，也不能一棍子打死，否认其历史贡献，而是要在特定的历史文化背景下对其进行评价，作具体的学术分析。再比如美国学者何亚伟的研究，有不少独到见解，但错误也很多，中国学者也写了不少文章，发出了我们的声音。

对域外学者相关著作的问题，我们的研究也要作出如实的批评。西方汉学家背后是一套西方的理论体系，我们必须了解他们的学术背景和文化背景，才能吃透其背后的理论观点。比如罗马帝国解体后，欧洲分裂为很多单一民族的国家。中国长期以来都是一个多民族国家，而且各民族都和睦共处，这对西方学者而言，是无法理解的，他们就觉得中国作为一个民族国家是有问题的。

海外汉学有各种各样的问题，但将其完全否定也不对。我们应该把它作为一个学术对象，立足于中国自身进行考察。文化自觉和学术自觉是我们展开域外中国学研究，展开西方汉学史研究的基本出发点，开放与包容的文化精神是我们对待域外汉学家的基本文化态度，求真与务实的批判精神是我们审视西方汉学的基本学术立场。从这三个方面出发，我们应在历时性的西方汉学历史发展的脉络中，展开学术性批判和跨文化视角下的包容性理解的解释，这样一种学术展开，是关于作为中国古代文化典籍翻译主体的西方汉学家深入研究的另一个重要侧面。

俄罗斯中国学的危机（南开大学外国语学院院长、教授　阎国栋）

俄罗斯中国学的发展经历了帝俄、苏联和当代俄罗斯三个时期。在前两个时期，俄罗斯中国学家以其丰硕的学术成果和鲜明的研究特色，不仅为本国的中国研究及东方学的发展作出了重要贡献，而且也赢得了国际学术界的认可。

随着中俄全面战略协作伙伴关系的发展，以及两国经济文化交流的日益活跃，俄罗斯青年的汉语学习热情空前高涨。但这并没有带来俄罗斯中国学的振兴，恰恰相反，俄罗斯中国学遭遇了人才严重流失、老化和断代，研究成果产出放缓，质量出现滑坡的危机。俄罗斯有一个形象的说法，说俄罗斯研究中国的队伍只有元帅和老军官，没有士兵。因为后继乏人，不少八九十岁的老教授不得不继续工作，很多年过六旬的专家退休时间也遥遥无期。俄罗斯科学院远东研究所在苏联时期一共有500多名专家，现在只剩下147人，其中还包括研究朝鲜、韩国和日本的学者，而且这些专家绝大多数年龄都在60岁以上。俄罗斯科学院东方研究所在苏联时期有55位专家，曾一度减少到17人，尽管后来略有回升，但现在也只有25个人。总体而言，在俄罗斯从事中国研究的年轻学者很少，仅有的少数青年从业人员晋升和成长都很缓慢，要晋升到教授或者高级研究员，往往需要花二三十年的时间，而且他们很难申请到科研项目和课题资助，收入也很低，这就导致从事中国研究的年轻学者身在曹营心在汉。

俄罗斯政府对人文社会科学研究的投入不足、学术人才管理制度不健全以及中国学知识的供需矛盾是导致这种局面的主要因素。苏联解体以后，俄罗斯政府对人文社会科学研究机构的拨款少得可怜，连骨干教授的收入都偏低。比如远东研究所和东方研究所人员接受的学术训练都是从学术史开始，而政府部门并不关心这些，他们需要的是能够咨政建言、能够提供方案的智库，这就导致俄罗斯学术界的中国研究和政府需求脱节。

种种原因，最终造成在俄罗斯学习汉语的人越来越多，而从事中国研究的人却越来越少这一局面。某种意义上可以说，俄罗斯中国研究的辉煌历史走向了终结，以至于许多俄罗斯中国学家不得不大声疾呼采取积极措施，保持俄罗斯的中国学大国地位。

土耳其汉学的历史和现状（土耳其安卡拉大学汉学系主任　欧　凯）

欧洲国家很早就开始研究中国，欧洲汉学的历史也源远流长，而土耳其研究中国的历史却非常短。1923 年土耳其共和国成立之后，土耳其的中国研究才开始起步。当时土耳其共和国的创始人凯末尔认为，要建构土耳其人自己的民族意识，必须以本国的语言和历史为基础，但是土耳其人民族史最早的文字记录都在一些中文的材料里。这就导致要研究古代土耳其的民族史，必须先学习中国的语言、去研究中国。1935 年土耳其的大学建立了第一个汉学系，这也是在凯末尔的指示下成立的。可以说土耳其学者研究中国文化、中国语言，其目的并不是了解和认识中国，而是研究土耳其人自己的历史。从出发点上，土耳其的汉学研究就和其他国家的汉学研究大相径庭。

十几年前，土耳其的汉学研究都还不容乐观。当时，我所任职的汉学系只有几个老师，学生也很少，我觉得前途渺茫，看不到希望。还好情况很快就发生了改变。自 1978 年实行改革开放以来，中国的发展取得了巨大的成绩。尤其是近年来，中国的综合国力不断增强，国际地位不断提高；中国学术界和国际学术界的交流也越来越频繁。很多土耳其学者到中国进行实地研究，也有很多中国学者到土耳其的大学访问交流，还有不少中国的文化使团到土耳其的大学去访问；而且在中国举办的汉学、中国学国际学术会议也越来越多，土耳其各大学举办的相关学术活动也很多。这些都对土耳其汉学研究的发展起到了很好的推动作用，汉学研究在土耳其国内受重视的程度也在不断提高。目前，土耳其的汉学研究也从之前只关注中国古代史料，发展到现在研究中国政治、经济、文化、社会的方方面面，研究中国的“一带一路”倡议等。

我本人研究的是中国隋唐历史，也画一些中国水墨画，但 2005 年来我的主要精力不是放在自己的研究上，画也画得很少，我的工作重心放在了培养学生上。我一共培养了 16 位博士、15 位硕士，他们有研究中国哲学的，有研究中国文化的，有研究中国历史的，还有研究中国医学的，研究方向各不相同。由此也能看出，土耳其的汉学研究和十几年前相比，有了长足的发展。而且现在土耳其的年轻一代学习中文的人越来越多，虽然中文非常难，但学生的学习热情很高，他们的就业形势也很好，毕业后可以从事旅游业，可以从事商贸，也可以在大学教授中文，还可以进入政府相关部门。但也有一些问题，在土耳其真正从事中国研究的人还是偏少。

19 世纪的德国历史学家对中国历史的认识（北京外国语大学全球史研究院院长　李雪涛）

我这里讲的并非是汉学家对中国历史的认识，而是 19 世纪在德国知识界有广泛影响的哲学家和历史学家的中国历史观。

启蒙时代之前，在德国知识界发挥影响的主要是一些关于中国的著作的德语译本，包括《马可波罗游记》《中华帝国的稀奇的事物和礼仪》等。到了启蒙时代，关于中国的叙述才出现了一些对历史的研究。当时的研究大多都是从圣经的角度出发，寻找中国历史和圣经的关联性。还有一些书把中国定位为一个需要西方来拯救的角色，甚至提出从人种上来看世界历史，认为世界上有两种人种，一种是高加索人种，一种是蒙古人种，蒙古人种不论是精神上还是身体上都虚弱很多，中国人就属于蒙古人种。

到了 19 世纪，西方国家对中国的贬低更加严重。欧洲开始盛行线性进步史观，大部分研究都把中国排斥在历史描述之外。赫尔德甚至提出当时的中华帝国要想继续存在下去就必须分裂，只有分裂成很多相互竞争的国家，才能维持活力，这竟然是他对中国最基本的判断。之后的黑格尔提出，现代性是自由主体性的原则，如果没有实体性，没有主观自由的话，对于中国人来说永远不可能有现代性，黑格尔由此将中国文明和历史排斥在“普通”文化学科研究活动之外。由于受到赫尔德和黑格尔的历史观的影响，19 世纪上半叶的德国历史学家，基本上持一个所谓停滞的中国历史观。黑格尔的中国历史观甚至影响了马克思对中国历史的认识，马克思将中国社会的形态归为“亚细亚生产方式”，认为从中国内部已经没有发生变革的可能，需要来自外部的推动力。

1844—1857年间，海德堡的历史学家施罗瑟出版了他具有划时代意义的《为德国人民撰写的世界史》一书。施罗瑟认为，尽管中国在诸如书籍印刷等“外在文化”方面曾经取得过成就，但是并不具备与理性相关的“内在文化”。

在德国伟大历史学家兰克晚年主持编纂的9卷本的《世界史(1881—1888)》中，提到中国的地方只有20余处。尽管兰克关注到了中国，但是中国历史观依然逃脱不掉西方历史主义的范式。

线性地往前发展的欧洲，催生出一种所谓的文明化范式。从整个19世纪来看，这是一个认为中国是停滞的帝国的世纪。不论是政治家，还是传教士、军事家，他们的想法都是一致的，认为西方是文明国家，非西方是非文明国家，他们最基本的想法就是让这些非文明国家文明化。政治家讲的是和中国签协议、条约，让中国就范，军事家讲的是让中国人屈从其武力，传教士讲的是用基督教把中国人文明化，后来汉学家讲的是用学术让中国进入近代的学术体系，基本上就是这样的范式影响到中国的历史书写。尽管也有少数汉学家如帕拉特等对当时流行的有关中国历史的观点进行了回应，主张世界史的多轴心，但基本上没有产生什么影响。到了20世纪，这一情况才开始有所改变。汉学家对中国的认识开始脱离宗教背景，展开了通过汉语文本来做中国历史研究的新篇章。

中国在“二战”中的角色(英国牛津大学中国中心主任、教授 拉纳·米特)

西方学者普遍认为中国在“二战”中是一个受害者，但这种认识并没有太大的价值。事实上，中国战场在“二战”中的贡献被置于一旁，被长期低估。中国发挥的作用所获得的承认远远少于美国、英国和苏联。可以说“二战”中，中国对同盟国的贡献非常重要，没有中国的付出，没有中国的抗日战争，反法西斯战争就不可能取得胜利。

1941年12月日本袭击珍珠港，之后1942年同盟国成立，反法西斯战争成为一场全球性的而非地方性的战争。西方的大国自此才和作为同盟国之一的中国真正团结起来。第二次世界大战的胜利是亚洲和西方通力合作的结果。中国远比当时强大的美国、英国弱小、贫穷，却在东方战场发挥了主要作用。在中国境内，牵制了约80万的日本兵力；在缅甸，几万中国士兵和英美军队并肩作战。当时的西方大国都知道中国在反法西斯战争中的重要性。战争胜利后，中国也因其贡献获得了联合国安理会常任理事国的席位。但因为冷战，中国的贡献在之后的叙述中遭到了长时间的漠视。只有在一些非西方国家，比如说印度的叙述中，才认为中国在"二战"中发挥的作用不可估量。

事实上，中国人民的抗日战争远远早于珍珠港事件，早于同盟国的缔约。早在1937年，中国就开始以一己之力艰难地抵御日本侵略，并作出了巨大的牺牲。可以说，中国是首个和轴心国交战的同盟国。1938年时，中国的北京、上海、南京等重要城市都先后沦陷，很多领土被日本人占领，中国的抗日战争处于非常艰难的境地。当时日本的外交官认为中国已经战败，只剩下投降这一条路。但是，在如此艰难的情况下，当时的国民党政府和中国共产党都没有放弃，即使没有得到其他国家的有效支持，依然选择继续抗战。在没有外国有效援助也没有战争同盟的情况下，中国人民已经独自抵御了日本侵略者多年。试想如果中国在1938年向日本投降，成为日本的殖民地，其结果就是日本成功控制东亚的政治、经济和贸易，等等，进而占领整个亚洲；日本就能顺利地向苏联和东南亚以及英国发起进攻；"二战"中，亚洲国家和西方国家的合作就不会发生，整个历史或将被重新改写。

目前大多数研究者都认为"二战"开始于1939年，但我认为应该把中国的抗战放到"二战"中来分析，1937年的"卢沟桥事变"才是"二战"的起点。现在已经有不少学者开始注重"二战"中的中国，开始重视中国这个"被遗忘的盟友"。中国、西方和日本的学者在做合作研究，相信能创造一个更深的、更客观的有关"二战"的历史。

关于中国学学科体系的思考（中国社会科学院国际中国学研究中心研究员　何培忠）

中国学的学科体系应从起源、发展及现状等诸多层面进行考虑。何谓中国学？学科内部争论特别多，但简单而言，我们可以说中国学即有关中国的研究，其涵盖面相当广，这一学科始自国外，被称为“Sinology”“Chinese Studies”或“China Studies”。

就国内而言，对海外的中国研究进行系统的、有组织的介绍，始自20世纪70年代中期的中国社会科学院。当时中国社会科学院情报研究所有一个国外中国学研究室，可能是中国大陆有关海外中国学的第一个机构。中国社科院的学者将海外有关中国的研究统称为“中国学”，把自己开展的对海外学界有关中国研究进行的反研究，称为“中国学研究”。

随着中国经济的高速发展和在国际事务中影响力不断增强，中国学界认识到，中国学不能仅仅是海外对中国的研究，中国人对自己的事物应有足够的声音和适当的场所进行讲解、分析、总结和交流，上海社会科学院承办的世界中国学论坛，就是在这一背景下诞生的。于是，中国学在概念上有了变化和扩展，它不仅指海外学界对中国的研究，也包含中国人对中国的分析和研究；它不仅有人文科学方面的研究，也有社会科学方面的研究；它不仅有文献性的研究，也有实证性的研究。这一变化表明，中国文化、中国事务的世界性意义获得了普遍认同，表明中国学是一个多学科、跨学科的研究领域。这门学科采用人文与社会科学各学科领域业已成熟的方法论，同时要求各种方法论互融互鉴，客观地、历史发展性地，以中国为立足点解读中国。

中国学的发展，大体是介绍、借鉴、交流、互鉴四个阶段。就介绍而言，把海外的研究介绍到国内，有两条线，一条是历史，一条是现代。前者是追溯海外中国研究的起源，西方国家的这一起源就是传教士汉学；后者是介绍海外对当代中国的研究。这是学科的基础。随着中国的崛起、国际地位的提高，中国的世界意义开始获得普遍性的认可，中国学成为一个开放、多学科、跨专业的研究领域，这就要求不同研究互融互鉴，要求用世界的眼光解读中国，在这个基础上我们才能构架中国学的学术体系。

新汉学与太平洋视域（台湾清华大学中国文学系暨历史研究所教授　陈　珏）

随着中国的崛起，21世纪上半叶极有可能成为中国学的学科体系走向成熟的关键时期，而世界中国学论坛则是推动这一学科建设事业的重要推手。汉学是海外中国学的一个重要组成部分。在 2010 年前后，包括澳大利亚在内的太平洋两岸的学界和政界人士，不约而同提出“新汉学”的构想，极有启发意义。首先是 2009 年北京清华大学的李学勤教授在媒体的访谈中提出，目前“正处在一个重新发现和认识中国经典的时期，在这个基础上，我们可以有新的汉学”。次年，澳大利亚总理陆克文在《华尔街日报》撰文提出澳大利亚应该建立新汉学，研究崛起的中国。陆克文的提法在西方影响很大，在中文世界也有很大的反响。2011 年，孔子学院总部理事会主席刘延东宣布将实施“新汉学计划”，资助各国研究汉学的研究生来中国大陆学习、交流。凡此种种，都有助于“新汉学”在学理上的探讨。

汉学在发展史上有过两次典范大转移。一次是 19 世纪末到 20 世纪初，从之前的传教士汉学转移为学院派汉学，欧洲汉学成为东方学的一个分支，属于人文学科的一部分。第二次世界大战结束后，汉学又有一次典范大转移，从古典之学转换为社会科学，从研究中国的古代文明扩展到了研究中国的现状，汉学的中心也由此从欧洲转到了美国。“二战”之前，欧洲各国设置的都是汉学系，但到了美国之后，不再设汉学系，取而代之的是东亚研究系。这样，汉学的学科性质就不再是东方学，而是区域研究。

以前无论汉学也好，海外中国学研究也好，都是西方人在研究中国，而 21 世纪，随着亚太地区的崛起，这门学问的研究重心开始渐渐从欧美转移至太平洋地区和东亚地区，转移至中文世界，于是需要有“新汉学”的建构。这种建构也是中国学的学科体系发展的一个组成部分。21 世纪初出现的“新汉学”也是学术思想跨世纪大动荡的产物。

20 世纪初，学术界提出“新史学”，不论是西方学术界的新史学还是中文学术界的新史学，都出现过许多流派，经历了几十年的争论和发展，才逐渐成熟完善。相信新汉学的确立也会有一个类似的在百家争鸣中逐渐成熟完善的过程，最终完成汉学重心回到东亚的第三次典范大转移。

20 世纪中叶儒学对南越的影响（越南社会科学院所属汉喃研究院院长阮俊强）

在 1955—1975 年间南越的儒教文化活动中，越南古学会有着重要的地位。

这个学会的目的在于收集、研究、翻译、诠释、传播古典汉文材料，从而保存与道德教育及实际科学有关的东方传统文化。遗憾的是，自从 1975 年南北越统一后，由于现存的资料非常罕见等原因，越南古学会的活动几乎无人提及。

成立于 1954 年的越南古学会和南越政府关系密切，其创会成员大多是现任或离任的政府官员，名誉会长也是由时任南越总统担任。创会成员大多在 1919 年越南科举废除前参加过科举，并中过秀才、举人，称得上是越南最后一批儒家。1954 年创立时，古学会只有 200 名会员，到了 1969 年会员人数增长到 4 000 名，并且还设立了很多分会。

古学会办有一份刊物叫《古学季刊》，创刊号是中文和越南文双语对照的。但这个刊物很少见，整个越南没有一家图书馆有馆藏。我个人通过各种途径收集到了一些，在美国的一些研究机构，如康奈尔大学，也有少量的馆藏。刊物内容涵盖四个部分，一是对儒家学说、诸子百家思想，以及越南和中国历史的研究和介绍；二是对四书五经的翻译；三是文学创作，主要是按照唐诗韵律创作的诗歌，歌颂儒家思想，歌颂孔子和中越的其他著名儒家等；四是古学会的活动信息以及一些各国政治、文化、社会的新闻。

古学会组织了大量文化活动，其中最著名的就是每年举行孔子诞辰典礼，孔子第 77 代嫡长孙、最后一代衍圣公孔德成也应邀参加过庆典。在古学会的推动下，南越政府在 1956 年把孔子的生日定为南越的国定节日——“圣诞节”，这里的“圣”是圣贤的圣，因为孔子是圣贤。每年“圣诞节”南越都全国放假一天。但 1975 年越南统一后，这个节日就被取消了。在儒学的国际交流方面，古学会也有一定影响。1960 年，南越总统访问中国台湾，陪同出访的文化使团一共有 7 个人，其中 3 人都是古学会的重要人物。

值得一提的是，尽管当时儒家在南越被视为一个宗教，但古学会的会员也有不少其他宗教的信徒。其创会成员、副会长就是一名天主教牧师，一位非常活跃的会员是著名的佛教僧侣。古学会的成员除了儒家学者外，还有不少当时的皇室成员。虽然儒家思想并不重视女性，但古学会已经有了一些女性会员。由此也可见，古学会的会员非常多样，不同宗教背景的成员也能在其中和谐相处。

一系列的活动都体现了古学会对南越儒教的社会化的贡献，在南越现代化、欧美化的过程中，发出了越南最后一代儒家的声音。

第八圆桌议题:“一带一路”与“利益共同体”

丝绸之路的历史价值与当代启示(中国社会科学院中国边疆研究所所长　邢广程)

丝绸之路是连接亚欧非三大洲之间的古代文明之路,其形成经历了一个比较漫长的过程,具有内在的历史动因。其一,丝绸之路的诞生,顺应了东西方商贸往来的现实需求。其二,在中亚和欧洲先后出现的两大帝国,为打通东西方之路奠定了基础。其三,汉朝出于军事战略需要,迫切希望与西域大月氏等国建立联盟,以“断匈奴右臂”,客观上正式开辟了古代丝绸之路。丝绸之路是古代东西方商贸往来的重要通道,也是古代东西方文化交流的重要纽带,促进了多种宗教的传播和交流。

古代丝绸之路具有丰厚的历史价值和文化价值,当今欧亚各国应深入挖掘古代丝绸之路的历史文化价值,弘扬古代丝绸之路所凝聚而成的交流、融合、合作和共赢的基本价值,让21世纪欧亚空间的文明对话更加顺畅、更加便利。古代中国处于陆、海丝绸之路的东方端点,是丝绸之路的“凿空”之国,为欧亚文明的交流作出了不可估量的贡献。现在中国提出构建丝绸之路经济带和21世纪海上丝绸之路的战略倡议,展示了中国对欧亚空间进行深度交流与合作的开阔情怀,显示了正在崛起的中国对欧亚战略空间发展与合作的责任感和使命感。中国提出“一带一路”具有丰厚的历史积淀性和延续性,而这种历史积淀性和延续性又进一步证明了中国提出新丝绸之路战略的历史逻辑性。

人类进入21世纪,迫切需要欧亚空间的深度整合与合作,迫切需要构建新的丝绸之路。正如古代丝绸之路的繁荣不是靠强制命令一样,现代丝绸之路的构建也需要合作精神。中国是“一带一路”的发起国和倡导国,但不可能是唯一的推动国和完成国,该构想的实现需要丝绸之路沿线国家的共同努力和合作。

21 世纪的高铁技术和信息技术为新丝绸之路的构建提供了有力的技术支撑，而现在需要的恰恰是合作共赢的精神和利益互享的理念。

在全球历史视野下的中国“一带一路”倡议（美国加利福尼亚大学洛杉矶分校历史系教授　王国斌）

中国最近的“一带一路”倡议在国内外引发了极大兴趣，它已成为多方评论的对象。为进一步了解这一倡议在未来岁月中的潜力和意义，本文提出有必要从某些历史角度去考察，该倡议中的内容与中国及其他国家原先的政治和经济做法有何异同及有何关联。文中提出，“一路一带”倡议一定程度上旨在应对所有扩张性工业经济体所面临的挑战，这主要是指高速发展中如何获取发展所需要的资源。随后将从历史角度去评估该倡议的地缘政治内涵，最后指出，该倡议完全能够提供一种新的政治和经济架构，据此可在未来促进经济发展和政治稳定。

就经济发展而言，中国的“一路一带”政策特别把发展援助政策与经济贸易政策结合起来，这不同于大多数其他国家将二者分开的做法。中国与有关国家签订的双边协议并非要取代其他双边协议，而是要为之提供补充，当然补充的方法将逐步地具体化。而且，中国还把周边邻国的经济发展诉求与中国内部欠发达地区的经济发展诉求直接挂钩。一个发展中国家把自身发展中的挑战与周边邻国的发展挑战结合起来，这在人类历史上尚属首次。就政治关系而言，“一路一带”倡议试图重新定义各国政府之间的关系，其所包含的地缘政治目标不是靠公然的军事方法去追求。其他国家的经验表明，以往历史时期它们在确立（并丧失）地缘政治秩序的过程中，军事力量曾发挥了关键的作用。中国的方法在何种意义上代表了一种建立国际秩序的不同途径，尚需在以后一二十年中加以观察，目前我们需要清晰地描画未来的若干可能前景。

新丝绸之路（尼泊尔国际关系学院秘书长　什雷斯塔）

从公元前 2 世纪到公元 14 世纪末，一条伟大的贸易路线起源于东方的长安（今西安），直达西方的地中海，从而连接起中央帝国和罗马帝国。因为丝绸是这条路上的主要贸易产品，所以这条路在 1877 年被德国著名地理学家斐迪南·冯·李希霍芬命名为“丝绸之路”。这条古老的路线不仅使商品得到流通，而且还使中国、印度、波斯、阿拉伯、希腊和罗马各自灿烂的文化得到了交流。经过一千五百年串联亚洲和欧洲的历史后，这条丝绸之路输给了海运线路，但如今又有了复苏的迹象。连接印度、尼泊尔和中国应该是这一新贸易走廊的重要组成部分。

其实丝绸之路有两条：一条是北部丝绸之路，起始于今天的中国西安，然后分成两支，汇聚于中亚的喀什噶尔，再继续向西。另一条是知名度较低的西南丝绸之路，起始于中国的云南省，穿过缅甸、越南和泰国，要经过跨越西藏的两条陆路。这一丝绸之路在 13 世纪中期蒙古帝国时达到鼎盛状态，当时稳定的政治促进了贸易的发展，也就在这一时期，马可·波罗旅行到了中国。随着蒙古帝国于 14 世纪崩溃，丝绸之路上的贸易交往趋于减少，而中国明清两代的闭关自守均不利于贸易的发展。在此背景下，欧洲人采用了新的跨越印度洋的海上航线。蒸汽机的发明降低了成本，导致欧洲沿着南大洋走廊的海上贸易进一步繁荣。该走廊从地中海出发，途经南亚，再经马六甲海峡，往北沿东亚海岸，通往朝鲜和日本，由此等于恢复了丝绸之路。

如今的海上丝绸之路随着路上通道（现包括铁路和管道）的拓展也日益深入大陆。青藏铁路今年将抵达日喀则，很快又将延伸出境至尼泊尔。北京至拉萨的高速公路已经修建到了中途的西宁。与大湄公河次区域的互联互通也得到了改善。中国的战略家经常谈到有关海峡作为咽喉地带存在风险，因而认为需要寻求可替代的线路。至 5 月，从缅甸皎漂港至昆明的 800 公里长的天然气管道将投入运行。明年，一条石油管线将在同一地带建成，并会有公路和铁路相随。目前有一个卡拉顿多式联运项目在建设中，它将连通印度的加尔各答和缅甸的实兑，并会进入印度的内河与内陆网络。按照传统的比较优势理论，发展中国家生产劳动密集型产品，它们可以此交换较发达国家的资本与技术密集型产品，但生产某一产品过程中的各环节都在一国内部完成。如今，由于出现了高效的服务网络，生产已被分割为不同部分且可安排到世界各地。虽然海运依然是最为经济的货运特别是大件货物运输的手段，道路交通至少在邻国之间还是具有一定优势的，对于易腐烂货品而言，空中运输则更具优势。

2010 年，互联互通战略计划试图在东盟十国内促进物质、制度、人员方面的连通，同时也强调东盟与邻近的印度、中国及东亚峰会其他成员国之间的连通。“东盟和东亚经济研究所”（ERIA）提出了关于东盟与印度互联互通的两个项目，即湄公河与印度的经济走廊、连接印度和缅甸及泰国的三边公路。前一个项目旨在把东南亚的生产环节与印度的生产环节连通起来，特别是要通过海路连接曼谷和钦奈的汽车工业生产；后一个项目则注重于开发印度的东北部地区。目前尚缺乏的是，还没有通过复兴南丝绸之路来促进中国与东盟及印度的互联互通。东盟和东亚经济研究所应当考虑提出开辟自云南经缅甸、印度、尼泊尔再经西藏和云南的经济走廊或者"亚洲环形经济走廊"，并开展规划细化和可行性研究。这一项目将让各方分享中国和印度的经济繁荣，对各方而言都是多赢格局，尼泊尔可以在亚洲两大经济体之间起到桥梁连接和生产中枢的作用。

从"一带一路"的视角看上海合作组织的新功能和新作用（上海社会科学院历史研究所副所长　王　健）

我在这十分钟就讲两个问题："一带一路"大战略的价值；"一带一路"特别是经济带这方面，中国最重要的组织——上海合作组织有什么新的功能。关于"一带一路"的战略其他人也分析了很多，我主要是从三个角度讲。

"一带一路"大战略，特别是"一带"，丝绸之路经济带，主要是陆路的，为中国今后的发展提供了新的空间。一是再造了经济地理的空间。我们知道大海洋时代来临之后，我国的西部陆路交通不方便，所以中国那时候的发展就一直偏重于东部地区，西部地区的发展则受制于经济地理的环境。但是现在，随着新的交通工具的产生，如高铁这些新的工具产生以后，丝绸之路经济带的设计里很大的一块儿就是基础设施的连通，通过这个连通可以改善中国向西的交通权利，实际上是再造了一个经济地理。像美国一样，美国是受制于两个大洋，我们是可以进一步地推动发展，双向开放。这是第一个空间。

二是拓展的中国的市场空间。中国现在的发展包括国内市场已经不够，而"一带一路"倡议的实现，为中国的产能、商品与潜在的市场和资源，包括未来人口的消费提供了巨大的交换平台。同时，通过基础设施的建设，包括基础设施所带来的交通经济带的建设投资，能够促进和维持经济的进一步增长。此外，还为中国的发展提供了战略的迂回空间。

在新的时期，特别是在推进丝绸之路经济带的建设中，上海合作组织能够发挥四个功能。一是发挥安全保护功能。丝绸之路经济带是冲突较多、比较动荡的地带，在这个地带中，怎么样才能够提供一个安全保护，这是确保经济带建设成功的首要保障。这方面，上海合作组织本来就是一个比较重视区域安全的组织，如果能够再加强与俄罗斯安全组织的合作，就可以使这个区域的安全得到保障。这个是安全功能。二是发挥示范的功能。现在我们又是陆上，又是海上，这么多丝绸之路建设项目，到底能不能吸引人，能否像建立特区一样做出一些成功的示范？我觉得目前提出来的最好的项目就是上海合作组织和欧亚经济联盟的对接，虽然这两个组织在经济或者最终的建设目标上还是有差距的，目标并不完全一致，也有一定相互的竞争，但是从战略来讲，双方都有所依凭。我们国家主要是考虑到亚太地区或者进口的发展面临一个挑战，俄罗斯之所以要建立这个，也是因为受到了北约或者欧盟不断的侵扩。在具体的项目上，特别是基础设施的建设、物流基础的建设、能源网的建设方面，这两个可以率先对接，作出示范。这个是示范功能。三可以做明星凝聚的功能。上海合作组织发展到现在，由于种种的历史原因，在中亚和中俄老百姓之中的信任度比较低，存在着很大的信任指数危机，这个现象在与中国合作程度比较高的，即使像东南亚这样与中国合作程度比较好的地区都存在着，而在与中国合作基础比较差的地区，情况可能就更严重。所以我觉得上海合作组织可以通过加强与这些国家的人文交流，增加其对中国文化的认同。现在国内一直讲要有获得感，我们也要让中亚地区或者其他地区的老百姓在合作中能够有获得感，这个获得感一个是要加强人文交流，再一个就是提供一些现在我们国内也在做的，如希望小学、粮食安全、医疗保障合作。四是发挥统筹国内、国际两个大局的统筹功能。我们对西部的整个开发要结合丝绸之路带的建设，对其进行一定的功能区分。前几年我到新疆调研的时候提出，新疆两个特区要区分主要的开放对象，因为喀什的贸易量很少，但是伊犁就比较多，如果中巴走廊开通，就应对两地作进一步的区分。在经济战略中，国内西部地区的对外开展也要有功能区分，从而使其发挥最好的作用。

19 世纪中俄欧的知识交流：中国植物与植物学（北京外国语大学教授　柳若梅、李欣）

地处中国与西欧之间的俄国，在历史上一度因其独享陆路来华的通道而令欧洲对此思谋已久，俄国也因此在贸易方面于很长的时期里发挥着沟通中国与欧洲商品市场的作用。与此同时，长期派驻、定期轮换的俄国东正教驻北京使团成员，特别是在19世纪，也在很大程度上推动着中国与欧洲的知识交流。早在17世纪末，德国思想家莱布尼次在与俄国沙皇彼得一世的交往过程中，多次提到俄国应发挥欧洲与中国之间的桥梁作用。早期耶稣会士为中俄早期交往翻译斡旋，其目的也在于向俄国示好以便借助俄国来华的陆路通道往来中国。自1715年起派驻北京的俄国东正教使团，在19世纪后其人员的知识素养、俄国政府对使团的任务要求，都推动着俄罗斯汉学家将中国知识传往俄国。另一方面，在欧洲近代科学技术突飞猛进发展的背景之下，东方知识成为欧洲知识生产不可或缺的内容。作为欧洲的一部分、介于西欧与中国之间的俄国，对于欧洲知识视野的扩大和学术的发展作出了很大贡献。对中国植物与中国植物学的关注，就是较为典型的一例。

如同人类认识植物是从采集供食用的植物果实和块根开始一样，俄罗斯汉学家对中国植物的关注始于对为中国人提供生存用食物的农业的关注。自1807年作为第九届俄国东正教驻北京使团团长来到北京的俄罗斯汉学的奠基人比丘林起，俄国东正教驻北京使团的成员逐渐形成收集中国植物并提供给俄国和欧洲的传统，彼得堡科学院、莫斯科自然体验者协会为此一度专门为派往北京的东正教使团制定工作指南，要求必须收集植物标本并列出需要采集标本的中国植物的名称，要求将收集并明确描述后的标本寄回俄国。此外，俄国的植物学家还曾随第十一届使团来到北京，在近郊山区进行植物调查。以东正教使团为依托，在北京的俄罗斯人提供给俄国及欧洲的中国植物有近千种，其中有的植物便以俄罗斯汉学家的名字命名。

1860年中俄《北京条约》签订后，俄国得以在中国设立外交公使馆，并派驻了驻馆医生。1866年来到中国的第一位驻馆医生布列特施涅德，研读中国植物典籍，梳理欧洲人关注中国植物的历史，撰写了《西方人发现中国植物的历史》《中国植物志》等鸿篇巨制，在中欧植物和植物学交流方面作出了巨大贡献。

“丝绸之路”的历史与未来——2030年的丝绸之路图景（俄罗斯科学院世界经济与国际关系研究所中国经济政治研究组长　塞尔吉·卢科宁）

到2030年，丝绸之路经济带将得到实施，但会存在一些局限。在项目实施过程中可以建立起双边自由贸易协定和自由贸易区网络，但还无法建立单一的一体化空间。

即便到 2030 年前，丝绸之路经济带项目实施依然存在种种局限，但它无论是对全球经济还是对中国经济来说都会带来显著的变化。

一、丝绸之路经济带建设对中国经济可能产生如下积极影响

严重的产能过剩问题将得到缓解，中国工业产品将在中亚、欧亚经济联盟、东欧和高加索的大规模基础设施建设中寻找到新的市场。大规模的基础建设项目需要中国的工业品，从而支撑中国 GDP 的增长，为提高中国高科技产品的产量提供更多驱动力。由于大规模基础设施项目会对这些产品提出更大的需求，它们在中国出口总量中的比例将会提高。中国的内陆省份会得到开发，那里将以中亚、欧亚经济联盟、东欧和高加索为目标市场，再次启动工业化并产生新的行业。内陆省份的发展可以降低国内的人口流动规模。中国不会在创新上成为世界领先的大国，但在节能、软件和通讯等应用学科，可能会取得一些突破。通过丝绸之路项目的实施，中国企业将在真正国际化的环境下提高效率。

二、丝绸之路经济带建设对全球经济可能产生如下影响

1. 丝路地区企业格局的改变

在经济带的实施中，中国的跨国企业和中小企业将与中国的外商投资一样进入丝路地区。这些公司会跟随项目的主要工程(基础设施建设)，提供咨询、贸易、技术、建设、软件以及其他服务。

2. 人民币国际化的加强

人民币将会成为丝路地区的主要货币之一，但不会取代美元或欧元。

3. 交通设施的改善

丝绸之路经济带的建设将为丝路地区的经济发展打下基础，从而保证政治的稳定和普通民众生活条件的提高。

4. 发生军事冲突的可能会降低

丝路经济带的实施会限制区内国家为自身利益而采取强硬行动的可能，因为这会威胁到整个项目的实施。冲突国家间的矛盾会减轻，但企业间的竞争会加剧。

三、丝绸之路经济带建设可能带来矛盾

这种庞大项目的实施不可能没有矛盾存在。要产生上述积极影响，就必须解决现存的矛盾和将来可能产生的冲突。丝绸之路经济带的实施过程中，会遇到如下几大挑战。

1. 各国设备的使用

工业化国家会在丝路地区各自使用本国的设备与标准，从而可能产生矛盾。

2. 项目融资

丝路项目的完全实施可能会遇到资金短缺的问题。要实施的项目会越来越多，其效度是要打个问号的。

3. 项目的效果

设施建设只是一个问题——但我们要知道由谁来维护和提供后续资金，项目能否自足发展下去。

4. 最佳实践

在项目实施过程中，中国企业需要在社会责任、环境保护以及遵守当地法律等各方面展示出最佳实践。安全与稳定是项目顺利实施的一个关键要素。中国要展现其善意，并在各方面都能达成妥协。用强硬的态度来保护自己的利益是行不通的。

“一带一路”的合情合理合法性（中国人民大学国际关系学院教授王义桅）

从人类文明史看，“一带一路”倡议具有历史合法性、现实合理性、未来合情性。

一、历史合法性

古代海陆丝绸之路曾是中国联系东西方的“国道”，是中国、印度、希腊三种主要文化交汇的桥梁；今天，丝绸之路重焕活力，唤醒了古丝路各种文明的历史记忆，各民族共同复兴的梦想。“一带一路”沿线包括中亚、东盟、南亚、中东欧、西亚、北非等 65 个国家，这些国家在古代丝绸之路上可能是“洼地”或过道，在地理大发现后，海洋而非大陆决定全球化命运后又被边缘化，时至今日也是全球化阳光光顾不到的地区。如今，由于高铁所代表的互联互通网络帮助它们寻找海洋，帮助它们融入全球化，好比存在银行两千年的利息开始用起来。

二、现实合理性

世界日益增长的国际公共产品的需求与落后的供给能力之间的矛盾，就是建设“一带一路”的动力。亚洲基础设施有8万亿美元的巨大缺口，所以中国倡导成立的亚投行才会取得如此成功。“一带一路”需要中国和美国等其他国家一起合作提供公共产品，这是中国“一带一路”受欢迎的重要原因。也因此，“一带一路”创造合作机遇而非对抗可能。就国内而言，我国国内的互联互通已经完成，为其提供了良好基础；就沿线其他国家而言，中国的发展模式和已经取得的成就激发了它们独立自强的斗志、走自己的发展道路的愿望，这种后发国家所共享的价值观超越了曾经的殖民主义、帝国主义和现代化发展模式；就区域而言，“一带一路”的建设通过各国合作提供公共产品，可以弥补亚洲基础设施的巨大缺口。

三、未来合情性

“一带一路”是全球化即美国化、西方化失势后，作为世界经济增长火车头的中国，将自身的产能优势、技术与资金优势、经验与模式优势转化为市场与合作优势，将中国机遇变成世界机遇，融通中国梦与世界梦。“一带一路”沿线国家急需中国的投资和基础设施建设，只要其与中国联通在一起，发展潜力就非常大。彭博社预测，到2050年，“一带一路”会新增30亿中产阶级，这意味着中国实现现代化的人数相当于发达国家现代化人数总和的两倍。中国欢迎“一带一路”沿线国家搭中国发展的快车、便车。不仅如此，中国成功的现代化实践和走符合自己国情的发展道路，也通过“一带一路”鼓励其他国家这么做，实现共同发展与复兴。

中国的“一带一路”理念与“中国梦”国家发展战略（亚美尼亚国家科学院东方研究所研究员　阿哈维尼·哈鲁特尼亚）

习近平在2012年11月担任中国共产党中央总书记并随后在2013年3月当选中国国家主席后，便在“新外交”的框架下提出了宏大的设想，如“中国梦”和“一带一路”。

“中国梦”的目标是实现中华民族的伟大复兴，即实现两个百年目标：到2021年中国共产党成立100周年时把中国建成小康社会，然后到2049年中华人民共和国成立百年时将中国建成全面发达的现代国家。为实现这两个目标，中国需要一个和平稳定的国际和周边环境。因此，中国将与周边国家和国际社会一起，与它们分享更多的发展机遇，实现“中国梦”的普遍愿景，这与所有国家及其“命运共同体”的普遍愿景紧密相连。

“一带一路”实际上可成为“中国梦”在国际舞台上的具体展现。该设想涉及经济走廊的建设，包括具有地缘政治和地缘经济意义的“丝绸之路经济带”和“21 世纪海上丝绸之路”，旨在连接亚洲、欧洲、中东和非洲的众多国家。“一带一路”呼吁这些国家增强政治联系，拓展经济贸易，建立自由贸易区，促进金融一体化，构建运输设施和能源管道，开展人文和教育项目合作，等等。

中国明确强调，通过实施“中国梦”和“一带一路”，中国不希望创建一个新的国际组织，用以称霸亚洲乃至更广泛的地区，它也不会追求建立势力范围，或干涉其他国家的内部事务。中国不会威胁到外部世界，恰恰相反，中国实现富强只会给其他国家带来显著的利益。

中国的利益现在已经与全世界的利益紧紧结合在一起，全球也在指望或者是期待着中国发挥更大的领导力和作用，我们也看到可能会有新的世界秩序形成。中国，它的实力在不断增强，同时，通过全球化可以发挥更大的作用和影响力。随着中国的责任增强，在国际关系中发挥更加突出的作用，各国也从中国的传统文化之中，获得了很多的收益。

习近平实际上也说到了，我们的国际关系、互赢关系的发展，对于中国乃至邻国都是好事。要实施中国区域性政策的手段之一就是软实力。在国际环境之下，使用公共外交的手段，借助软实力打造中国的国际形象和国际声誉，通过中国宣传部门的工作，向国际社会传递“中国梦”的实质和含义。习近平对“中国梦”的实现作出了新的诠释。

“中国梦”能够更好地帮助我们实现人民福祉，而随着中国改革开放的进一步实施，我们在建设中国特色社会主义的道路上，更好地诠释了“中国梦”的实质。实际上，我们不仅仅是在宣传“中国梦”，它还是全球人民的梦，我们谈到了这是一个公平的社会，以及全球国际社区的相互合作。我们的“中国梦”，它也通过 21 世纪海上丝绸之路以及丝绸之路经济带的建设得以进一步实现。“一带一路”是一个新的经济体合作的模式，它会加深和加强区域间乃至区域内国与国之间的合作，增强国与国的政治联系，同时能够更好地通过创造人与物资及各个方面的一些交流的网络和平台，从而促进区域间国家和民族之间的交往。

“中国梦”显示了我们的和平与和谐，它是全球共享的一个普世价值。而中国的发展和崛起能够为周边睦邻发展也带来受益，这是一个双边的关系，而不是单向的。

中国提出“一带一路”战略的背景与意图（中国社会科学院俄罗斯研究中心研究员　陆南泉）

“一带一路”倡议引起了国际社会的普遍关注，各国对其也有不同的诠释。因此，研究“一带一路”倡议构想，首先要弄清的问题是我国提出这一倡议的背景与意图。根据我的研究，其背景与意图突出反映在以下六个方面：一是为了我国深入融入经济全球化与加强区域经济合作的进程；二是为了我国形成全方位开放新格局，这对中国在适应国内外经济合作新变化的条件下，实现全方位开放的战略具有创新意义；三是有利于中国寻觅新的经济增长点，以及实现从“引进来”再到“引进来”“走出去”并重的重大政策的转变；四是为了促进我国欠发达的中部与西部地区的经济发展，有利于东部地区进一步扩大对外开放度；五是海上丝绸之路的实施，有利于我国减少对南中国海与马六甲海峡的依赖，从而降低风险程度，并为建立海洋大国创造条件；六是有利于促进相关地区的改革，以适应新的对外合作要求。

在现今条件下实施“一带一路”倡议，必须以提高新技术为依托。为此，需要调整产业结构，改变经济增长方式，而要做到这一点，就必须进一步深化改革。简而言之，“一带一路”倡议体现了我国三大战略思想：一是适应全球政治、经济格局的新变化，从长远考虑培育与提升我国的国际地位与影响力，以及新的竞争优势；二是“一带一路”成为新时期中国对外经济外交的重要平台，是中国经济发展战略与对外经济发展的重要组成部分；三是为了我国经济的稳增长，实现新一轮全方位开放格局。“一带一路”倡议能否顺利实施，最终取决于能否取得共赢。

在推进“一带一路”的实行过程中，可能遇到的矛盾、摩擦、风险表现在五个方面：

第一，“一带一路”沿线国家很多，这些国家在文化、民族、宗教信仰方面千差万别，我们在那么多国家都有很好的研究，熟悉他们的国情，因此在与这些国家的合作过程中，难免产生矛盾和摩擦。

第二，沿线国家都是主权国家，都在自己的地区，参与了不同国家主导的经济合作组织。这样的项目交织在一块儿，如何处理好“一带一路”的关系，就成了一个很复杂的问题。所以我们一再强调，要与“一带一路”沿线国家加强政策的沟通，而真正做到政策的沟通是非常难的。

第三，不少沿线国家合作的条件比较差，比如经济发展水平低、国家政策不稳定，还有最近发生的事情。另外还要考虑到安全的因素，目前存在着带有国际性的恐怖活动是不能核实的因素。

第四，从国际关系而言，一些国家和组织在推进“一带一路”倡议过程中采取了挑战措施，比如美国的TPP。又如日本，其在2015年5月21日宣布，今后五年，在亚洲的基础设施投资增加三成，包括亚洲开发银行在国际金融发放的贷款在内，总的投资额达到1 100亿美元，这都是竞争的体现。

第五，我认为，直接的风险是投资风险，这是非常严重的问题。“一带一路”重要的项目，都是通过投资解决问题。我们大家都知道，只要是搞基础设施，投资用在什么地方；像这样大的项目，高铁等能不能有经济增长点，还是有很多问题的。首先是投资效益不会很高，因为“一带一路”投资主要是在交通设施领域，效率低，周期长，交通设施主要是高铁港口、高速公路等项目，而这些项目往往靠自身。另外，一些国家政治不稳、政策更迭加上信誉度差等因素，投资的安全能不能保证也是较大的问题。

“一带一路”：交流沟通与互信不足（印中经济文化委员会秘书长默·萨其布）

“一带一路”和沟通与信任之间有关系。“一带一路”是一个非常伟大的倡议，它会让所有人受益，人们也意识到了这一点，有许多我们国内的人对此也非常感兴趣。从官方的角度看，印度还没有完全参与到“一带一路”建设中，但是在印度，我们也有很多的相关讨论。一般来说，大家都认可这是一个很好的倡议。我们也进行了一些经济方面的讨论。如果我们完全投入进去，可以使GDP至少上升0.5%。为什么现在“一带一路”对于印度来说非常重要，我想可能主要是因为印度和中国的目标方向是一样的，虽然采取的道路不同。现在我们的新政府推出了新政策，是以发展为导向的政策。我们要发展就要有投资，中国就是最好的一个投资国；我们需要很多的基础设施投资，而且还有很多其他地方需要钱，中国手里有很多的资金可以帮助我们进行发展。那么为什么我们还没有完全地投入到“一带一路”建设中，我想可能就是因为有沟通的问题。

我觉得沟通可能是中国比较欠缺的地方，中国没有很好地将自己的政策愿景很好地实施，同外界进行交流和沟通。如果真的让印度加入“一带一路”，我们的倡议对中国肯定是很有好处的，因为我们是中国最大的邻国，而且对亚洲乃至对世界来说，印度都是非常重要的大国，和印度合作对中国而言肯定是双赢的局面。

第二点就是要达成共识。你们需要一些确实的数据。在民主的国家里，我们需要看到黑白清楚的事实。在“一带一路”的倡议中，我们看到有一些省会牵涉进来，有一些省可能在政治预测方面影响力不是那么大，那么你们可以向这些省介绍，如果你们加入“一带一路”倡议，你们会获得怎样的经济收益。你要给他们具体的数据，让他们幸福，那么省政府自身就会加入并推动中央政府加入这样的倡议，从而能够受益。在中国和印度之间，存在着一些问题，但实际上，这并不是非常重要，我觉得印度的潜力比中国在电视中看到的要大得多，比人们在电影中看到的要大得多，你们需要了解印度。

你们需要让省政府自下而上地推动中央政府也加入进来。像 ALAB 这样的倡议，印度也是非常地积极，率先参加并且加入，今年就开始启动了。所以现在我们也可以进行这方面的工作，我们需要一个合适的工作方法。在印度，我们没有看到一个中国机构，能够代表中国向印度介绍中国，就像印度政府和印度人民介绍中国那样。印度也是人口大国，而中国在印度没有一个中文的电视台，我们收不到中文电视台，在印度没有中国的杂志，也没有中国的报纸，除了中国外交使团之外，我们没有看到介绍中国的事物。世界其他国家在印度都有文化中心、商务中心，等等，和印度人民与印度政府进行沟通，你不需要到大使馆才能了解一个国家。应该有其他的机构，比如日本有日本文化中心，韩国有韩国文化中心，美国也有大概 1 000 多个基金会，还有一些文化中心在印度进行活动，大家可以看到除了大使馆，许多国家都有各种各样的机构在印度进行各自国家、政府和人民的宣传。

而中国除了大使馆之外，当然大使馆的规模也很大了，但是这个大使馆还是人手不够，他们非常忙，事务很多。除了大使馆，我没有看到任何有关中国的东西。我们要有一个了解和沟通的渠道，所以我觉得中国需要做更多的事情。作为中印经济理事会，我们也会和中国大使馆直接接洽，进行沟通。我们一般的感觉就是，这个倡议肯定会让印度受益，但是中国也要有这样的机构让双方进行沟通。也不要让大家觉得中国要把人民币变成主要流通货币，这个印象是不好的，我们需要一种安全的沟通，争取印度也加入进来，为两国带来收益。

中国大陆“一带一路”倡议:“在地化”与“软实力”的挑战（台北政治大学国际关系研究中心研究员　陈德升）

我的主题是“一带一路”倡议:“在地化”与“软实力”的挑战。我认为在推动“一带一路”的过程中,这两件事情是非常重要的。我的主要重点是这几个方面:第一就是倡议者本身的政策意涵是什么,第二就是功能特色。我大概举了七个案例,探讨“一带一路”在两岸之间,有什么样的运作特质,最后我们和“软实力”对话,进行一些反思。

我们知道,中国提倡的“一带一路”可能是中国未来很重要的对外战略,既有历史的连接,在现实的国际政治中也是功能性非常强的一个策略上的布局。其跨度囊括欧亚非三大洲,怎么样能够把它有效地运作,这里面可能涉及很多复杂的配套条件。

针对这个议题,我到乌鲁木齐进行了实地考察。我也去了塔城这个地方,感受“一带一路”衍生的一些思考。我深知过了塔城就是哈萨克斯坦了。我还到过巴克图口岸。最近我也去了几个地方,像福州、广西,都是海上丝绸之路很重要的据点。

“一带一路”很重要的是促成全球经贸的形成。同时,全球治理恐怕也是一个新的议题和挑战,并牵动着地缘政治的影响,所以它并不只是单纯经济上的议题,这里面也涉及很多跨界治理和协调。至于怎么样把大家团结起来,这会涉及很多城市的议题。全球化肯定是很好的经历全球市场,事实上“在地化”方面的努力是很重要的配套条件,很多跨国企业在全球的经合过程中,必须在当地保持亲善友好,和当地的社会经济有一个良性的互动,这才能够成功。所以在全球在地化的过程中,在地化是很重要的组成要件,日本在20世纪80年代,有不少这方面的案例。

另外就是软实力,软实力基本就是文化,这个过程中怎么样能够夯实中国的软实力,在整个全球跨界里也是非常重要的条件。当时乔奈伊提出的概念具有非常大的影响力。

我们看一些案例。两岸的合作有优势也有弱点,如果我们可以把两岸的产业优势强强结合,或者能够将台湾的强项和大陆的弱项结合,这都是很好的安排和合作的理念。我觉得任何的合作都必须建立在市场这一前提条件之下,那这种合作才是可持续的合作。在这方面,双方的优势能够整合的话,就能带来一些更积极的思考。

落实"一带一路"在地化的布局和软实力的提升,是推进两岸合作一个非常重要的前提要件。另外,"一带一路"和亚投行,台湾的参与无论是对促进两岸关系的发展,还是对增进双方产业合作中的互补,都有重大意义。台湾过去非常好的经验,都可以进一步整合起来。这对两岸关系的发展还有功能性发展都有现实的意义和价值。总体而言,"一带一路"既能够连接中国历史的辉煌,也是在国际地缘政治和经贸战略里能够现实运作的策略,如果运作得好,我认为对于未来中国的发展会起到非常积极而正面的作用。

"一带一路"与中国区域发展布局(上海社会科学院城市与人口发展研究所所长　郁鸿胜)

有专家认为,"一带一路"是中国第三次"改革开放"。第一次"改革开放"是邓小平同志提出的特区建设,第二次"改革开放"是加入 WTO,这一次是第三次"改革开放"。这个"'一带一路'改革开放"与前两次"改革开放"最大的不同是,第一次、第二次都是引进外资、FDI,这一次主要是输出资本、输出基础设施投资和输出产能。

在这次"改革开放"过程中,中国区域的布局如何,它对整个的区域联动以及今后"一带一路"的建设有哪些重大影响,我们作了一些具体性的分析。从整个世界看,"一带一路"倡议是一个圈,但是在中国区域布局中,我们把它概括为"四廊一点",四条经济走廊,一条海上战略支点。这四条经济走廊,第一条是新亚欧大陆桥经济走廊,起自我国江苏省,往东面是两个城市,一个是日照,一个是青岛,起始点还是连云港,往西走是徐州、郑州、洛阳、西安、兰州、乌鲁木齐,总长一共是 10 900 公里。这个区域实际上是整个中国经济发展中的重要布局。

第二条是中国、蒙古和俄罗斯,中蒙俄经济走廊。其实这个经济走廊分两个出国口,第一个是京津冀加上呼和浩特,从蒙古到俄罗斯;第二个是天津、北京、大连、沈阳、长春、哈尔滨,然后从满洲里出去到俄罗斯。这条经济走廊实际上是代表中国区域经济的东北经济与俄罗斯和蒙古之间的联动。

第三条经济走廊是中国—中亚—西亚经济走廊。中国西亚经济走廊主要是从西宁、宁夏到喀什和乌鲁木齐。这条实际可以由乌鲁木齐到喀什，所以喀什这个地方和很多国家都进行了接轨。然后经巴基斯坦，走 3 000 公里路。这条生命线比较重要，因为中国每天有 3 万吨的外贸出口，其中 85%是走两个海峡口，一个是马六甲海峡，海岸线是新加坡这一边，另外一个海峡口就是亚丁湾，这两个海峡口一旦出问题，可能会把中国的物资、原油卡断。但是一旦从喀什打通到巴基斯坦的线路，就给中国提供了陆域通道。这条也是非常重要的生命线，当然从喀什出去以后到巴基斯坦，还有一个是到西亚和中亚的生命线，中亚和西亚经济走廊对我们中国经济的发展和对外的经济贸易也是非常重要的区域。

第四条是中南半岛经济走廊，这条经济走廊比较复杂，是从云南、昆明到广西，然后从南宁、青州，再往南走，经越南、老挝，一直到新加坡。中国区域是和金三角区域存在共同的理解和发展问题。还有一块儿就是东南面，这个区域有马六甲海峡、台湾海峡和菲律宾海峡，这个海湾应该是属于战争湾，如果我们在中国布局，在贸易区建设过程中形成一个非常良好的区域合作局面，那我们就可以把原来的战争湾变成发展湾。从这个区域往北走，可以到贵阳，到重庆，到成都，所以这个区域的发展形成了三条国际战略。现在浙江已经开通了义新欧线路，从义乌到新疆到欧洲，所以新疆是非常重要的，我们国家“一带一路”倡议的重要区域。

我们还可以看到，新亚欧大陆桥建设过程中，有一线是往苏州方向来的。在长江三角洲，现在正准备开通，即苏新欧线，苏州、新疆、欧洲，这样的区域发展是很重要的布局理念。

最后一个就是海上战略支点，实际上这个是依托了改革开放的 17 个沿海开放城市，以及环渤海、长江三角洲、珠江三角洲，在东南沿海的战略布局中都可以向太平洋、印度洋开发。所以中国的海上战略就是两洋两极，走出太平洋，联手印度洋，这是我们对整个“一带一路”建设的基本认识和基本判断。

“一带一路”倡议与中—阿历史性合作机遇（卡塔尔外交部亚洲事务高级专家　加·艾哈迈德）

阿拉伯国家是丝绸之路的贸易伙伴。阿拉伯国家如何在这一战略中实施它们的责任和义务呢？我有以下的建议。

首先是建立现代的基础设施，使这个区域以临近的距离建立联系，使用阿拉伯国家自己的金融资源，并且从国际的一些金融机构，比如亚投行中获得更多的支持，还有包括丝绸之路基金这样的支持。同时，我们还要加强、改善我们的口岸能力，建立一些现代的新型口岸。阿拉伯联盟也需要建立一种集体式的机制和机构，与我们的成员国家进行更好的沟通。

我们要建立一个机制，要建立阿拉伯国家和中国的私人领域的一些合作。同时，我们还需要更好地建立起阿拉伯国家的金融机构，比如像科威特基金，并且与丝绸之路沿线国家之间进行更好的沟通和对话，从而建立起一些金融领域的更好的合作项目，使我们能够更好地在中东部地区推进丝绸之路建设，并且签署更多的自由贸易协定。

我们当时也看到了一些问题，比如政治和安全轴心的问题。从中国历史而言，它在中东地区很少发挥一些安全维护性的作用，但中国现在不能再忽视这样的角色和职能了。目前这样的地区政治局势，要求中国早晚要在中东地区开发一种比较有效的地区性安全战略，以在一定程度上维护该地区的稳定。

在我看来，“一带一路”倡议，将会使中国和阿拉伯国家在经济和贸易关系上的旧格局，转换成新格局。在这一新格局里我们将会突出强调这一地区的安全性保障，如果没有安全性，我们不可能在这里开辟更多的贸易通道。而那些相关的战争或者冲突，将会延缓“一带一路”倡议在这一地区的部署和推广，因此我想再次强调，中国维护这一地区的安全稳定性的作用将会进一步发展。

公民社会是非常重要的一些组织和机构，能够帮助我们提升国家在这一地区的形象。“一带一路”这个倡议对大众合作方面有着非常重要的职能和作用，因为我们需要找到一个机制签署公民社会之间的协议，比如中国、阿拉伯友谊联盟的建立，一方来自中国，另一方来自阿拉伯的一个国家，等等，类似和约的签署，有助于双方的合作沟通。作为卡塔尔的外交部部长和学者，在了解了合作国家委员会和中国的一些相关研究后，我们觉得“一带一路”的举措非常之重要。

我希望我们能够一起提出更多的倡议。最后，从挑战方面来看，建立阿拉伯国家的“一带一路”项目，我们有几个重大的挑战。一个就是我们所说的安全渠道，这个是直接影响中国“一带一路”倡议部署的前提。当时有很多中国学者或者专家说，如果这些地方的动荡进一步发展，我们就绕过这个区域，或者至少是延缓这个区域的项目部署。我觉得对我们这个战略的部署来说，安全问题是最重要的一点。中国必须找到一个机制，来与该地区的国家进行合作，来维护地区安全，同时打击不稳定因素。

另外，有关巴勒斯坦的两个问题，也有可能是我们战略部署的挑战之一。该地区的主要国家，相互之间缺乏协调，缺乏互联项目。我们发现，以色列、伊朗，它们各自有自己的愿景，但是相互之间没有磋商。这些也是“一带一路”倡议部署实施的最大障碍之一，因此我们需要有一个机制，使区域性国家能够进行更顺畅而规律的沟通。

“一带一路”建设的路径选择——以21世纪海上丝绸之路建设为例(云南省社会科学院研究员　贺圣达)

“一带一路”建设是一项关系到中国与数十个国家的多方面、长期的战略性合作。仅就21世纪海上丝绸之路建设而言，涉及的地域相当广泛，国家众多，海上丝绸之路沿线各国、各地区(东南亚、南亚、西亚、非洲东北部)的国情及其同中国的关系也各有特点。因此，在建设路径上，要基于共商、共建、共享的原则，充分发挥中国与海上丝绸之路沿线各地区、各国现有的良好双边关系、双边合作机制和合作平台的作用，从中国与沿线各国、各地区的双边、多边各个方面、各种渠道的对话、磋商、合作，到海上丝绸之路整体对话、合作，逐渐推进。

1. 充分利用已有合作机制和合作平台，主动积极推进合作。中国作为“一带一路”建设的创议者，当仁不让，要主动积极发挥发起国家的推进作用，充分发挥中国与海上丝绸之路沿线各地区、各国现有的良好双边关系、双边合作机制和合作平台的作用，加强与海上丝绸之路沿线各国双边的和区域性的合作机制(例如中国-东盟“10＋1”、澜沧江—湄公河流域合作)在共建“一带一路”方面的沟通，以“五通”即政策沟通、设施联通、贸易畅通、资金融通、民心相通为主要内容，开展多层次、多渠道、多方面的交流，共商相关合作项目，制定推进合作的路线图，作出落实合作项目的具体安排，开展在双边合作项目方面先行先试，争取成熟一项实现一项，取得实实在在的成果，激发各方面的积极性，并且发挥引领和示范效应。

2. 加强对话对接，增进共识，明确建设愿景。深入研究沿线各地区(东南亚、南亚、西亚)、相关各国近5—10年的发展战略、规划及其对共建21世纪海上丝绸之路的认知、诉求,加强双边、多边的政府、企业、智库、媒体、非政府组织的交流与合作。通过多种形式的对话,增信、释疑、解惑,更好地明确中国与海上丝绸之路沿线各地区、各国在政策沟通、设施联通、贸易畅通、资金融通方面的契合点;增进沿线各国在共建21世纪海上丝绸之路方面的共识和政策协调;共同打造开放、包容、均衡的海上丝绸之路经济合作架构;形成更为明确、具体的中国与东南亚、中国与南亚、中国与西亚国家和地区乃至中国与海上丝绸之路沿线各国的《21世纪海上丝绸之路建设愿景》。

3. 设立"共建21世纪海上丝绸之路高层论坛"。论坛可由中国与沿路各国共同发起,设立秘书处或者组织委员会,邀请海上丝绸之路沿线国家政界、经济界、学术界和民间(包括非政府组织)有影响的人士和国际性区域性组织的人士参加。每年在海上丝绸之路沿线重要城市轮流举办,以共建21世纪海上丝绸之路为主题,在超越双边的层面上,坦诚探讨共建21世纪海上丝绸之路的相关问题,增进共识,欢迎提出新思路、推出新举措、创建新机制,破解各种难题,促进整体推进21世纪海上丝绸之路建设。会后发表以该城市命名的推进共建21世纪海上丝绸之路的共识或者宣言,出版中英文双语版的论坛论集,作为共同推进构建21世纪海上丝绸之路整体性合作的建设性文献。

地方政府在"一带一路"倡议中的角色分析(波兰罗兹大学东亚系教授 梅德明)

我今天的汇报报告有三个重点,第一个是理论问题,第二个是"一带一路"倡议,第三个是中国和欧洲地方政府的合作。

从理论角度来说,国际关系方面有好多的内容,从我们的学术界来讲,我觉得理论问题很重要。所以我们可以从其内容的各个方面来研究,比如国内制度、国际环境、经济发展、利益团结、民意态度,这些在国家或者国际关系中都很重要。我个人选择国内制度,我发现对"一带一路"的合作来说,它是很重要的一种东西。

为什么我讲地方政府?我发现它并不是习主席所提,而是胡锦涛在2006—2009年提出了"桥头堡"概念。三个地区,黑龙江、新疆和云南,对中国外交有很大的作用。他用"桥头堡"概念,也很重要,这是第一。

第二，我们必须靠国家利益，从地方政府角度来说，国家利益也包括地方政府的。这种“一带一路”的新倡议或者战略也是很重要的东西，然后我看到中国政府的地方性，所以我提问题了：如何理解对口援助？这种对口对“一带一路”的概念有哪些影响？我们看到了新的现象，波兰的中央政府教育部和中国河南省签订合同，从历史角度来说我们没有见过这样的情况。地方政府“一带一路”和安全的也是重要的，地方政府的非传统安全问题，就由地方政府负责。加强地区合作，对促进地方经济与社会发展等也是很重要的。

从我们波兰角度来说，沟通是很重要的。我们知道波兰和23个中国地方政府确立了合作，韩国3个，日本2个，所以我们现在觉得，从这种角度来说，在波兰，中国是一个火车头。

“一带一路”的研究，我们可以从三个层面进行。一个是中央，一个是地方，一个是私营企业、中小企业。我们可以看到中央政府的外交战略，安全外交的大国关系，以及我刚才说的促进地方政府经济发展。从中国角度来说，就是中国西部和欧亚桥的贸易关系。私营企业我觉得很重要，我讲一个案例，昨天华东师范大学的老师讲“一带一路”时提出，在政治方面非常重要的，一个是战略的问题，包括中亚政治发展和稳定恐怖主义，以及俄罗斯和东欧的关系，和欧盟的关系。中国西部发展的周边环境，今天欧洲的政治经济社会的稳定是很大的问号。另一个就是政治后的时代，对好多老百姓，从欧洲讲，是没有什么影响的，主要是宗教的矛盾。

最后，我觉得加强“一带一路”合作模式需要理解我们刚刚谈到的异地化。但是，中国中央政府吸纳什么经济模式和自贸区，这是一个大的问题。地方政府我觉得是非常重要的，所以我个人认为需要研究分析的最重要的就是中国的地方政府，对于“一带一路”是什么态度，有什么作用。地方政府是“一带一路”合作的火车，没有地方的合作关注就没有“一带一路”。

“一带一路”与中国和巴西关系转型（澳门城市大学校长　张曙光）

澳门是中国的一部分，是“一国两制”之下，在运行的一个特别行政区，所以澳门在推行国家“一带一路”的倡议方面有着大的课题。

我今天的报告是研究团队的子课题的初步成果。这两天大家对“一带一路”，有的叫倡议也好，有的叫战略也好，有很多深入的讨论。当中有一个问题就是“一带一路”到底是一个各方面策划都很详尽的战略，还是像目前一位学者讲的，仍处于协议的阶段。通过研究，我们发现，“一带一路”这样一个倡议，在推行的过程中，可行性非常之大。所以我们今天就看看中国和巴西的关系中，两国在“一带一路”建设方面是怎样先行的。

第一，我们的政治意愿，推动合作的意愿越来越强烈，所以双方的企业界也好，学术界也好，政策的决策层面也好，这方面的交往越来越常规化。第二，前面很多专家都提出来，特别是日本学者讲的，在“一带一路”的合作之中，走向机制化非常重要也非常困难，而这也是中巴之间走向机制化，而且是深度机制化的一个特点。中巴之间2004年形成的高层协调与合作委员会，非常系统，包括六个工作组，有六个分委员会，而且部与部之间联系非常密切。第三，中巴之间是以高端起点合作，特别是在科技方面，而且科技方面的共识非常明显，都是为了脱贫致富，增加就业，解决社会问题，增强综合国力，所以双方在2009年就签署了科学技术创新合作工作计划，来指导中巴之间的合作。第四，中巴之间有长期的工业合作框架，从2012年到2021年，所以是和中国发展相匹配的。而且最有意义的地方是，中巴战略合作有一个基础，两国均被定性为发展中国家，制定目标的依据都是高度重视三大支柱产业，因此双方达成了四点政治共识，确定了三个重点的合作领域。所以可以看到，中巴之间合作的起点高，程度深，而且相当系统。好，现在“一带一路”来了，为中巴关系的提升带来很大的机遇，同时正是由于中巴之间关系在过去的发展，使得“一带一路”在巴西实现有了一个非常好的保障。我这里的观点就是，“一带一路”在中国来说，不是一个大家所讲的经济外向，而是一个对外经济谋略的新战略。

“一带一路”对巴西，对这些南美国家是有一个明确的延伸的，大家都非常高兴，3月28日，三部委中明确了其延伸到南太平洋，然后到巴西。所以中巴之间合作，经济上是有基础的，大家可以注意到巴西是中国在拉美的第一大投资贸易国，在金融、农业、服务业方面都有战略对接的潜力。昨天的大会中讨论到，在“一带一路”建设中最受重视的就是这几个部分，而其也恰恰是中巴多年合作的基本领域。中巴贸易额也很高，另外，中国对巴西的投资情况也非常不错，投资有近200亿美元，现在看来50%左右是成功的。实际上中巴的“一带一路”合作已经开始起航，这方面的合作最重要的就是中巴之间的两条铁路修建，不仅是进入了讨论的阶段，而且已经开始融资考察、前期的设计准备，这个铁路如果建成，战略意义非凡，产能合作也很多，我就不具体说了。当然也有较多挑战，挑战之一就是中巴目前还是属于金砖国家行列，双边之间仍受制于金砖国家的合作。

还有对外战略的非对称性，特别是关于是不是使用武力或者制裁方面，中巴之间并没有形成统一的共识。此外，双方对对方未来的经济情况都不是很确定，深度了解非常不够，相对来说，在巴西对中国的研究实际上比中国对巴西的要好。所以我们想作一个简单的报告，我始终认为中巴建设全面伙伴关系利益大于挑战，“一带一路”在巴西是完全可以实现的。

“一带一路”之南亚：机遇还是威胁？（云南财经大学印度洋地区研究中心副主任　朱翠萍）

南亚大国印度为什么将中国的“一带一路”倡议视为威胁并对其南亚邻国的参与进行干预？本文首先基于南亚的地缘特点分析其在“一带一路”中的角色；其次，论述南亚主要国家对“一带一路”战略持怎样的态度，以及为什么会有这样的态度或反应；接着分析南亚参与“一带一路”共建的潜力和前景，以及“季风计划”与“一带一路”对接的可能性。

南亚到底有什么作用？南亚的地理位置有三个显著的特点。它是东南亚、南亚国家的交汇地点，在地理上形成了独立的单位，东西分别是孟加拉湾和阿拉伯海。南亚国家包括巴基斯坦、阿富汗、尼泊尔等，都是通过陆地或者海洋相连，但是都不毗邻。所以南亚在大的全球战略中具有举足轻重的作用。无论从规模还是地理优势看，印度都堪称地缘政治和安全的中心。另外，南亚的另外一个国家，巴基斯坦，拥有高端武器，但是经济规模和潜力与印度还没有可比性。巴基斯坦是中国进入波斯湾、阿拉伯海的重要门户，也是中国重要的能源通道，而且中国还与阿富汗等具有丰富能源的中亚国家相连。所以无论南亚还是印度洋，都是中国重要的贸易和能源通道，也是独立的单元。

“一带一路”真的是地缘政治战略吗？从国家的角度而言，一定是地缘经济战略。经济互动的过程中，不可避免会涉及政治安全因素，或者经济利益之争，引发政治之争，但是肯定不是中国政府本身的意图。

缺乏互信和沟通导致了南亚国家特别是印度对中国“一带一路”的疑虑。但是通过 2013 年、2014 年和 2015 年这些学者的会议调研，我感觉今年情况已经有了明显的变化，就是有更多的印度学者，认为这确确实实是中国的区域合作战略。尽管有更多的人认同，但是这依然是两国关系的最大挑战，因为虽然认同，但并不代表印度方面就愿意和中国的某些战略进行对接。

因此，一些人认为“一带一路”特别是海上丝绸之路是地缘政治战略，就将其视为威胁。通常来说，恐怖主义这样的威胁是现实存在的，会对安全和稳定造成影响，但是像区域合作战略引发的地缘战略上的竞争，这些威胁可能很多方面是政府或者学术精英们通过感受威胁，进一步地分析和构建威胁，增加了挑战。所以值得思考的是哪些是现实的威胁，哪些是人们构建和感受到的威胁。

答案是显而易见的。如果把“一带一路”认为是一种威胁，通过消极的竞争产生战略冲突，这种后果是不可设想的。但是如果是通过中国和南亚地区的合作获得收益，这个是可以计算和预测的。而且经济合作的窗口不会向同一个方向永远打开，对南亚，很多学者认为，中国大量投入中巴经济走廊，我对印度学者说，如果你们已经更快地搭上车，坐在前面，与中国开展实质性合作的话，也是能够获得很大收益的。

关于南亚各国的态度，当然印度是比较谨慎的，无论学者、政府、官方都比较谨慎。而这两年一个明显变化可能是更多学者开始认为这是一个区域合作战略，但是要真正对接的时候他们还是非常谨慎的。而且我刚才说的，经济走廊这方面，虽然印度方面表现非常积极，但是实际推动时还是考虑到印度东北部安全局势的影响。巴基斯坦是非常积极的。阿富汗因为社会动乱，千疮百孔，所以希望在经济上和中国合作。

通过经济、文化各个层次和领域来加强中国和南亚之间的互信、中国和印度之间的互信，我相信任何时候机遇和挑战都是并存的，而困难与希望也是同在的。

“一带一路”的地缘风险与挑战（上海社会科学院国际关系研究所研究员　胡志勇）

随着“一带一路”项目不断铺开，沿线国家和地区的不安全因素都在上升，这个必须要重视。在地缘政治方面，因为我们和沿线国家在政治、经济、文化方面存在着巨大的差异，中国如何与这些国家开展合作面临着诸多障碍。

地缘安全方面，一个是美国，我们要重视，第二个就是有一点，我必须要指出来，尽管中国积极推进“一带一路”建设，但是事实上亚太国家仍希望美国在亚太地区发挥积极作用，特别是政府和安全方面，随着中国在南海等问题上态度的日趋强势，某些国家不得不要求美国发挥更大的安全保障作用。还有一点是从地缘战略方面的考量，我们说美印关系，制衡了“一带一路”的发展。第四个就是三股势力，极端的势力成为影响我们国家推进“一带一路”建设的最不稳定的因素，而且沿线国家对打击这三股势力并没有形成合力，这对于我们来说，将为推进“一带一路”建设带来巨大的不确定性。第五就是另外一个邻居，俄罗斯，其一方面是欢迎我们“一带一路”带动和推动俄罗斯的发展，另一方面也对我们有很大的戒心。同时，中俄历史上的领土争议、军事争端，也导致中俄政治的互疑，双方的隔阂越来越大。还有美国在阿富汗积极构建新型网络，尽管奥巴马推迟了撤军的计划。因为今年我在法国法学院，参加了很多次国际会议，参加了很多场国际研讨会，我知道，美国在目前财力不是很好的情况下，仍然保持不撤军，从这一点就明确地反映出美国高层战略方面的希望：在阿富汗保持军队，同时牵制我们“一带一路”的发展。印度的“季风计划”，虽然规模不如我们的“一带一路”大，但是最近召开的峰会就是要牵制我们的“一带一路”或者与我们抗衡，这点必须引起我们的重视。

第一点，中国必须作好“一带一路”全部项目的投资风险评估。这一点，我们的决策部门、各个省市的发改委做得很差，因为我们长期以来都有一个传统，搞项目喜欢大跃进，没有充分地考虑到项目的风险性。所以我们必须要借鉴现有的国际经验，对潜在的风险进行风险管控。第二就是我们的“一带一路”建设面临着投资收益率低的风险。第三就是投资的安全面临严峻的挑战。“一带一路”沿线国家的政治体制、文化历史、宗教状况千差万别，而且“一带一路”所经过的国家既是目前全球地缘政府冲突的热点地域，也是全球主要政治力量角逐的焦点区域。所以我们的“一带一路”进行的对外直接投资，在安全方面都面临着很大的挑战，如何保障中国企业海外投资安全，成为我们必须考虑的一个问题。第四就是我们面临着沿线国家，不仅仅是印度，还包括东南亚很多国家，对中国误解的加深。这几年我利用很多时间去东南亚的柬埔寨、缅甸、泰国去调研，发现这些小国家对我们的怀疑、猜忌越来越大。

如何做好政府部门的角色，评估和抵抗这些潜在冲突的风险，这是我们必须面临的一个挑战。

第九圆桌议题：国际秩序与全球治理

1945 年后的秩序与当前国际秩序的演变(卢森堡 CEC 咨询公司总裁　魏柳南)

自 1945 年以来，世界已经历了三次连续的国际力量重构过程。随着 21 世纪的到来，世界又进入了一个新的力量重构阶段，目前尚难以对这种局面充分加以解读。

旧秩序的终结会引来新的秩序，而新的秩序中包括几个超级大国互相制衡，保持国际秩序的平衡。弗朗西斯·福山认为，现在所有的中国或者俄罗斯这样的大国最后都会参与到整个自由民主的政权中来。但根据 1992 年到现在的情况，无论关于自由民主，还是新的更加具有和平倾向的国际秩序，福山提出的想法都是和现实不符的。实际上自由民主的框架并没有进步，反而退步了，正如近期爆发的东欧难民危机。而关于新的和平国际秩序到来后有些国家可以分享国家价值观的这一预言也存在问题。同时，国际法律的发展也在倒退。举例来说，美国侵犯伊拉克时，联合国还曾介入并发挥作用，而今即使有许多针对 ISIS 的炸弹攻击，联合国却始终没有介入。

第二，整个世界的格局愈发分裂，全世界的社区集成体也在分裂，各个地方都有这样的趋势，很多的小国和地区都宣称要独立。全球并没有在一致的价值观下愈加团结，反而愈发分解。另外，关于自由民主也发生了不好的变化，以欧洲为例，60 年以来欧洲一直是自由民主的，但现在由于政府的力量越来越强，开始控制边界，欧洲似乎有闭关锁国的趋势，同时还伴有一些极右、极端的倾向。而在阿拉伯世界，除了突尼斯以外，很多国家都在朝极权主义的方向发展。西方原先都认为阿拉伯的一些变化可以给这些国家带来福音，但事实上却并非如此，反叛者无法掌权，反而是集权派上台。

第三，近期有一种新型恐怖主义诞生。以前人们称基地组织的活动是恐怖主义，他们的组织成员遍布世界各地，会在某几个国家发动进攻，但他们没有领土。而现在，这种恐怖主义组织构架更像一个国家，有自己的领土，并且声称要拥有主权。这些组织还提出了边境的新主张，认为对于联合国以及所有国家来说，整个边境都应该按照他们的主张来发展。另外，这些人推崇武力和暴动，并在全世界发动“圣战”。这种新型恐怖主义当下不仅威胁到包括中国在内的许多国家和地区，也对全球的安全产生威胁，世界人民都必须要正视这一问题。

最后，中国外交政策必须关注的一点就是ISIS给中国带来的威胁。2014年6月份，ISIS公布了一张未来的领土地图，其中包括了中亚和新疆，在ISIS恐怖组织中也有500到700个来自新疆的“圣战”成员为他们卖命。在本届论坛开始的前几日，有一名中国人质在叙利亚被害，中国在安理会上随即也提出了这一情况。虽然中国没有直接参与对ISIS的打击行动，但是无论从联合国还是从自己的利益出发，中国都必须加入全球反ISIS的战斗，不仅仅是要保卫中国的外部环境利益，也是保卫主权本身的利益。

共生理论与中国的国际秩序观（复旦大学国际关系与公共事务学院教授　苏长和）

当前国际秩序正在经历着深刻变革，国际秩序问题也是国际关系转型期的一个突出问题。中国一直是国际秩序的参与者、建设者、积极的改革者。中国国际秩序观既受到传统中国与外部世界关系的历史经验的影响，也受到近代以来特别是当代与外部世界打交道的影响。从共生理论角度很容易理解中国对国际秩序的追求。

第一，关于中国的世界观。学者秦亚青认为中国是依靠关系本位来思考世界，而西方更多是靠因果思维。若用因果思维来看世界，人们会改造和改变这个世界；而用关系思维来看世界，人们却会思考和建立维持这种关系的秩序。另外，哈佛大学教授张光直曾经从考古学的角度比较希腊文明和中国文明，结果东方文明走向了人与人的关系，而希腊文明走向了人与自然的关系。

第二，关于敌和友。政治哲学家卡尔·斯密特认为政治的关系是敌友关系，而中国人认为世界是按人统一的。用敌友思维来支配的外交政策和用伙伴或朋友思维来支配的外交政策会大相径庭。一个国家最危险的情况就是既在外部找敌人也在内部找敌人，有些西方国家就出现了这种情况，比如“9·11”之后的美国和现在的法国。

第三，关于如何处理内和外的关系。政治学中关于国内政治和国际关系的衔接问题现在还没有解决。同时，现在的政治制度像多党制或者“民主制”经常会导致国内政治否定国际政治，比如美国会经常否定国际合作协定。这里面有政治制度的问题，也有政治学研究的问题。怎么处理好这个问题？邓小平在1984年曾说过，同美国人的事不大好办，美国有三个政府，一个是总统，一个是法院，一个是议会，打交道很麻烦。1983年邓小平跟美国众议院代表团交流的时候，提出过美国对华政策连续性问题。他表示当时在中国的体制下，政策连续性的问题基本上得到解决，因而相应地对美国也提出一个政策连续性问题。

最后，关于国际秩序的国际政治理论。我们可以比较一下三种秩序。第一种是自由秩序，它跟中国古代的华夷秩序很相似，把世界分成好与不好、文明与野蛮、自由与专制、开化与不开化。这种秩序有一个缺点，会试图去改变别人，这会导致世界的危险。第二种是军事秩序，它相对比较能够容忍，比如维也纳秩序。第三种是共生秩序，解决内外政治怎么通过更多的来往、沟通形成连续性的问题。这三种秩序都要解决国内制度怎么支撑的问题。关于看世界的问题，自由秩序想法可能会导致混乱，比如美国和英国；而共生的秩序是强调合而自治，讲怎么跟对方合作，把双方看作一个整体，比如中国与非洲、拉美及东盟国家间的合作。

中国崛起与世界秩序演进（美国丹佛大学中美合作中心主任、教授赵穗生）

世界秩序就是整个世界的规则，关键是各国实力的分布。整个世界秩序一般是由一个相对强势的大国来领导的，比如美国。美国塑造并主导了“二战”以后的世界秩序，美国和中国都在这一世界秩序中受益。现在，中国不断崛起，逐渐踏入强国之列，这要求中国必须作出选择，是接受原有的世界秩序，还是创造一个新的世界秩序来代替原先的世界秩序。我认为中国肯定不会争霸。虽然现在中国有很多创新的观点，但并不是要打破原先的世界秩序，而是一股修正和改革的力量。中国现在不满足现有的世界系统是因为中国现在在世界秩序中并不占主导地位，为了发出自己的声音和进一步的发展，需要调整现有世界秩序的一些内容。

“二战”之后，美国带领世界建立了一个新的世界秩序，追求各个主权平等和全球化发展。在这样一个世界秩序下，各种全球系统也在融合。但冷战期间，为了遏制共产主义的发展，美国虽然制定了新的世界秩序，但做法和它提倡的自由主义逆向而行。当时有人认为中国想另起炉灶，因为中国属于共产主义阵营，但实际上中国是试图和印尼或其他的国家在联合国中努力创造一个新的国际秩序。中国认为，追求各国主权平等是和平共处五项原则中非常重要的一点。即使和平共处是很西方的观点，但中国还是很支持这种理念。

20 世纪 70 年代以后，不管是经济还是其他方面，中国越来越多地参与到世界各种活动中，比如加入世贸组织，还积极参与很多世行推动的活动，同时也加入联合国维和的一些行动。在这个过程中，中国从一股积极改革的力量变成了一股不断修正和改进的力量。

进入 20 世纪 90 年代，中国很希望能够融入整个世界的系统。2008 年到 2010 年期间，全球性的金融危机给中国带来了机会，让中国向全球表现创新的心声。2008 年，周小川开始推动人民币国际化，希望人民币可以进入 IMF 一揽子货币，打破以美元为主的货币机制。中国也提出建立国际地区联合机制和“一带一路”的倡议，在金融和经济领域不断向布雷顿森林体系发出挑战。在安全领域，中国努力在亚太区域创立一些机制，比如上海合作组织和亚信峰会，后者是中国政府提出亚洲人民要为自己建设亚洲的举措。

尽管中国在许多领域都提出倡议，但并不是要推翻现有美国主导的国际秩序。首先，中国现在没有能力取代美国去推动很普世又很中国化的一套系统。其次，中国也是现有的国际秩序的受益者。另外，中国现在还不一定能主导亚太地区，更不用说去主导世界。最后，中国内部也存在很多矛盾和问题，亟待解决。现在的国际秩序是由美国还有其他一些国家创立的，中国要做的就是将亚投行和“一带一路”这些提议融入现有的国际秩序之中。

中国需要一个全球战略吗？（德国波恩大学国际关系学讲座教授兼全球研究中心主任 辜学武）

在取得了举世瞩目的巨大成就之后，应该如何谋求更大的国家利益，这是摆在中国政府面前的一个紧迫问题。环顾全球，中国已经是世界经济的火车头、世界政治的领袖、世界军事的强龙，一个让世界所有经济发展奇迹都黯然失色的崛起明星和一个拥有五千年文明历史依然容光焕发的古国。为了完成中国最终崛起的使命，国家需要制定一个长远的全球战略，全面提出中国在全球的战略利益与实现这些利益的方法和手段，为世界各国正确理解中国的国家目标、利益诉求和行为举止打下良好的基础。

全球战略是整体的战略指导思想，是规范、协调或者指导某一个国家在全球范围内的利益、博弈或者指导其外交以及安全政策的行动宗旨。

从整个国际关系发展的历史来看，很少有国家有全球战略。冷战刚开始时，美国推行的全球战略就是遏制共产主义在全球的扩张。冷战爆发之后，这一遏制战略基本上主导了美国在战后二三十年的全球安全与外交行动，将共产主义系统排除在自由世界之外。赫鲁晓夫的全球战略就是全球和平相处，与美国互相承认对方的实力和合法性，进行竞争的博弈。这引发了美苏的一系列和平谈判，最终也导致两个全球重大事务的发生，一是中苏关系的破裂，二是德国新东方政策的形成。毛泽东时代中国的全球战略是建立全球的反霸（反苏、反美）统一战线（第三世界）。改革开放以来中国也有许多说法，比如和平崛起、韬光养晦和“一带一路”。但这都不是指导中国整个外交安全政策格局大的思路，而当下的中国，需要全球战略。

中国崛起之后成为仅次于美国的巨大的经济实体，每个国家都在关注中国的发展和动作，大家对中国都很期待。为了让全世界更加理解中国，避免误解，中国应该制定全球战略。同时，全球化以后，中国作为最大的赢家，利益已经分布全球，成为最大的贸易大国。一系列数字表明中国已经从全球化的边缘者成为全球化的领军者，而领军者需要全球战略来保护其全球利益。现在国外到处都是中国的利益，中国需要一个大的战略来让世界其他国家明确中国的目的和做法。整个中国的崛起呼唤着一个全球战略的产生。

目前关于国家主权至上还是国际人权至上的争论一直在发酵。四百年以前欧洲国家签订的《威斯特伐利亚和约》原则就是主权概念，即大小国家一律平等。国家主权并不是中国人发明的，但现在中国强烈捍卫不许干涉内政、国家主权至上这一原则。相反，美国却在慢慢滑向国际人权至上的原则。这是原则之争。对于中国来说，应该提出明显的方向。如果从儒家的中庸角度出发，把国家主权至上和国际人权至上折中来看，可能会指明一条新的道路。

中国外交的理念和实践创新：挑战与未来（清华大学中美关系研究中心主任、教授　孙　哲）

中国模式下的民生建设取得了巨大的发展，但这种模式在全世界很难被一些国家认同。中国提倡和平崛起，可是还是有很多国家对中国充满恐惧。中国如果要延续自己的中国魅力，注重西方文化对中国文化的接受，创新外交理念和实践是十分重要的。

第一，十八大以来中国外交指导思想的变化。中国丰富了合作共赢外交思想，强调公平正义、敢于担当、强军固防，并出台了“一带一路”倡议；同时强调人文外交、海洋权益，对非洲发展中国家多与少取、早与晚取，以及各种人才计划。但是理念和具体实践存在着巨大的差距。比如中国希望成人之善，敢于担当，但对于基地组织中国却立场不明。遇到具体的问题，“一带一路”也没有关于美国和欧洲的决策。虽然欧洲、美国有很多问题，但还是代表西方文明最高水平，中国需要加大政治方面的合作和借鉴。历史上的“一带一路”就是东西方两个最先进文明的融合，且从现代的解释和中美关系的角度来看，中国也不能放弃中亚国家。在这种情况下，所有的思想、理念和原则在应用到实际过程中都会存在差距。

第二，关于中国外交实践的创新措施。包括：(1)为推进自身机制建设，成立国家深化改革委员会和国家安全委员会；(2)强化部门职能，重组了国家海洋局；(3)推出外交为民的保护机制，2014 年期间为遍布世界 200 个国家和地区的 2 万家中国企业、1 亿出境人口、近百万劳务人员服务；(4)积极参与国际事务、发挥负责任大国作用，在全球发展、气候变化、中东进程、六方会谈等方面积极斡旋；(5)扎实推进各领域外交工作特别是经济外交、安全外交(涉藏、涉疆、反恐)、"新疆域"外交(网络、外空、极地、海洋),等等。中国作为一个动员性的国家,成立这些委员会很容易,但是实践中有许多挑战。首先,老百姓并不了解这些机构,比如国家安全委员会的运作方式,以及深化改革委员会在指导中国具体的市场化改革和在协调经济安全方面的角色。其次,光成立机构是不够的,比如中国要做世界互联网的领袖,光靠网办这样的机构就是不够的,需要加大网络的透明度。

第三,中国外交有所作为的外交理论和实践。比如,在推进中终极关怀的问题,遇到的挑战和问题出现在体制、原则、方法还是外交风险哪一方面?中国一定要通过改变自己来影响世界,改变自己需要壮士断腕、自我革新和自我抛弃。

中国与大叙事问题(英国伦敦国王学院中国研究中心主任、教授 克·布朗)

宏观上来看中国当代的外交状况,主要聚焦中国和大趋势这样一个主题。究竟整个框架和整个叙事的方式是怎么样的,中国在全球未来五到十年中扮演什么样的角色呢?其中有一种观点是针对中国把世界划分为不同的区域,这能够把它的核心利益勾勒出来。最主要的是地缘的临近性、物质利益、经济利益,还有一些更广的,比如创造共同的价值,这也是最复杂的问题和任务。

通常来看,划分成五个领域,一是最重要的中美关系,这是一个比较有共性的领域,获得人们最多关注,也是最多学者研究和分析的领域。二是中欧关系,欧洲和欧盟是中国最大的知识产权方面的合作伙伴,市场广阔,对于中国的物质利益而言十分重要。三是中国周边的邻国。中国有 22 个海上邻国,对于中国来说,它们在地理上和经济上都有很重要的意义,中国对于它们来说也非常重要。四是拉美、非洲、澳大利亚以及新西兰这些区域,它们是货物的供给方,也是投资的伙伴。五是混合的小国家的区域,可能对于中国来说并不是那么重要。

在整体的大框架下,2013 年习近平当选国家主席之后访问了 35 个国家,其中俄罗斯和印尼访问三次,美国两次。他的外交访问轨迹基本上覆盖了所有的大洲,拉美、澳大利亚、亚洲,还有非洲。有种论调表示习主席的全球访问是一种宏大的叙事，覆盖了前文的五大领域。从广义上来看，他们想实现共同的目标，找到共同利益的诉求点，同时也能够保持或共同巩固中国在全球范围内的角色。美国也有这样的一种大国关系的理论，这也是很多人都提到的一个观点。

中国提出的另一个宏大的叙事就是"一带一路"，对此已经出台了相关的政策文件，一些智库也已开展了相关活动。目前来看，这样一个经济的宏大的叙事，对于许多合作伙伴来说都是有意义的，为了保持机制的一致性，中国也进行了一些机制的建设。

中国的这些宏大的叙事，是想从外交政策和外交场合中来表达想要表达的故事，让人们能够在这样一个框架上找到共同的利益。同时，真正开始运作时，中国会建立起一个联盟。中国的外交行为和美国是不同的，美国有很多条约联盟，而中国需要在聚焦经济以及战略性的意义上在国际社会范围内找到其外交角色。

目前中国周边区域也有一些问题。比如中东现在给中国供给大概 50%左右的石油，对于中国来说很重要，所以中国积极地和中东建立起很好的合作关系。但现在中国也必须要注意相关安全问题，要参与到中东的安全问题中并在相应区域中扮演自己的角色。

后苏联俄罗斯的国际关系与中国对外政策研究(1992—2013)(俄罗斯科学院远东所副所长、教授　波特佳科夫)

在 20 世纪 90 年代以及 2000 年以后这两个不同的时期，中国的外交政策发生了一些变化，中国直接参与世界的机制，也签署了很多条约。与此同时，整个的国际形势以及俄罗斯的外交政策也发生了很大的变化。近年，随着一些档案的解密，我们和中国同事积极合作，开展了相关的研究。

现实中，研究一些新的领域是很有必要的，比如中国历史上的人口大迁徙，有很大一部分人迁徙到俄罗斯，而十月革命后，很多俄罗斯人也涌入中国却并没有被禁止。同时，还有包括以物换物的各种各样的贸易形式。此外，17 世纪到 20 世纪中叶中国和俄罗斯之间的关系，以及中国共产党和苏维埃共产党之间的关系，也有专门的文献记载。2005 年以后公开的档案帮助我们了解了中国当时的革命情况和与苏联合作的一些情况。1995 年,我们出版了第一部关于中国在区域政治中的历史和地理关系的专著,至今已经是第二十版了。2013 年,我们组织了大概 20 多次类似的会议来讨论涉及中国的话题。

20 世纪 90 年代一个重要的特点,就是中国学扩展了很多,俄罗斯全境都开始进行中国学研究。一些研究学者们发现中国的概念被广泛地讨论,从单极世界到多极世界,中国在这其中扮演什么角色。雅克教授也提到世界应该是一个多元化的世界,这样才会稳定。90 年代时期,莫斯科和北京的关系出现了复苏。不管是过去、现在还是未来,俄罗斯不应担心或惧怕中国,而要尽可能加强和中国的联系,因为俄罗斯真正的敌人是西方而不是中国。而俄罗斯对中国的态度,应是要继续和中国强化联系,同时保持外交政策一定的独立性。有一个趋势依旧存在,就是一些传统的带有怀疑的研究,要对中国的政策解读持保留的意见。

下个阶段是从 2000 年开始,有很多著作发表,其中《历史的形成以及中国的形成》是关于苏联分裂之后的一些情况,作者认为当时有一种挣扎和纠结,还有一些其他的历史的著作,对此有更全面的分析。

目前,中国还是俄罗斯研究的重点,中文和俄语的著作数量都在增加,涉及中俄双边关系。除了俄罗斯、中国和美国之间关系的传统研究,现在关于国际组织新的政策、中国在金砖国家中的角色,以及中国外交政策与其在国际关系中的形象研究也是值得关注的领域。

互联网 + 国际转型的研究(华东师范大学国际问题研究所所长 陆 刚)

在中国,"互联网 + "是一个热门的话题,从中央到地方各地都在谈互联网 + 。习近平的主题词是"中国梦",而李克强目前的主题词是"互联网 + "。它实际上是一个中国式的概念,具体来说就是指传统产业的互联网化。

有两个现象与互联网 + 的产生直接相关,一个是移动互联网、智能手机的应用;另外一个是电子商务的发展,促进了互联网与应用的融合。今年习近平提出了互联网 + 的行动计划,在贵州特地考察了大数据产业,在实验室观看了互联网 + 的演示。2015 年政府工作报告中,互联网 + 的覆盖面也非常广,面向政务、社会管理乃至国家管理。从国际关系研究角度来看，这会对国际关系的研究方式带来一个变化和影响。

首先国际关系研究的战略方式会出现转型。互联网+的时代同时也是一个大数据时代，互联网供应商和电商借助互联网平台充分利用大数据进行决策，使其对消费者的营销更加精准化和及时化。相比之下，国际关系学界的互联网意识和数据意识却比较落后。第一，理论研究和对策研究缺乏数据支持，这也是导致目前国际关系研究跟社会学、经济学相比还落后一点的原因。第二，缺少大数据思维。虽然有些学者重视数据研究，但在这样一个小数据的时代，最能证明其研究的就是样本抽样采集，但由于技术原因和经费各方面原因，抽样采集数量可能不够。另外，数据大部分是二手的，很多学者数据的来源都是来自凤凰卫视这样受限较少的媒体。

有些国内刊物的数据分析论文并不是为了证明事实，预测未来，也不关心国际关系发生或即将发生什么，而是为了某种比较有意识形态的理论在争论。这是其在预测重大事件时屡屡失手的原因。真正的国际关系研究必须建立在事实基础上，而高质量的研究必须分析大量数据才能获得。在模拟数据时代，大部分数据主要来自西方的媒体、杂志、学术刊物和官方文件等。但在大数据时代，大部分数据已经数字化了，而且迁移到互联网上，并且每时每刻产生数据。同时外交事务数据也会越来越多，而国内事务和外交事务的边界逐渐淡化。很多国内事务比如廉政问题、高考、股市、食品，包括上海发生的踩踏事件，任何一个热点都可能成为国际事件，这要求外交部门也要作出反应，也需要数据。

其次是国际关系研究方式需要转型。现在的研究主要依附于单位，决策层主要是通过单位的流程转到决策机构，所以国际关系学者比较依赖于单位。但单位也有限制，单位最关注的是本部门的利益，不会关注社会的影响。如果与本单位的政绩无关，有些迁延性的课题会受到冷落。单位的另外一个负面作用就是排斥协作，每个单位都想独占研究成果。但新的互联网+会打破这样一种界限。

最后是关于国际关系研究主体的转型。比如谷歌地图还有联合国的一个全球脉动的项目，都需要成千上万的人合作。现在的“一带一路”的地理信息系统，也需要大量的数据。培养一个人才最起码要十年到二十年的时间，但如果用互联网思维，比如瓜达尔港，当地的华人和中国的学者完全可以取代这样一个作用。希望互联网时代国际关系的转型会给国际的关系研究带来更多的活力和空间。

南非—中国:一种互利互惠关系(南非前总统府部长 伊·帕哈德)

南非和中国的关系在过去的15年中有了显著的发展,自从两国在1998年正式建交,两国关系在四个领域有了长足的发展。第一,中国帮助南非摆脱了殖民。第二,共同的国际战略方式。第三,中国支持南非的发展。第四,建立起全球改革和公平。此外,双边贸易也十分重要。2009年中国和南非签订协定,双边贸易达到了历史新高651亿美元;2018年这个数据可能还会有新的突破。

中国和南非创造互利共赢的伙伴关系有很长的历史渊源。中国帮助南非摆脱了殖民。1949年,毛主席上任后,南非政府认可了中国的合法地位,支持中国在联合国中的地位,奠定了中国和南非关系的基础。虽然曾受到中苏关系的影响,但在邓小平上任之后,中国和南非的关系又再一次回到正轨上。1993年,两国关系继续强化,两国的元首频繁互访,这给双方的发展提供了动力。1998年,南非总统访问中国,提出合作框架,互惠互利。同时江泽民访问南非,再次重申加强对话,加强高层合作,达成38项协议。认识到两国南南合作的重要性,中国支持南非加入金砖国家组织。中国和南非的合作在气候变化领域也非常密切。另外,中国驻南非大使对于中国南非过去15年关系长足发展、快速发展以及南非的发展和经济的进步表示非常欣慰,希望能够尽快建立起更全面的合作伙伴关系。2013年习近平主席访问南非,和总统祖马进行交流,表示要进一步深化两国的战略关系。双方建立联合工作组,对贸易、基建、投资、能源、通讯、文化和人才交流方面进行进一步的交流。所有倡议都极大地强化了中国和南非的合作关系,过去15年的友好关系为未来提供了更好的发展基础,中非合作论坛也正在筹备中。

另外,在共同打击恐怖主义这件事上,不应局限于特定的国家、大洲,或一部分世界,这是国际性的行动,需要全球共同努力。单靠一个国家的力量是无法有效打击恐怖主义势力的,而必须要国际合作,在联合国的框架下展开行动。

最后，关于中国推动非洲国家和非洲大陆发展的问题，西方有些言论运用媒体、分析和相关的机构来描述，认为是中国获益于非洲大陆资源，成为新的殖民者。这实际上是一种不合适的言论，会让人们对中国产生误解。作为一个整体，不管是中国还是非洲，都需要对这种言论作出一些回应。从南非的角度来说，应对这种言论需要继续加强双方合作，避免不合适的新言论产生。

构建一个和平共处、互利共赢的亚洲地区秩序（中国社会科学院美国研究所研究员　陶文钊）

这次金融危机之前，大家普遍认为欧洲的架构比亚洲要先进，有学者甚至认为在地区一体化进程方面，亚洲比欧洲落后 50 年，然而金融危机暴露了欧洲架构中的很多问题。另外，亚洲到现在为止还是世界上最富有活力的一个地区，其中包括中国和印度。活力本身就带来不确定因素，因而中国的崛起成为亚洲安全架构和世界秩序中一个非常大的变量。

如今亚洲地区的架构实际上是两种结构的混合体。一种是冷战遗留下来的架构，主要就是以美国为圆心的三个同心圆的政府结构，最靠内的同心圆是美国的同盟体系，第二层同心圆包括中国、印度、印度尼西亚等其他国家，最外层就是东亚峰会、APEC 等这样一些地区架构。同心圆中最重要的是美日同盟。冷战结束后的二十几年中，美国所谓的“制日派”等不遗余力地推动美日同盟的调整。在克林顿、小布什和现在奥巴马总统任内，美日同盟进行了三次调整，如果有战争，美国不需要日本冲锋，但必须要日本提供各种各样的后勤保障。美国的目的也一步步达到，因而美日同盟今后会对这个地区的安全形势产生持久影响，值得持续加以关注。而在亚洲大陆上，美国要牵制和平衡中国，印度因为体量大，GDP、人口、领土各方面的原因，其战略意义很重要。但印度有很强的独立自主传统，冷战的时候就是 77 国集团的领袖，因而印度不会成为美国战略的马前卒。

另外一种体系是在冷战结束以后亚太地区一体化进程中自然产生的，虽然还没有完全成形，但推进的因素愈发增加。第一个因素是经济全球化，亚太地区国家在经济上相互依存。第二是政治多极化，亚太地区的一体化跟欧洲不一样,欧洲是德国和法国等大国驱动的一体化,而亚太地区是由东盟来驱动,然后由中国加以推动的。东盟在亚太合作中起了很大作用。这样的进程和冷战遗留下来的格局格格不入,但亚太地区现在就是处在这样一个混合体中。中国提出的新安全观是理想,但要明确理想跟现实之间的联系和差距。就新安全观来看,现在在亚太地区还没有或没有完全成为一个现实。要推动新安全观,中国要充分地体会到一个困难,虽然美国地位相对衰落,但中国在各个方面跟美国还是有很大差距。中国的崛起本身是一个巨大的变量,这个变量增加了中国对亚太地区和全球,包括南美、阿根廷和非洲的影响力。但在另一方面,因为有很多的不确定因素,周边以及其他一些国家会对中国有各种各样的疑虑,而这个疑虑会长期存在。

最后,对中美关系提点建议。今后几十年里亚太地区的发展取决于中国,只要中美关系和谐,亚太仍然是世界上最稳定和最有活力的地区。中国和美国,包括其他国家的智库,应该共同讨论中美两国如何共生共处以及相互妥协,逐步推进中美关系的发展。

中国的新战略倡议、俄罗斯的利益和北太平洋的临时开发(俄罗斯科学院远东学部历史、考古、民族学研究所所长,远东联邦大学教授拉·维克多)

关于亚太地区新秩序的三个方面:首先是范围,我们要在哪里构建这样一种新的亚太秩序?第二,哪些是大家可以共同接受的基础性的原则?第三,哪个国家会成为这一进程的主要贡献者?

首先,很多专家都用不同的方式关注东亚的安全。关于构建新的亚太秩序的地点有不同的观点,大致有五种可以选择的领域,包括亚太地区、中欧亚大陆、东亚、东南亚及太平洋北部,其中每一个地区都有弱点。亚太地区太多元化,而且很多地区间都有相互冲突的利益。然后是由文明标准来定义的亚洲。第三是东亚,东亚有三大全球主要的力量,包括美国、俄罗斯还有印度。东亚北部虽然国家和地区不多,但相互之间还是有很多的利益冲突。中国、美国、俄罗斯这些国家只是部分参与这个地区的活动。我要提出一种新的说法,就是太平洋北部地区,包括陆地、海洋。这具有很重要的地缘政治和经济意义,因为这块地区的经济发展还有文化的互通都是有可能的。引用毛泽东的一句话：用一张白纸才可能画出最出色的图画，写就最出色的剧本。选择这一区域会有很多益处，可以让中国、美国和俄罗斯共同起主要作用。

接下来谈到如何构建北太平洋地区，理论上来说并不难，可以把威斯特伐利亚秩序和新兴国家的一些利益都考虑进去，但做起来却很难。要构建新的秩序就必须要保持各个利益或各个权力方面的平衡。现实中，各个国家之间的利益和权力都会有冲突。在新的秩序中要达成一种平衡，会有很多障碍，包括国家野心，包括错误的理解，还有历史的恩怨。这都会给实现新的北太平洋地区带来障碍。

最后，是谁来构建这样一个北太平洋地区？美国、中国、韩国、俄罗斯都提出了一些新的战略和政策，中美都有可能成为潜在的领导者。中国现在在国际事务中扮演很重要的角色，美国也在世界秩序的改变中起主导的作用。如今有一种美国和中国成为双极的诱惑力，如果美国和中国成为双极，谁来成为构建者？相比较而言，美国有更多的联盟和合作伙伴。再看俄罗斯的状况，俄罗斯越来越独立，并且在世界政治中也是重量级的角色。在中美合作或者竞争中俄罗斯将起到非常重要的作用，但美国和中国却一直忽视俄罗斯作为太平洋地区的一股重要势力这一现实。

中印共建亚洲地区秩序（印度尼赫鲁大学中国学教授　谢　钢）

参与亚洲秩序建设的包括大概 43 个国家，各国经济地位、文化水平都不一样。全球化以来，亚洲有许多新的技术方面的发展和新的看法，也有恐怖主义的事故。现在，有一种边界概念，这对于亚洲秩序来说是一种新的发展。

在 20 世纪四五十年代的时候，亚洲国家的第一个原则就是保护主权，这也是《威斯特伐利亚和约》的重要原则。第二个原则是联合国倡导的双边关系和多边关系方面需要新的发展。在双边关系方面，与中国交界的大概有 14 个亚洲国家。中国在 20 世纪五六十年代参与过许多边界方面的研究，现在已经和平解决很多边界方面的问题。

目前，亚洲地区，在中国和东盟国家、南亚国家都有自由贸易区。第一个是中国的“三不主义”，许多国家认为中国现在有防控布局方面的地位。第二个是多边方面的关系，比如说中印之间有许多合作，包括在金砖五国方面建立多边关系，还有东盟国家方面和上合组织方面的。中印逐渐有对亚洲秩序进行共建的想法。首先是和平共处五项原则方面，两国坚持20世纪50年代以来的原则，当今亚洲多数国家也坚持这一原则。其次是共赢原则。现在中国的陆上和海上丝绸之路有很大的影响。对亚洲局势来说，许多亚洲国家在经济方面逐渐兴起，多数国家也在考虑共赢原则这一方面。

未来亚洲秩序如何发展？这跟日本、韩国、新加坡、菲律宾等国有很大的关系。奥巴马在任期间，美国有一个再平衡的地位。中国、印度、印度尼西亚、越南还有日本都是崛起型的国家，这些国家之间的关系在和平和原则上很重要。我认为可以参考借鉴欧洲的协调制度。另外是多边方面。去年5月份上海的亚信峰会上，提到了亚洲国家要关注安全和亚洲管理。虽然印度认为美英关系很重要，但同时也在担心中美关系。

关于印度的外交政策方面，2013年奥巴马总统提出了关于新型大国关系中共同安全方面的理念，但并没有看到印度、日本、印度尼西亚和越南的地位。所以我们认为对于别的亚洲国家来说，G2就是一种独立的集团。

勾画形成中的亚洲新秩序（中国国际问题研究院中美关系研究中心常务副主任、研究员　刘学成）

冷战结束以来，在全球化和区域一体化的大背景下，亚洲大陆的秩序正在发生广泛而深刻的变化。关于亚洲新秩序，人们在观点和理念上有五个方面的差异，包括亚太合作框架还是亚洲合作框架、排他性的联盟关系还是包容性的伙伴关系、地区一体化还是地区碎片化、霸权领导模式还是集体领导模式、合作共赢还是零和博弈等。

关于驱动的力量，有如下几方面。第一，以亚洲国家主导的、以创建自贸区为特征的经济一体化进程成为亚洲一体化进程的先导，并将影响地区政治安全格局的形成。第二，以跨境的非国家角色驱动亚洲合作应对。第三，以基地组织为代表的宗教极端主义和暴力恐怖主义及有组织的跨境犯罪。

亚洲新秩序运作的原则，以东盟、南盟和上合组织为例，可以归纳为六个方面。第一，和平共处五项原则仍是亚洲新秩序普遍遵循的运作原则。第二，平等互利、合作共赢的伙伴关系，不搞针对第三方的军事联盟。第三，尊重文明的多样性和发展道路的自主性。第四，坚持平等的集体领导，反对霸权领导。第五，倡导包容性的开放地区主义，不搞排他性的集团政治。第六，坚持循序渐进和协商一致，照顾所有参与方的舒适度。

关于亚洲新秩序机制框架的问题。第二次世界大战之后的国际体系局限于国际层面和双边关系，比如联合国、世行、IMF、WTO等，联合国还规范了主权国家之间的双边关系，但缺乏全球层面和双边层面之间的中间层次的合作机制。冷战结束之后，地区一体化进程发生在中间层面，弥补了国际体系中的空白。而亚洲一体化进程主要发生在次区域层面。另外，亚洲层面上的合作进程仍停留在搭建各种对话平台。同时，亚洲一体化进程还体现在泛亚项目合作，如孟中印等互联互通的项目。

关于中美应对塑造亚洲新秩序的战略举措。首先，中国以其地缘经济优势塑造亚洲新秩序，建立各种自贸区和推进“一带一路”建设，而美国以其地缘政治优势强化其在亚洲的主导地位。其次，中国凭借其庞大的市场容量和人文交融与周边国家构建互利共赢的经济社会文化共同体，而美国凭借其无与伦比的军事力量推进亚太再平衡的战略，强化与亚洲国家的军事联盟，并发展与有关国家的安全伙伴关系。最后，中国几乎和所有周边国家建立了战略伙伴关系，以自由贸易区为平台构建经济合作共同体，而美国利用其传统的联盟关系和新建立的伙伴关系以及其超强的军事实力，在亚洲的周边和两洋沿岸建立起军事联盟和基地力量。中美两国领导人认识到亚太是中美利益最集中的地区，努力创建避免对抗、管控分歧、相互尊重、合作共赢的新型大国关系，但是新兴大国和既成大国关系的传统理念仍在影响着这一建设性的历史进程。

关于亚洲新秩序的发展前景。由于亚洲一体化进程主要在次区域范围内发展，相互借鉴和相互补充，不大可能走向次地区的联合。根据欧洲一体化的经验，在中印日三个亚洲大国的相互关系得到实质性改善之前，泛亚洲合作机制难以构建和成功运作。同时，美国仍然坚持其在亚洲事务中的领导地位。基于意识形态的集团政治和基于权势政治的制衡战略，将是未来亚洲新秩序中的消极因素。美国力图以亚太合作机制弱化亚洲一体化进程，而事实上亚洲一体化与亚太一体化并不对立，而是相互促进和补充的，合作的亚洲有助于更大范围的合作。

构建一个和平共处、合作共赢的亚洲和亚太任重而道远，需要各国政治家的远见卓识，开创亚洲和亚太合作新局面。

中国崛起与亚太秩序（淡江大学国际研究学院院长、教授　王高成）

中国国力近十余年来迅速地成长，不可避免地改变了现有的国际权力结构及国际秩序。现有的国际及亚太地区的国际秩序是以美国为主导的体系，包括它所建立的国际制度、价值体系、行为模式及主流政策。中国的崛起必定影响既有的秩序，并展现在中美的互动关系之上。

第二次世界大战结束以来，亚太地区很长一段时间是由美国所主导的。冷战结束之后，世界形成了一超多强的局面，但其实美国还是扮演一个超强的角色。随着中国的迅速发展，其权力地位实质上也不断地提升。目前整个亚太逐渐形成一个准两强的结构，中国现在的国力比过去一超多强时代更有影响力。它首先会影响到其他国家的一些利益，对于美国超强地位的冲击最大。其次，除了对于美国之外，对于其他一些地区的大国，像日本、俄罗斯和印度，当然也是一个冲击，这会影响其他国家在亚太地区扮演的角色。

中国到目前为止强调自己是中国特色社会主义模式，这显然跟美国所倡导的自由民主价值观跟制度是不一样的，这就形成了跟美国的竞争。这个模式的存在和成功其实对美国也构成了一个挑战，美国希望其他国家都接受美国这一套价值观和政治制度。中国走自己的路，而且形成成功的典范，这也是一个对美国的冲击。由于双方之间的价值观和意识形态不一样，形成了中美之间的摩擦。外交有两种模式，一种是利益模式，以实质的利益来建构你与朋友、敌人跟各种可能对象的关系；一种是价值观模式，更偏向于理念和意识形态，妥协度比较低，不像用务实的利益去考量。这会形成中美之间另外一个问题，中国的价值观和政治制度跟美国有差异，而美国强调意识形态扩张的态度，这会形成严峻的挑战。

同时，中国的崛起对亚太秩序挑战很大的地方在于中国跟很多国家存在领土主权的纷争，以及近期大家关注的南海问题。中国崛起之后，关于过去的领土纷争，不管是从历史上、文化上还是领导人责任上，或者老百姓的期望上，都希望得到更好的解决。这就会形成中国发展和其他国家的矛盾，在领土纷争的过程中中国不可避免就会跟其他国家产生摩擦。

中国崛起也有正面的影响。其他国家对中国市场的依赖增加，甚至于与中国相互依赖，这对双方国家的发展都是有益的。

对于上述问题和未来的发展，中国扮演着很重要的角色。第一，处理好和美国、日本、印度等大国之间的关系。中美在很长一段时间还是并存在亚太地区，彼此的关系上也就是习主席强调的要建立一个新形态的大国关系，避免国际关系中所强调的陷阱。第二，中国要处理好跟邻国之间的领土主权纷争，尽量通过协商的方式来解决，增进与其他国家之间的相互了解。第三，中国应该多提供国际上公共产业的服务，包括对经济发展的援助、对海上发展跟环境变迁的协助，让别的国家和地区更肯定中国正面崛起的影响。同时，中国应该强化跟周边国家互利互赖的关系，增加彼此的相互依赖，避免冲突。

世界多极化与国际秩序发展趋势（上海对外经贸大学国际战略与政策分析研究所所长、教授　郭学堂）

现在世界到底是处于两极还是多极状态？美国无论从经济、政治、文化各方面来看仍然是超级大国，中国是后发性大国，目前各个方面的影响力都在持续上升；同时，现在大家把这两个国家的经济发展与世界经济发展联系在一起；还有反恐、环境、气候等其他方面，这种情况使大家认为未来 G2 的趋势很明显。一种判断是中美到底会走向对抗还是合作，能否跳出修昔底德的陷阱。另外一种是世界多极化，美国走向衰落，其掌控世界秩序的能力在下降，尤其是在世界安全方面，包括金融贸易各个领域；同时，新兴国家群体性崛起。很多中国人比较认同新兴国家群体性崛起这样的局面，群体性崛起就是多极化的表现形式。中国扮演世界大国的角色，包括制定国际金融、贸易方面的新规则，另外推出“一带一路”的倡议，实际上是提供一种地区性的公共产品。

关于未来多极化与国际秩序的现实本质。现在主要多涉及美国在整个东亚地区地位的问题，还包括日本突破联合国的框架，在军事化方面走向新的方向。东亚地区局势的紧张，加剧了美国地位衰落。同时，在现存的国际秩序里，大国竞争在加强，地区竞争也在加强。而恐怖主义和地区冲突挂钩，现在叙利亚危机导致了恐怖主义与地区安全密切联系在一起的局面。

关于世界秩序的重建这方面，现在国际经济秩序与国际政治形势是密切联系的，很多政治因素在其中起作用，包括双边、多边自贸区的谈判，TPP 的动机，中美 BIT 的谈判，RECP 地区经济伙伴关系，亚投行，金砖国家银行，等等。这和在冷战结束后期的 20 世纪 90 年代是截然不同。现在除了推动地区发展之外，在世界经济中，共同推进发展方面存在很多分歧。

关于传统现实主义的复兴与失落。现在出现了很多问题，比如结盟政策是否保证国家安全？实际上这是传统现实主义面临的一个问题。地缘政治与地缘经济的交织，使得现在区域联合起来实现区域的一体化，和过去又有所不同。以前是大国的手段受到制约，现在是战争手段受到制约，比如现在中东地区的局面；现在是要以区域地区联合起来抱团对抗代替国家对抗。

关于多极化与世界秩序的新趋势和新发展。这里存在区域主义与地区稳定的关系。如果一个地区有一个主导性大国，这个地区就会比较稳定。地区大国能否提供公共产品这个也是需要考虑的。另外，未来还有一个全球范围的多极化的问题。

关于中国与多极化，现在把中国当成多极化的推动者还是两极化的参与者，中国是改变世界秩序还是推动世界秩序，中国是改变国际关系还是主导国际关系，涉及中国角色的转变。国际关系的修复，有些问题要考虑，如如何避免冷战，如何避免结盟带来的传统冲突，如何推动世界经济发展。打击恐怖主义能否推动大国合作，大国合作与竞争是否是未来国际关系的常态，这些问题都是未来必须要考虑的。

世界的治理危机（北京大学国际关系学院教授，中国与世界研究中心主任　潘　维）

从 20 世纪 70 年代到 80 年代初，自美国从越南狼狈撤军开始，人们都在谈论美国的衰落。而自毛泽东去世后就有关于中国的衰落和中国可能崩溃的言论。但中国没有衰落，反而崛起了，美国也没有崩溃或衰落，而是成为单极霸主。我想以此为例来看目前的世界秩序。

首先,今天世界已经出现了治理的危机,主要有以下几点原因。第一个原因是新古典经济学的思想,或者自由市场决定论的思想,这曾导致"二战"前后的社会主义导向的政策反叛。但是自从里根和撒切尔上台以后,这个世界已经实行了 40 多年的新古典自由主义,该思想强化贫富区别,导致危机。第二个原因是促进资本流动和集中新技术的互联网的出现。在互联网时代,资本的流动性和集中性大幅度增加,"摧毁"着国家的疆界,挑战着各种各样的传统产业,甚至在某种意义上削弱了中产阶级。文化差异的壁垒以及各种传统的社会组织都在资本的威胁下变成"僵尸"或者崩溃,这使得国家的治理非常困难。第三个原因是人类前所未有的代沟。在互联网时代长大的 80 后、90 后、00 后,和我们所生长的那一代人有着思想上的重大不同,这会导致社会思想的彻底碎片化,世界出现了很多边缘人。第四个原因是每个地方的具体困难。举个例子来说,新疆的维吾尔族人从事的是绿洲沙漠经济,这种经济的农产品运输距离是最远的,所以没有利润;而另一个方面,因为宗教语言的原因,他们也没有办法加入工业化大潮中,所以成了中国最边缘的一批人。各地的具体原因和上述三类原因一起构成了全世界治理问题的原因。从北美到南美、从北欧到南欧、从北非到南非、从西非到东非,乃至亚洲各个地方都出现治理的危机。

其次,中国今天不是解决危机的源泉,它也陷入了危机,成了问题的一部分。同时,中国有很大的维稳的问题,维护稳定成了中国政府的重要工作。

再次,关于国际秩序的问题。美国认为中国在挑战其世界第一的位置,而中国一直强调双赢,不会在世界秩序中成为美国替代者。这主要有三个原因:第一,中国没有先进的"剑",也缺乏使用武器的意志。第二,中国没有一个能够让全世界感到有吸引力的"经",在可见的未来也不会有。第三,中文是唯一一个用象形字表达的语言,与其他国家在语言交流上很困难,很难相信全世界用中文,也很难让全中国人使用中文和英文两种语言。

最后是财富的问题。中国的财富总量很快就要达到世界第一,但巨大财富除以 13 亿人的时候,发生的影响就是极其有限的,也就是 7 000 美元的人均 GDP,意味着中国大量的财富要用于提高人均收入。所以从这些意义上来看,世界上只有一种办法可以解决上述问题,就是合作。中国希望同许多国家包括日本、美国进行共赢的合作,这是十分正确的。我支持中国政府提出的想法,应当从经济意义考虑双赢,而不是争夺世界霸权、领导权。

中国参与全球治理的制约性因素分析(上海社会科学院研究员 胡　键)

21世纪以来,中国提出参加全球治理体系,但从学习、适应到全面融入的过程受到很多因素制约。

第一个制约因素是关于全球治理价值的共识问题。无论最早的赫尔德还是麦克格鲁都有非常接近的观点,有的强调人权,有的强调民主,而有的强调正义。中国并没有排斥这些价值,只不过西方的理论家、政治家和中国的学者,包括政治家们对正义、民主和人权的解释不同。在这种情况下,全球治理的价值共识并没有真正达成,因而中国在参与过程中有所保留。

第二个制约因素是关于全球治理的目标问题。全球治理的理论研究者中有人强调治理的有效性,而有人强调治理的透明性,有人强调权力的分散性,还有人强调权力的集中性。在这个问题上,从内部来说中国倾向于权力集中,这有利于推进中国内部的各项改革,也有利于维护社会内部秩序的稳定。而在国际层面,在全球治理层面,中国领导人更多地是倡导国际关系的民主化。两个层面的冲突导致中国在政治上的对冲性。

第三个制约因素是关于全球治理的制度问题。有人认为治理本身就是制度本身的问题,也有人认为全球治理注重的是过程。在这个问题上,全球治理制度和中国内部的制度有一定的不相容性。若中国真的全面参与全球治理,是否能够将国际层面制度内部化?比如美国倡导的TPP,中国如果不参与这套体系,意味着中国内部的制度安排会一直保持在原有的状态下;如果中国参与TPP,意味着中国一定会把TPP制度安排进行内部化,用外部制度改造内部制度。中国传统治理主张天下主义、大一统,权力相对集中,而全球治理过程更多强调权力的分散化。

第四个制约因素是关于中国在国际体系中角色的问题。随着中国的强大,中国国际角色定位上出现模糊性。一方面中国是联合国常任理事国,但另一方面中国又是殖民体系的受害国。联合国体系本来是第二次世界大战结束前后建立起来的,倡导的是大国协调和大国主导,后来中国建立多边机制倡导的是大国小国都平等,特别是上海合作组织。尽管中国自称发展中国家,但很多情况下国际社会是把中国当作非发展中国家来看待的，这样的身份给中国在国际社会的行为方式造成了不确定性。另外，中国在崛起的过程之中，一方面能力不断提升，消费全球公共产品的能力不断提升；另一方面很多国家以及国际行为体希望中国这个崛起大国能够提供更多的公共产品，但这种消费能力和供给能力出现了矛盾。而在外交方面，中国倡导不结盟原则，包括不当头及不干涉原则，在这方面目前有如何保护海外利益的问题。另一个是不结盟原则，这可能会使中国丧失交朋友的机会，也丧失国际行为体的身份。中国作为崛起的大国，无论在为全球提供公共产品方面还是在国际秩序方面，国际社会对中国都有很多期待，希望中国当头，但中国有不当头的原则，这样的角色冲突会导致中国出现问题。

总的来说，中国要真正完全参与全球治理体系之中，需要有更多的政治智慧来消除不确定性因素和制约性因素，这样才能真正融入国际社会当中，才能真正体现中国的大国形象。

中国海洋强国战略与东亚海洋秩序（中国人民大学东亚研究中心主任　黄大慧）

十八大报告明确提出，中国要建设海洋强国。早在2013年的7月，中央政治局理论学习会议上已经专题研讨过这个问题，而今年的中国政府工作报告里也对这个问题进行了进一步阐述，可见中国建设海洋强国的战略已经成为中国的大战略，随着中国逐步走向海洋的步伐加快，东亚既有海洋秩序也将因为中国海洋力量和海洋理念的到来，而呈现出加快变革的趋势。

首先是中国在此时提出海洋强国战略的原因。我认为最重要的、最根本的原因就是改革开放30年来，中国的经济地位不断提高，经济结构已经由内向型开始转变为外向型。而依赖海洋通道的外向型经济结构的形成，是海洋国家最为根本的特征。中国正在形成市场、资源和投资三头在外的格局，对国际市场的依赖现在已经超过了50%，接近20%原材料来自国外，而投资占到60%。由此可以看出，海洋的生命线和海外重大利益地区这两大问题事关中国国家的安危。大国的繁荣要走向海洋，海洋大国更需要走向海洋。

其次，关于中国海洋战略面临的三大困境。第一个困境是中国海洋主权安全形势复杂严峻，难于重复解决。在维护自身海洋利益的同时不恶化与周边国家或者相关国家的矛盾，这是考验中国海洋战略的智慧。第二个困境就是世界大国尤其是美国的战略疑虑。西方担心中国实现海洋崛起，中国会重蹈海洋霸权战争、更迭战争的历史循环。第三个困境是如何解决既有的海洋秩序，尤其是东亚的海洋秩序困境问题的阻碍。现在的国际秩序是在大航海的历史进程中先后成长起来的，是大国相互作用的产物，尤其是"二战"后，美国成了当今世界海上的霸权国家。而中国本来是大陆国家，走向海洋就是对美国的挑战，这会损害美国的利益。

最后，关于海洋战略对东亚海洋秩序的影响，主要集中在两个方面。一方面是中国海上力量的发展在一定程度上影响东亚海域既有海上力量的格局，从而在一定程度上削弱美国在地区海洋的决定力量的优势。一般来说一个秩序包含两个组成部分，一个是力量格局，一个是规则体系。塑造秩序的标准并不仅是权力的变迁，而主要是新行为的规则出现和社会化问题。从这一点来看，中国国力即使增长再快，但只要既有的规则不变，中国受到规则的制约，要崛起就相当困难。中美之间的关系最近在南海问题形势方面比较紧张，中美之间本来不存在南海岛礁的争端问题，因为美国不是南海的利益方之一，但是中美之间存在南海行为规则的竞争。美国要求航行自由，不肯承认中国新建岛屿及应有的 12 海里的主张等，这些举动表明美国不仅仅是要以挑战中国的核心利益的方式安抚在亚太地区的其他盟友，更是要塑造南海的行为准则，进而维护其在这个地区的霸权利益。另一方面中国海洋战略的提出，使东亚单极主导的海洋秩序在理念上遇到了竞争者。中国的海洋秩序观是什么？国家主席习近平去年 11 月 17 日在澳大利亚国会发表演讲的时候，指出中国将与世界各国一道，共同维护海上航行自由和通道安全，构建和平安宁、合作共赢的海洋秩序，主张各国无论贫弱、强富、大小一律平等，不仅是权益上的平等，也是国际规则上的平等。这就是中国政府明确提出的海洋秩序观，显然从根本上有别于近代以来西方海洋强国主导的海洋秩序。

总之，东亚海洋秩序因为中国走向海洋而表现出了各种内外张力，其未来模式尚待观察。但有两点可以确定，一是中美海洋力量的对比与两国经略海洋的理念决定着演进中的东亚海洋秩序的模式。二是中美如果在西太平洋海域形成良性互动，则标志着东亚新的海洋秩序初具模型。

海上丝路与南海问题研究（上海社会科学院中国海洋战略研究中心主任、日本研究中心常务副主任　金永明）

南海问题主要有两个层面的内容。一是中国与东盟某些国家之间的南沙岛领土争议问题，以及由此引发的其他问题，比如资源开发、海域划分和海域安全问题。二是中美两国之间航行自由的对立和分歧，主要表现形式有两种，一种是传统的专属经济区内活动是自由活动还是统一活动的争议；第二种是美国军舰在南沙岛礁领海内无害通过的对立和分歧。

对于南沙岛礁领土争议问题，我国应持续地依据南海断续线主张在南海的海洋权益。中国南海断续线，是一种形状的描述，断续性是形态的描述，但是连贯性符合当时的地图，特别是海疆的实际情况。从理论意义来看，南海断续线的作用和功能主要有三个方面，第一是领土主权的功能，第二是海域划界功能，第三是中国根据历史性权利对于历史性水域拥有的管辖权或者优先的管辖权。中国对南海断续线最清晰的表述已经出现，主要体现在中国政府向联合国秘书长提交的照会当中，文字指出，中国对南海诸岛及其附近海域拥有不可争辩的主权和管辖权。关键词是“附近海域”，从“附近海域”的表述来看其所强调的主要是主权，而主权主要是指领海主权。相关水域是两种性质的海域，一种是作为成员国可以主张的海域，比如大陆架和专属经济区，还有一种是具有历史性权利情况下可主张的历史性水域或特殊性质的水域。具体在法律层面上的表述就是 1958 年的《中华人民共和国政府关于领海的声明》，1992 年颁布的《中华人民共和国领海及毗连区法》及 1998 年颁布的《中华人民共和国专属经济区和大陆架法》。从历史和法理角度来看，中国在南沙岛礁拥有明确的主权，但同时还是希望通过和平的方法与东盟国家之间解决南海问题。特别是 2013 年以来，中国开展了与东盟国家的南海行为准则的谈判，加强了与东盟国家在海洋低敏感领域（除了政治和军事以外的其他领域）的合作进程。因为低敏感领域不涉及主权，只涉及适用性功能问题，所以政策选择的是符合当今的事实现状和法律依据。中国这么做就是要实现对南海资源和行为的功能性与规范性的统一。功能性就是发挥海洋中各种资源的功能优势，而规范性是为了对南海各方行为宣言的缺陷进行弥补，使得资源开发活动和行为有一定的规范。

第二个层面，中美两国之间针对航行自由的对立，主要表现在两个方面。美国在航行自由上，一直是强调最初的文本出于 1945 年美国《杜鲁门公告》，即无害通过或者自由航行等。美国一直主张的南海航行自由也是为了进一步遏制中国在南沙岛礁的反制措施。同时，美国试图遏制中国通过军事手段强化对一些海域的控制权，试图消除中国对南海的控制权，抹煞中国在南海的进程，进而遏制中国在南海的进程步伐。从地理位置来看，根据《联合国海洋法公约》第 123 条规定，渚碧礁和美济礁是礁石，可以拥有自身的领海。中国的表述采取了模糊的战略，为今后主张领海留下了余地。但美国认为根据《公约》第 7 条，尤其是因为渚碧礁和美济礁低潮高地，无法主张它们的领海。由于无法在《联合国海洋法公约》内达成共识，所以应通过双边对话协商机制谈判解决，以增进共识和互信。美国军舰进入领海不仅违反国际法，也违反国内法。中国有三方面的应对对策，一是一贯性原则，持续进行抗议、外交召回，等等；二是确立安全的区域；三是宣布军事演习的区域，禁止其他一切船舶进入。

中国的海洋战略是和平发展战略的重要组成部分，应该服从两个百年的奋斗目标，不能夸大也不能缩小海洋的威胁。关键要分阶段、有步骤、有目标、有路径。南海问题是确立区域性海洋大国的指标性问题，东海、台海问题是海洋强国的指标性问题，要做好平衡。现在的关键是不要让海洋问题的爆发进一步损害国家利益。

两岸关系与东亚安全秩序（澳门大学政府与行政学系教授、全球与公共事务研究所所长　王建伟）

从战后历史来看两岸关系和地区秩序的关系，可以看到非常有趣的变化。冷战时期，由于美苏两极格局，两岸关系和地区的安全秩序相互之间的联动性比较强，对其的依赖性也比较强。比如朝鲜战争以后，地区的安全局势陷入一种紧张局面，两岸关系、台海关系也同样陷入紧张局面。这二者有非常强的联动关系。进入 20 世纪 70 年代，中美关系改善，地区的安全局势缓和，两岸关系也开始缓和，联动性也很明显。

冷战结束以后，两岸关系和地区的安全秩序之间的联动关系发生了非常微妙的变化，两岸关系不再完全受到地区安全局势发展的左右，而是有了相对的独立性，更多受到内部的政治因素的影响，特别是台湾岛内政治生态发展的影响。21世纪第一个十年可以看到，“9·11”以后中国利用了美国陷于两场战争的情况，开拓了和东南亚国家关系新的局面，签订了具有历史意义的自由贸易区协议，东亚的安全局势趋于平稳。但两岸局势却因陈水扁的上台陷入了非常紧张的局面。而在2008年马英九上台之后，虽然南海、东海的争端以及地区的安全局势发生了紧张的状况，但两岸的局势相对出现了和平发展的势头。所以，两者之间的相互独立性和过去相比有了很大的增强。

两岸关系出现和平发展的局面在这次习近平、马英九在新加坡的历史性会面时达到了高潮。两岸关系的稳定与和平发展不仅对两岸关系有利，也有利于中国在东亚地区的外交态势，以及地区安全局势的稳定和缓和。第一，台海局势稳定为中国加大在东海、南海进行海洋维权创造了条件。近几年来中国在海洋问题上有所作为，与台海关系的相对稳定有很大关系，一定程度上有赖于台海的和平。第二，台海和平发展，习马会缓和了海洋争端特别是南海问题引起的紧张。习马会的发生再次表明中国仍然愿意在台海问题上维持现状，而且努力想要创造两岸关系和平的架构。习马会从一个坚决的方面表明，中国最近十几年在南海有所作为是有限地维护自己领土上的一种权利，而不是无限地扩张。这让国际社会对中国有了更多了解，打消了疑虑。第三，习马会有利于中国了解美国的战略意图。美国明确地表示支持习马会的态度，说明到目前为止美国没有把台湾纳入美国的东亚战略，证明美国目前在对华政策上没有根本性的改变。中美在东亚地区还没有展开全面的竞争，竞争还是有限的，这是非常重要的认知，会有利于制定比较切合实际的对美国的战略。中美如果在亚太地区陷入全面的竞争，真正的标志就要看美国是否把台湾纳入其重返亚太和东亚的战略。

总之，两岸关系和东亚地区安全之间的互动是值得我们高度关注的。明年台湾要进行大选，两岸关系也面临变局。关于台海关系和东亚安全秩序的互动，会有三种可能：第一是地区的紧张局势缓和，台海继续保持稳定的局面，这是最好的结果。第二，次好的结果就是东亚地区的紧张局势还会维持一段时间，但要努力保持台海的和平发展的势头。第三，最坏的结果是东亚和台海都陷入紧张局势。若蔡英文当选，若其不承认“九二共识”，可能会带来两岸关系的地动山摇。如果这个局面发生，就需要美国和海峡两岸共同努力，避免双紧张局面的出现。

全球性亚洲:超越国家历史——以印中交流为例(纽约城市大学教授,上海纽约大学全球亚洲中心主任、访问教授 沈丹森)

中国和印度交流源远流长,两国无论是在民间还是在政府层面的交流都非常丰富,虽然也有争端和冲突,但应该学会求同存异,更多地融入亚洲社区以及国际社会当中。

如果要研究中国,不能仅仅从国家本身的纵向历史进行理解,而是要有横纵交错,横向联系到周边国家,才可以更好地理解中国历史上的选择和发展走向。“一带一路”的概念非常重要,不应仅仅把它作为经济的促进政策来理解,因为“一带一路”给我们带来了更多重要的信息,比如联动性,亚洲、非洲及欧洲地区之间的联动性非常重要,各个国家在经济上就是相互依存的。新丝路政策主要涉及的就是历史上丝绸之路地带直通欧洲,而欧洲地带自古就在丝绸之路上扮演了非常重要的角色。

这条丝路的经济价值和背后的流动性保留至今,主要是因为全球治理,这对于一个国家相关的道路以及周边国家的国力发展非常重要。从全球的角度来看,历史上国家内部要保持稳定,必须首先协调好周边的环境。而“一带一路”不仅是经济的策动因素,更可以帮助相关国家通过和谐的贸易往来,达到彼此之间政治上的稳定,从而和谐相处。这就是为什么“一带一路”走出了中国和个体国家的疆域,而走向世界。

回顾过去,千年前唐玄奘去印度取经,在中国和印度之间的联动给文化、历史、宗教信仰等各方面都带来了深远的影响。在古代,“一带一路”的先驱者进行贸易往来的时候,不会专门关注某一个国家,而是把交流贸易地带作为单独的领域。当时包括澳大利亚,还有中国南部,甚至韩国、非洲以及罗马帝国也参与到丝绸之路的贸易当中,与现在21世纪的“一带一路”情况相似。同时,佛教的传播途径是中国的僧侣来到西亚学习佛学和东亚、南亚的宗教,并不只是印度和中国两国双向,这其中还有其他国家和民族的参与。佛教是通过多民族共同合作才传播到中国来的,这就是古代多民族的交往。15世纪,郑和七次下西洋,从中国到了东南亚和印度,这表明亚洲几千年以来联动性一直都很强。

从国家的角度看全球，“一带一路”并不是全新的理念，应多带多路，用不同的路线把不同的地区联系在一起，用多带把全球连接在一起。最后，谈及互联互通的时候还必须要注意到其负面效应，历史上鸦片也是通过这个路线来到了亚洲。

南方丝绸之路与孟中印缅经济走廊（云南省社会科学院院长　任　佳）

2013 年 11 月十八届三中全会提出把海上丝绸之路经济带和丝绸之路建设形成全方位的开放新格局。到 2015 年，十八届五中全会又提出推进“一带一路”建设。如今，“一带一路”已成为新形势下中国全方位对外开放的新布局。

自古丝绸之路就是连接欧亚的商贸之路，它最早是向西开放，古代中国即通过丝绸之路与沿线国家进行对外交流。它主要有三个方向，包括北方丝绸之路、海上丝绸之路及南方丝绸之路。这里主要讲的是南方丝绸之路，它是历史上我国和周边邻国紧密相连的一条商贸之路，是中国丝绸之路的重要组成部分。

第一，南方丝绸之路，又称四川、云南、印度、缅甸丝绸之路，秦、西汉时期就已经开通了，是中印间最早开辟和最短的一条路。古代的丝绸之路从成都开始，第一条线经云南大理往西，通过今天的宝山和德宏，再通过缅甸到印度的阿萨姆邦；第二条线从印度的曼妮普尔邦出海，经德宏瑞丽再经仰光地区进入印度洋；第三条线到昆明后往南，经越南进入太平洋。在印度也有关于南方丝绸之路的研究。公元前 4 世纪印度孔雀王朝时期，就有一条从四川经云南到缅甸，跨越山脉到达古印度的丝绸之路。丝绸之路不是简单的一条路，路线很多，是沿线的印度、中国、缅甸、尼泊尔等相邻国家，从事商贸交换、民族迁徙、合作抗战之路。

第二，孟中印缅经济走廊是南方丝绸之路的延续、传承和升华。丝绸之路概念最早由 1877 年德国的地理学家提出，他将两千多年前古代的中国对外贸易商路称作丝绸之路。南方丝绸之路沿线四国在中印两国学术界发起下轮流举办了 12 届孟中印缅地区合作论坛。四国为推动这一区域的合作与发展进行了15年的研讨，交通的连通性、贸易与投资、旅游文化、合作机制等都是历届论坛的重要议题，为推动走廊的建设形成了共识。而现在，这条孟中印缅经济走廊已经进入了“一带一路”愿景与行动。

新南方丝绸之路的“新”体现在几个方面：一是这条千年古道从民间通道上升为相关各国政府认可和支持建设的交通运输通道；二是对陆路口岸采取通关便利化政策措施，使民间贸易上升为正常贸易；三是采取人员出入境便利化措施，让沿线人民更加自由地交往，推动边境旅游和跨境旅游合作；四是扩大走廊沿线人文交流，恢复几千年来的民间友好关系。

总之，孟中印缅经济走廊建设要以沿线的中心城市为依托，以铁路、公路为载体和纽带，以人、商品、信息、资金的流动为基础，来促进资源和生产要素的跨区域、跨国的流动，形成优势互补、区域分工、联动开发、共同发展的区域经济体。可从以下几个方面进行推动。第一，回应孟中印缅论坛的共识，共同推进孟中印缅次区域自由贸易区域。促进贸易投资便利化，降低市场准入、消除非关税壁垒，给予对方出口商品零关税待遇、确定一定数量的港口，开展转口贸易简化手续、车辆的出入境便利化。第二，要加快交通能源走廊的建设。连接沿线主要城市或中心城市，尽快对接各国交通路网规划，有限考虑连接缺失路段和相互取得共识的路网计划。第三，建设商贸物流走廊。推动四国在中心城市、口岸城市、物流节点城市建立自由贸易园区，包括综合保税区、保税物流园区、保税港区域、出口加工区域、金融服务区域等。第四，建设产业合作走廊。开展区域内的投资贸易，以及工业、农业、旅游业、交通、服务业、产业合作，构建沿线的优势产业群、城镇体系、口岸体系以及边境经济合作，启动工业园区项目。第五，建设人文交流走廊。建立人员便利化通道，开展教育、人力资源培训、语言文化交流、学术交流活动。

全球经济治理结构的演变趋势与三阶段预测（上海社会科学院世界经济研究所研究员　王中美）

本文根据全球治理结构的变化轨迹，以及重大冲突或危机对全球治理造成的动荡和变化，将“二战”后的全球治理结构演变路径划分为四个阶段。

第一阶段是1944—1972年，全球治理结构通过布雷顿森林体系开始形成并逐步稳定。美国在这个阶段成为世界的核心，并成为影响欧洲的新中心。而20世纪60年代和70年代两次石油危机，使原来的多边秩序和“二战”以后的新的治理结构受到重大挑战。1973—1994年，经过两次石油危机和发展中国家债务危机解决，进入了第二阶段，治理结构得到了进一步巩固，全球价值链得到进一步加强。通过欧洲的《欧盟条约》以及后来的《世界贸易组织协定》的确立，全球治理进入比较深层次的多边一体化阶段。第三阶段是1995—2007年，这是前一阶段成果的深化，同时又开始某种区域碎片化的反复。这个阶段世贸组织开始有效运作，欧盟则在不断扩张。但1997年亚洲金融危机暴露了目前多边治理结构上的缺陷，也致使多边结构的裂变出现。另外，新兴市场国家展现了前所未有的影响力，其在区域事务或全球资源的配置上都有了一定的发言权。新兴国家正在崛起，印度、巴西以及中国的地位都进一步得到提升。最后一个阶段是从2008年至今。随着美国金融危机的发生，过去的全球治理结构受到了非常大的挑战。另外，WTO推进的多哈回合在2008年以后毫无进展，形成治理结构裂变，在贸易保护主义高涨的情况下，多边主义开始转向区域主义和小范围结盟。美国较早发现了裂变的特殊阶段，所以不断在推进TPP、TTIP以及更高层次贸易投资方面作出努力。另一个值得注意的是全球治理的重心向亚洲迁移。

全球治理结构本身呈现螺旋式上升发展，虽然每个阶段都具有明显的阶段性特征，但一些共同的根本影响因素决定了全球治理结构演变的基本进程和趋向。这其中有三大影响因素。一是自由化因素。70年来全球治理不断放开产业、解除货币管制、削减资本项目管制，发达国家普遍解除对投资的限制，一大批发展中国家对外资开放市场并转向市场经济模式。但由此也带来了一定的风险，比如当代金融危机牵连甚广，单国对抗力量微弱。因此，每个国家都有加强合作和防范的外向需要。二是科技因素。第三次科技革命是迄今为止人类历史上规模最大、影响最为深远的一次科技革命，它打破了经济活动的空间限制，是经济全球化的重要条件。未来在先进的科学技术方面投资最大的国家，在未来5到20年内仍然具有核心地位。三是跨国公司因素。跨国公司把价值链铺到各个国家，使全球化程度进一步加深，对世界经济的影响已经完全突破了一国的国界。但在价值链上各国受益不均会再次引发不同发展水平国家的矛盾，再次动摇现有的国际经济秩序。

基于上述分析，对全球治理结构变革的三阶段预判如下：第一阶段是

2015—2020年，这是现有阶段的延伸，也是高层次区域一体化形成并稳定的重要阶段，是跨区域的一体化。美国次贷危机和全球金融危机加剧了已经出现的全球经济治理结构的裂变，使得这个阶段出现实质性转折，国际贸易投资规则全面升级。但这些调整目前没有带来根本性的变化，美欧为首的发达国家仍然是治理结构的核心，多哈回合贸易协定已经反映出发展中国家的博弈地位和全球治理地位在全面上升。另一方面，多边框架力量被削弱，全球治理成为多极并存的更加错综复杂的版图。第二阶段是在2020—2030年之间，跨区域协定进一步融入多边的框架以内，形成多边秩序的全面升级。2030—2050年是第三阶段，预计下一轮重大的经济危机将在这个阶段出现，重要的发展中国家和新兴市场国家有可能卷入危机中，这个危机导致的是更加多极、多层次的全球治理格局。

新兴的世界秩序与经济安全：中国—欧盟关系（布鲁塞尔自由大学国际关系学教授　古斯塔夫·格拉茨）

2003年以来，欧盟和中国一直都有发展战略伙伴关系的潜力，但中欧合作并不容易。因为近些年来随着中国重新崛起，其影响力日渐增强，这影响了欧洲在全球的地位，也对欧洲的身份认同和治理产生了挑战。同时，全球经济危机之后，中欧双方在经贸关系中有了更多摩擦，这对双方的战略能力产生了重大影响。尽管中欧双方有不同的发展路径，以及不同的经济条件，但双方都努力在全球经济中保持相对位置，这使得中欧相互的经济安全变得更加重要。为了应对这样的挑战，中欧双方应改进交流和协作，通过一系列的对话讨论中欧的经贸关系，并解决贸易矛盾。

中国和欧盟需要发展更可持续和相互有利的贸易关系，类似中欧高层经贸对话可提供重要的平台，通过平台可以讨论经济问题和挑战、多边合作的可能性，以及非常急切的经济安全问题等。这样的讨论不可能期待立竿见影的效果，但却是非常重要的，从长期来看，双方能够找到共同的观点对面临的问题和解决方案达成共识。以中国的“一带一路”战略为例，中欧可以倡议将中欧投资的计划和“一带一路”战略联合，互联互通。合作会给中欧带来巨大的收益，提高市场的进入，提高“一带一路”沿线国家的发展潜力。

中国的经济正在面临比较艰难的转型期，从短期和长期来看都希望能够提高利润，希望通过合作推动技术的进入和转移。而欧洲也希望能够推动经济的复苏，让经济有更强劲的发展动力，希望欧洲国家也能从“一带一路”中获得投资方面的收益，推动欧洲不发达地区的经济发展，因此，欧盟新的经济发展战略非常重视欧盟国家和邻近国家基础设施进一步发展。

欧盟和中国“一带一路”投资策略的核心在于数字技术和清洁能源方面。目前，中欧互联互通的举措已经进入了加速阶段，去年9月份北京建立了互联互通的第一个沟通平台，希望能够形成一种机制来解决中欧之间的问题，谈定合作主要条款。在互相依赖的世界中，双方合作是不容易的，不论细节还是选择项目都需要花时间，而合作项目中提高基础设施和促进就业是十分重要的。希望中国和欧盟之间在新的局面下，能够建立更稳定、更实际的合作平台，建立一种更有可持续发展性的伙伴关系，克服政府之间现有的障碍。

上海合作组织深化安全合作与地区安全治理（上海社会科学院国际关系研究所研究员　余建华）

作为冷战后欧亚大陆腹地创立的新型区域合作组织，上海合作组织成立以来即将安全合作作为重点方向和立足之基，在新安全观指导下，逐步建立以多边合作应对传统安全挑战、寻求地区共同安全的新型区域治理机制，成为包括中国在内的有关国家在中亚地区共同推进和谐地区建设所不可或缺的战略依托。

第一，关于上海合作组织非传统安全实践的路径和特征。上海合作组织从成立一开始就以安全合作为重点方向和基础，在新安全观指导下，以多边合作来应对非传统安全挑战，打造地区的共同安全。这样新型的区域治理机制，可以用四个方面概括。首先是以打击恐怖主义、极端主义、分裂主义为动力，来推进区域多边安全合作机制化进程，同时辅助成员国联合反恐军演合作，扩展地区合作领域。其次是打击跨国有组织犯罪，拓展上合组织与其他组织国际力量的空间。再次是为各成员国提供多边合作的领域平台，让能源消费国和合作国之间有了对话的渠道，以谋求双方在合作领域的共同安全。最后是寻求非传统合作与经济人文合作的相互配合，通过提高成员国政府的执政能力，对非传统安全威胁进行综合治理，谋求地区社会秩序的稳定。

第二，关于上海合作组织安全合作面临的挑战和机遇并存的新形势。相比经济人文合作来说，上合组织的安全合作取得了举世瞩目的成就，在维护中亚地区安全方面发挥了中流砥柱的作用，但同时也面临着挑战。一是国际地区恐怖主义和极端势力的蔓延、恐怖极端组织重组合流。二是世界经济和地区经济下行压力加大，成员国安全根基脆弱，周边安全态势复杂严峻。三是外部国际势力综合多方面非传统安全问题交织。除了现实和潜在的挑战之外，上合组织在安全合作方面还面临着成员国安全利益差异、安全合作效率不高、应急能力不强等问题。但同时，如今上合组织具备更为有利的合作基础与条件，地区安全机制相对完善，全面系统安全合作体系已经形成，而且安全合作的领域和范围不断扩展，从边境地区的军事互信到国际安全合作，从反恐交流到信息合作都取得了非常重要的成果。近年来上合组织成员国签署长期睦邻条约，丝绸之路倡议也得到了成员国和其他国家的响应。另外，上合组织成员国观察员方和对话合作伙伴进一步扩大，经济人文合作也在深化，这些条件都为上合组织深化安全合作创造了有利的机遇。

第三，关于上合组织深化与夯实安全合作以及构建地区安全治理的平台。首先要进一步用弘扬命运共同体的理念，维护国际公平正义，倡导国际多边主义和开放主义，相互尊重彼此利益，以和平手段解决分歧争端，以共赢的理念增强发展繁荣，强化构筑综合的、共同的合作与可持续地区安全共同体。其次，加强行动能力，巩固地区安全屏障，维护地区安全稳定，同时着手加强有关政治的沟通协调，研究针对相关威胁的应对举措，共同维护制度、社会安全稳定，特别是防止宗教极端势力的蔓延。另外，采取有力的反恐措施，加强反恐合作，提高本组织安全行动能力，形成更加严密健全的执法安全网络。最后，进一步推进扩展安全合作，包括推进中亚地区水资源和生态环境治理、无核区建设以及成员国之间的紧急救灾互助，并从信息安全保障这些方面来推进非传统安全的合作拓展。同时，上合组织可以在坚持透明性和开放性的基础上，抓住机遇、创造条件，在平等的基础上与各种国际力量在不同领域建立不同层次对话关系，尤其密切与联合国、独联体、欧亚经济联盟、东盟、亚信等国际和地区多边机制的联系合作，交流互鉴，取长补短，共同建设稳定繁荣的地区安全与发展共同体。

中国在中东的新角色：以色列的看法（美国马里兰大学以色列研究所所长 尤拉姆·佩里）

以色列和中国的关系正在开启新的篇章。为了更好地了解两国之间的关系，需要探寻追溯两个文明的根源以及中国文明与穆斯林文明之间的联系，更重要的是犹太文明以及中华文明之间的关系。

两百年前，几乎是在犹太民族争取独立自由的同时，中国也开始争取民族独立自由，几乎每个以色列人都读了孙中山的文字。以色列的领袖在 1948 年也写了关于中国发展的论文。但由于受到冷战以及其他各方面的影响，中国和以色列之间曾经有过问题。但是在冷战之后，中美关系正常化，以色列和周边阿拉伯国家的关系也正常化，为中以关系开启了新的篇章。中以双方在军事领域和商业层面上以及政治、外交层面上都有高度的合作。在过去的十年中，中以商业关系是以一种令人难以置信的方式在发展的，从较少的贸易往来达到现在的 100 亿美元的规模，中国已成为以色列的第二大市场。在过去的两年中，中国公司在以色列农业、保险、纳米技术、水，还有因特网等领域的购买和投资达到了 50 亿美元。另外，明年 1 月份在北京还要举办大型活动，很多以色列科学家，还有商业界以及实业界的人士都会到中国进一步讨论中国和以色列的文化交流。中国把以色列看作合作的伙伴，而以色列也非常愿意看到外来的投资。问题是以色列是否愿意让外国的公司大规模投资基础设施。另外，中国在过去两三年里表明了一种态度，愿意从政治上参与中东的发展。

对于以色列和美国之间的关系，以色列也感到忧虑。以色列以后的发展要取决于中国的态度。因为以色列认为中国在过去的几年中从政治上和外交上支持伊朗，所以如果中国希望加强政治互信，希望以色列给中国以更多的空间，就不能给以色列的敌人提供军事上的支持，这一点非常明确。另外，关于中国和美国之间的关系，以色列会考虑是不是要牺牲与美国的关系来确保跟中国不明确的未来的关系。为了与中国或者美国的关系不要从一端走向另一端，以色列希望中国能够更多地投入，能够公开地跟以色列发展关系，这是双方必须解决的基本问题。只有解决最基本的问题，中以才能够更多在政治、外交，还有知识、学术、文化领域取得更加丰硕的成果。

闭幕式致辞

中共上海市委宣传部副部长燕爽致辞

尊敬的各位领导、来自海内外的各位专家学者，

先生们、女士们：

下午好！

根据大会的安排，由我来为本届大会致闭幕词。借此机会，我简单谈几点对本届大会的认识。

从这两天大会召开的情况来看，本届大会无疑取得了很大成功，这至少体现在以下几个方面：

1. 本次会议的规格超过了以往。会议从筹办开始就得到了中宣部和上海市委领导同志的大力支持，中央政治局委员、中宣部部长刘奇葆同志多次就会议筹备工作作出重要指示。韩正书记也亲自到会接见外宾，参加晚宴，蒋建国部长和杨雄市长也亲自到会致辞。这也从另一个侧面表明：中国政府和领导高度重视中国学研究，高度重视中国的国家形象和“软实力”建设，这是我们在新时期面临的新历史任务。

2. 参加本次会议的学者更具广泛性。与会学者来自全球各个大洲，不仅有传统的欧美和东亚各国，还有很多来自中东、南亚和拉美等地的学者。这既表明中国学研究正在全球范围引起愈来愈多的重视，也表明国际社会也开始更加关注中国，迫切地希望了解中国的发展理念、发展道路和发展经验。

3. 这次会议的主题紧扣中国发展的时代脉搏，具有鲜明的时代特色。本届会议的主题是“中国发展，世界机遇”，这个题目和以往有些不同。以往我们强调比较多的是世界带给中国的机遇，今年主要是强调中国发展带给世界的机遇。中国今天的发展得益于我们三十多年来的改革开放政策，中国发展带给世界的机遇也需要通过进一步深化改革开放才能实现。换句话说，中国的改革是与世界各国的利益紧密相连的。我们在十八届五中全会之后召开本次会议，可以说正当其时。无论是五中全会提出的“五个发展”理念，还是会议确定的“‘十

三五'计划"都是我们今天所谈论的深化改革的重要组成部分。

4. 社会舆论和媒体对于本次会议的关注前所未有。这次会议召开期间，有80多家媒体前来采访报道，其中包括各种传统媒体和新媒体，一些媒体还专门与部分著名学者进行了对话与现场采访，说明我们的会议正在引起越来越多的关注，在社会上的影响不断扩大。

5. 本次会议讨论的内容非常广泛，也非常具有创新性。刚才九个圆桌会议代表分别就这两天会议讨论的内容向大会作了汇报，可以看出，两天来，学者们围绕中国历史、文化、政治、经济、社会、外交等各个领域展开了深入的讨论，提出了很多具有创新性的观点。比如，李君如教授提出的“五个发展”理念是中国化马克思主义的最新发展；谷口诚先生提出的通过亚洲基础设施投资开发银行与亚洲开发银行，乃至跨太平洋伙伴关系协定之间互动来推动东亚合作的新思路。这种不同观点之间的交流、交融、交锋正是我们召开世界中国学论坛的初衷，我们希望通过这一平台推动更多的学术交流与交融，进而推动中国学的健康发展。在座的每一位学者都在自己的研究领域中辛勤耕耘，笔耕不辍，我们每个人的努力又一起构成了整个国际中国学研究的绚丽画卷。

6. 论坛工作机制也在不断创新和完善。世界中国学论坛从创办至今，经过十几年的发展，论坛的工作机制也开始趋于多元化，变得更加丰富多彩。比如我们从第四届论坛开始设立“世界中国学贡献奖”，迄今已经颁发了三届，有11位国际知名学者获得了这一殊荣。“中国学贡献奖”已经初步确立了在海内外学者中的良好声誉，影响力也在不断扩大。我们这几年还举办了“中国学著作展”，也取得了不错的效果，图书的种类、数量都不断增多。在这次论坛大会期间，我们还邀请一些著名学者举行签售仪式、媒体与学者的对话会，等等。这些好的做法，我们今后还会继续坚持下去，并逐步完善。

7. 会务工作更为高效、得力。我们这次会议的会场和设备都很完备，目的是为了各位与会的专家代表感到舒适、方便。无论是媒体还是后勤安保，也都非常便捷、到位。这次会议是一个系统工程，需要国内外学者和各个机构的合力支持，上海社科院、锦江集团等承办单位为了这次会议曾多次进行协调，付出了很多劳动。

8. 会议的成功召开，离不开各个方面的大力支持与配合。在这里，我代表本届论坛组委会首先向参加本次大会的世界各国学者朋友们表示衷心感谢！不少海外学者不顾工作繁忙和旅途劳顿，不远万里地来到上海参加论坛，有些学者朋友不顾年迈前来与会,为中国学研究和发展贡献力量,我们衷心地表示感谢!

同时,我们也要感谢来自国内各个单位的学者朋友们,大家不顾年底工作繁忙,抽时间来参加会议,为会议献计献策,向世界传递中国声音、讲述中国故事。没有他们的支持与协作,我们很难举办如此高质量的学术会议,谢谢他们!

本次会议的成功,还离不开广大会务人员的辛勤付出。这里首先要感谢上海社会科学院世界中国学研究所的工作人员和科研人员,他们为本次会议花费了将近一年的时间。最后一个月来,他们全部放弃了周末和节假日休息机会,任劳任怨、加班加点地投入到会务工作当中。他们是我们世界中国学论坛能够顺利召开并实现机制化的最核心力量,谢谢他们!

我们还要感谢上海国际会议中心提供的良好服务,他们在餐饮、住宿、会议、安保等方面都作出了很多努力,他们的工作代表了我们上海精细化、高品质服务的一个缩影。

当然,也要感谢上海市各个部门的大力配合与支持,上海市的很多职能部门,交通、医疗、食品、机场等都为这次会议的召开提供了帮助,他们是幕后英雄,但是我们不能忘记他们的贡献。

最后,但是同样非常重要,那就是要感谢我们的会议翻译人员和志愿者。没有几十位同声传译人员精湛的专业知识和辛勤努力,我们要开展如此深入的跨文化交流几乎是不可能的;没有上百位来自上海社会科学院研究生院和其他高校青年志愿者的艰苦努力,我们要想完成如此庞杂的会务工作也是很难想象的。

让我们再一次感谢他们,把最热烈的掌声献给他们!

在这里,我还要向大家透露一个好消息:2016年,我们将在欧洲和亚洲分别举办两个中国学分论坛,逐步在全球范围内形成一个更为完整的中国学交流网络和平台。

最后,祝各位专家学者归途愉快、身体健康,未来有更多、更好的中国学研究成果与各位分享。我们也期盼着,在2017年的下一届世界中国学论坛上再聚上海!

谢谢大家!

附录：美国论坛主题演讲

中央宣传部副部长、国新办副主任崔玉英演讲

尊敬的陆克文先生，

尊敬的施静书主席，

尊敬的章启月总领事，

女士们，先生们，朋友们：

今天，很高兴与陆克文先生一道，受邀参加亚洲协会和世界中国学论坛共同举办的主题演讲会。首先，我代表中国国务院新闻办公室，对亚洲协会以及纽约各界人士长期以来为增进中美两国与两国人民的相互了解和友谊所作的贡献，表示真诚的感谢和崇高的敬意！今天演讲会的主题是“中国改革的机遇和挑战”，在这里，我就中国改革的历史进程、世界意义及对中美关系的影响，谈几点看法，与各位分享。

中国的改革从哪里来，往哪里去？这需要从改革的历史进程中来探寻。众所周知，中国改革是从20世纪70年代末开始的，至今已走过37年历程。改革时间之长、范围之广、难度之大，世所罕见。改革开放是当代中国最鲜明的特色，也是当代中国留给世界最深刻的印记。从以下一些数字可以看到这场改革所带来的历史跨跃：1978年中国的GDP只有2 600多亿美元，排名世界第15位，如今GDP已超10万亿美元，成为世界第二大经济体，人均GDP从300美元上升到7 500美元；大约6.6亿人摆脱了贫困，中国对全球减贫事业贡献率达70%；中国成为世界上120多个国家的最大贸易伙伴。

同几十年前相比，中国的社会面貌发生了历史性变化。城市化率从1980年的20%增长到2014年的55%；在校大学生人数已超过2 400万；中国网民数量已达6.49亿，网站400多万家，电子商务交易额突破2万亿美元；民间对外交往达到了空前的广度和深度，每年有2亿人次出国出境。从思想文化、社会环

境来看，当今中国多姿多彩，富于创新精神，充满生机活力。改革深深地改变了当代中国和中国人民的命运，提升了十几亿人民的生活质量，增强了他们对未来的信心。

许多人对中国改革的历史性成就惊叹不已，同时又感到很好奇，想知道改革成功的秘诀是什么。我认为，至少有以下几个因素：坚持从中国国情出发，实事求是，既不因循守旧，也不好高骛远；借鉴吸收世界各国的优秀文明成果，既不照搬照抄，也不盲目排外；结合实际改革创新，稳步渐进推进改革，坚定不移地迈向长远目标。更重要的是，中国共产党领导亿万人民开创的中国特色社会主义道路，能够把这些因素聚合起来，激发出前所未有的创造活力和巨大能量。

从"摸着石头过河"开始，中国改革经历了波澜壮阔的历史进程，总体上非常成功。在这样一个人口多、底子薄、历史包袱沉重、内外环境复杂的大国，进行一场极为深刻而广泛的改革，绝不会一帆风顺，所经历的曲折和挑战难以想象。从 1978 年农村"包产到户"，到 80 年代中期的企业承包制；从 1980 年建立深圳特区，到 1990 年浦东开发开放；从 1992 年邓小平南方讲话，到 2001 年中国加入世界贸易组织；从抵御 1997 年亚洲金融风暴，到应对 2008 年国际金融危机，中国改革始终在化解难题、应对挑战中破浪前行，一步步地走到今天。

我们清醒地意识到，中国的发展仍然面临着一些问题，有些还比较突出。如经济增长的可持续问题，经济发展的质量问题，环境保护的问题，收入差距拉大的问题，社会治理成本过高的问题，官员腐败的问题，等等。这些问题如果不解决，中国经济就不可能顺利实现转型升级，中国也无法实现由经济大国向经济强国的转变。解决这些问题没有什么灵丹妙药，只能通过深化改革。

中国改革进入攻坚期和深水区，与以往相比，任务更重，范围更广，难度更大。为此，2013 年中共十八届三中全会通过了全面深化改革的决定，提出了 300 多项重大改革任务，要求在 2020 年左右基本完成。

概括地说，这次改革是以完善和发展中国特色社会主义制度，推进国家治理体系和治理能力现代化为总目标的。在经济领域，确立市场在资源配置中的决定性作用，实现市场与政府的良性互动；在政治领域，加快推进社会主义民主政治和法治国家建设；在文化领域，建立健全现代公共文化服务体系和文化市场体系；在社会领域，促进社会公平正义，改革收入分配制度，更好地保障和改善民生；在生态领域，树立生态文明新理念，节约利用资源能源，建设美丽中国。

为了实现 2020 年全面建成小康社会的目标，不仅需要全面深化改革，还需要厉行法治，营造一个公平正义的社会环境。为此，中共十八届四中全会通过了关于全面依法治国的决定。改革和发展对执政党提出了更高的治理标准要求，全面从严治党提上了日程。正如人们所见，中共十八大以来，反腐力度空前加大，“拍蝇打虎”，一个个腐败分子落网，党内规制更加严格，腐败之风受到遏制。中国共产党自身更加健康而有活力，受到民众的更大支持和拥护。这样就形成了“四个全面”战略布局。

“四个全面”战略布局是习近平主席治国理政思想的集中体现，是当今中国的顶层设计，也是中国今后的发展方向。全面建成小康社会是战略目标，全面深化改革、全面依法治国、全面从严治党是三大战略举措。全面深化改革意义重大，为实现战略目标、推进其他战略举措提供强大动力和体制机制保障。

我从报纸上读到美国进步中心(Centre for American Progress)的中国问题专家韩美妮评论说，“四个全面”战略布局显示了中国领导层的决心和信心，无论面对多少困难，中国都将继续在改革的道路上前进，直到实现所有的关键目标。

女士们，先生们，朋友们！

中国改革不仅深刻地影响了当代中国，也深刻地影响了当代世界。中国同世界的关系从没有像今天这样休戚与共，正在成为利益共同体、责任共同体、命运共同体。怎样从世界的角度看待中国改革？

中国的改革从来都不是孤立进行的，始终是在与世界的联系互动中推进的。随着综合国力的持续增强，世界对中国的关注不断增加，中国改革的世界意义凸显。为什么国际社会如此关切中国改革的前景？因为这一改革不仅是中国自身的国内问题，也是影响世界发展的重大因素。

改革开放以来，中国经济成为世界经济最活跃的增长因素。2008 年以来，中国对世界经济增量的贡献率一直保持在 20%—30%之间，成为全球经济增量最大的贡献者。2010 年以来，中国吸引外资和对外投资同步增长，2014 年中国的对外投资超过吸引外资。中国经济能否保持稳定增长，已经成为世界经济稳定增长的风向标之一。

当前，中国经济发展已进入新常态，从连续多年保持 9%以上的高速增长，转变为 7%左右的中高速增长。有人据此认为中国经济不行了，甚至唱衰中国，我不认为这是一个正确的判断。我们看中国经济，不能只看增长率，中国经济体量不断增大，现在 7%左右的经济增量已相当可观，聚集的动能是过去两位数的增长都达不到的。如何认识中国经济增速的变化？这一方面是由于国内外经济宏观环境发生变化，另一方面也是中国主动调整发展模式、促使结构转型的结果。最近三年，我们采取了一系列措施，节能减排，创新驱动，速度下来，质量上去，经济发展态势更加健康了。世界经济复苏乏力，使中国经济面临来自外部的下行压力。但是，中国还有许多可用的政策工具和调控手段。全面深化改革将破解多年来的发展瓶颈，激发出新的经济增长点，形成巨大的发展新空间。这将为全球经济的可持续、包容性发展提供助力。对此，我们有足够的信心。

有的外国朋友认为，中国的改革进程不如预期，并据此得出比较悲观的结论。这实际上是没有看到中国改革已经取得的重大进展。我们正在着力解决市场体系不完善、政府干预过多和监管不到位等问题，大幅度减少政府直接配置资源的领域，完善社会主义市场经济体制。特别是，在上海、广东、天津、福建等地设立自贸区，以开放倒逼改革。正在推广复制的"权力负面清单"和"市场准入前的国民待遇"，将成为中国新一轮改革开放的显著标志。以简政放权为核心的政府改革，将推动形成大众创业、万众创新的热潮，为中国经济发展带来更大后劲。

中国市场进一步开放，将为各国发展提供更大机遇。据国际货币基金组织预测，未来 5 年中国将进口超过 10 万亿美元商品，对外投资规模累计将超过 5 000 亿美元，出境旅游人数将超过 5 亿人次。中国倡导的"一带一路"，倡导设立的亚洲基础设施投资银行（AIIB）、丝路基金和即将设立的金砖国家银行等，坚持完全开放的原则，就是为了让更多的国家，搭乘中国经济发展的快车，在相互合作中实现互利共赢。

金融危机后，无论是发达国家还是新兴经济体，都面临着结构转型和体制机制改革的任务。中国知难而进，成为世界改革潮流的先行者。中国地域辽阔，情况复杂多样，既有比较发达的地区，也有欠发达地区。中国改革经验具有多样性，可以为国情不同的许多国家提供参考。

中国的改革有利于优化全球治理体系。中国的新一轮改革实际上是把全球治理和国内治理相结合的过程。例如，在承担低碳排放标准义务方面，中国政府已经把这个标准转化为各项具体要求，作为考核地区发展的刚性指标。又如，中国的金融体制改革和重大金融倡议，既尊重现有的国际金融体系，又对其进行必要改革和补充，使之更好地适应全球经济新的形势。可见，全球治理需要融入中国的改革经验,中国改革也需要公正合理的全球治理环境。

中国的改革不仅事关中国人民的命运,而且与世界和平和发展息息相关。中国将与世界各国一道,抓住机遇,迎接挑战,努力构建以合作共赢为核心的新型国际关系,共同促进地区和世界繁荣发展。

女士们,先生们,朋友们!

历史上,中美两国的联系并没有被浩瀚的太平洋隔断。19 世纪中叶到末叶,几万名中国劳工参与修建美国横贯大陆的铁路,许多人为此献出了宝贵的生命。特别是 70 多年前,日本军国主义肆虐,给中美两国带来重大威胁。中美并肩战斗,联手抗击,取得胜利,为战后国际秩序奠定了基础。以陈纳德将军的飞虎队为代表的美国军人在中国战场上流血牺牲,至今为中国人民所敬仰。今天,有众多美国企业家、专家学者和普通民众深度参与中国的改革开放和现代化建设,同样作出了重要贡献。这些都是中国人民不会忘记的历史记忆。

作为世界上两个最大的经济体,中美两国加强合作,将极大地提振世界经济发展的信心,也有助于世界长期保持和平稳定。中美两国相互尊重,合作共赢,共同维护世界和平与发展,是我们的共同利益和共同责任。中国改革对中美关系的发展会产生什么样的影响和作用呢?

中国全面深化改革有助于深化中美两国的共同利益。中美两国经济相互依存、深度交融,中国经济走强对美国经济是利好;中国经济如果衰退,美国经济也会受到损害。正如前面我谈到的,中国新一轮改革正全面推进,有些方面取得了超出预期的成果。随着改革的推进,中国经济会更加健康,发展势头会更好。中国经济的健康发展,对包括美国在内的国际社会都意味着更多机遇而非挑战。中国改革和经济转型成功,可以提升中美经济关系的层级,实现更高标准的市场开放,进而为整个亚太地区合作带来好消息。

中国全面深化改革有助于中美两国深化理解、消除误解、化解分歧。中国古人云:“治大国若烹小鲜。”中美这样的大国治理都不容易。中美两国都需要解决各自国内的问题,中美之间有必要经常交流各自对国际局势的看法,交流各自的治理经验,理解和支持对方不断推进国内的发展。

中美两国发展水平不同,社会制度、文化传统、价值观念各异,产生分歧是正常的,关键要理性地看待。中国改革的目标是让亿万人民过上美好生活,美国政府也致力于让美国人民生活得更好。中美两国是相向而行的平行线关系,而不是两条对冲的交叉线关系。改革扩大了两国人民交往的自由度,推动人民之间的直接接触和交流，无论在中国的城市乡村，还是在美国的东西两岸，都可以看到两国民众的身影。放在历史的空间中去观察，我们对两国关系的未来有足够的耐心和信心。

中美对世界的和平与发展负有重要责任。从这个意义上说，中美是利益共同体，这不是一句简单的口号，而是客观现实。中美两国都面临许多双方无法独自解决的共同挑战，如全球气候变化问题，对人类的生产与发展构成了重大挑战，成为全球瞩目的重大问题。经过反复讨论和谈判，中美两国政府在2014年就碳排放义务达成一致，为今年将要举行的巴黎气候大会提供了重要框架。这一协议的达成是具有历史意义的事件，对解决“人类面临的最大威胁”意义重大，显示了中美两个大国的责任担当。

中美两个大国，谁也离不开谁。放眼未来，中美之间的共同利益远远大于分歧。历史已经证明这一点，未来还将继续证明。

最近，陆克文先生和他的团队撰写了一份报告，专门探讨习近平主席治下的中美关系。我认真研读了这份报告，很有收获，尤其欣赏报告提出的，以“现实主义”和“建设性”态度构建中美新型大国关系的观点。和大家一样，我也很期待陆克文先生接下来的演讲。

我们期盼，中美两国朋友包括在座的诸位嘉宾一如既往地关心和支持中美关系健康发展，为构建中美新型大国关系发挥正能量，为两国人民的长远利益尽心尽力。

欢迎各位常去中国看看，期待在北京迎接你们。

谢谢大家。

纽约亚洲协会政策研究院主席，澳大利亚第 26 任总理陆克文演讲

女士们、先生们、各位来宾：

大家好！

今天，我想谈谈中国的经济表现。我想崔部长已经为我们精彩地概括了中国经济如何一路走来的历史。对于外国人，比如卜励德大使和我这样从 20 世纪 70 年代末以来持续关注中国起伏变化的人而言，中国经济取得的成就是巨大的。

1973 年，卜励德大使初次到北京，在美国驻北京联络处工作，这是尼克松和基辛格访华后的第一年。我与中国的渊源不如卜励德大使与中国的那么久远，我初次到中国是在尼克松访华十年之后的 1984 年。然而，尽管如此，我把 1984 年的中国与今天的中国作对比发现，中国的转变也是巨大的，这一变化清晰而明显。

两周前（指 2015 年 4 月中旬），我刚到过中国，我的车在北京的街道上行驶，我越来越感到自己是在一座世界级的国际大城市里穿行。十年前我不会这样说，甚至五年前我大概都不可能这样说。但是现在，北京已经开始给人以国际都会（cosmopolitanism）的感觉，这是一代代中国人经济改革的成果。

这种变化不只体现在人们的着装上，着装只是细节上的一方面。我第一次到北京时，人们着装的颜色只有两种选择，不是绿就是蓝；而第二天，则不是蓝就是绿。那时候，什么时候结婚要等通知；有时和谁结婚也要等通知；什么时候可以要孩子要等通知；去什么单位工作要等通知；能不能继续深造要等通知；如果可以继续深造，去哪个大学也要等通知。

这一切都发生了变化。我完全清楚人们对今天的中国仍有许多意见，但是我常常建议西方的批评家先停下来思考——首先应该全面思考一下过去三十年中国发生了如何翻天覆地的变化。

如果你问问大街上的中国人，就像我经常做的那样，问问他们生活过得怎么样，他们的反应和我在世界其他城市的大街上得到的回答是一样的。人们想要快乐，想要一个好工作，想要有一个自己能负担得起的像样的住房，想要照顾好自己的孩子，想要保证自己的孩子有好的教育。我认识的所有澳大利亚的爸爸妈妈们，他们对自己孩子的期望与我在中国听到的如出一辙，如今，我在美国听到的也是同样的心声。

崔部长回顾了 1978、1979 年至今中国的改革历程，尽管有高低起伏，在这么短的一个历史时期中国所取得的进步也是非同寻常的。

我今天要谈到一个话题，过去一两个月间在美国颇受重视，是有关中国是否正走向经济或政治崩溃的辩论。沈大伟(David Shambaugh)的一篇文章使这个话题变得流行。今天我想借此机会回应并反驳沈大伟的论断。我认为，沈大伟的论断在根本上缺乏理性基础，或者用中国的一句俗语来说，是"胡说八道"。

我认为，在当前有关中美关系的辩论中，把两类完全不同的争论混为一谈是危险的。一类是合理的关于中国经济增长现状和前景的讨论。在最近我所听到的所有中国领导人的讲话中，比如李克强在一月的达沃斯论坛，还有习近平在博鳌论坛上的讲话，等等，我们的中国朋友现在开始讲"新常态"——一个与放缓的经济增长速率相适应的经济和政治体系。我一直感到不解：西方已经习惯了中国过去三十年间平均两位数的增长率，一旦两位数变成了 8%或者 7%，突然就出现了"天就要塌了"的预测。这不是一个合乎逻辑的结论，这是一个不合逻辑的结论。为什么这么说？让我给你以下四个理由：

第一，经济史清楚地告诉我们，当一个经济体进入中等收入状态时，其高速经济增长期会自动调整为略微低速的经济增长阶段。中国也不例外。这很正常。

第二，中国从过去的 18 个月到现在，正在进行自 1978 年以来最彻底的经济模式改革。我们所熟悉的旧的经济模式——劳动密集型、低工资、出口导向的制造业，以及政府投资——通过大规模出口和大量政府投资，特别是在基础设施建设方面的投资，是过去二三十年驱动中国经济增长的主要方式。但是中国知道这种模式在未来是不可持续的，一方面是因为基建项目(一直是在中国国内进行的)现在有的已经完成，另一方面是因为中国的工资水平正在提高。所以中国在未来继续单纯依靠出口，即依靠低工资、劳动密集型和出口导向的制造业，不再是唯一的经济模式。因为如此，中国人决定要转变增长模式：首先要提高个人消费水平；其次逐步仰赖服务业而非制造业来提高经济活动水平；其三，让私人企业家发挥更大的作用。

我们已经看到以上三个因素开始发挥作用。问题是，在像这样的转型过程中，事情并不那么简单。所以，在从一个增长模式转向另一个模式的过程中，增长速率会受到影响。对那些批评者而言，他们需要问自己一个更为根本的问题：是否真心要主张中国不应该转变它的经济模式。事实是，中国必须转变，中国可以转变，中国也应该转变。

第三，当1978年经济改革以来首次出现经济增长速率放缓时，环境成本在整个生产过程中已经内部化了。而过去，环境因素只是被简单地排除在外了。这个问题太复杂，也太难应付。中国曾经确实需要快速增长。但是因为中国人，像所有人一样，想要干净的空气、水和土地，不愿意承受污染食物上餐桌的后果——有质量问题的食物来自它们生长的环境，所以我们就看到环境标准被不断引入整个经济增长模式中。结果是，因为中国开始执行新的环境约束条件，经济增长速率出现了轻微放缓。

第四，中国的这场增长方式的重大转变——包括第一次把环境因素纳入考量范围——是在世界经济不景气之时进行的。全球经济疲软，欧洲的情况几乎是灾难性的，美国在缓慢复苏。因此，我认为中国领导人面临的挑战是，是否要尝试把增长模式的改革推迟到全球经济转好的时候再进行，在那时中国即使以现行模式发展还是可以依靠净出口赚更多的钱。但是回答是“不行”，改革不能搁置在一边。

因此，外在经济因素同样在中国经济速率放缓中扮演了一定的角色。这是一个事实。如果我们看到欧洲在过去十年作为中国出口对象的重要地位，看到欧洲增长发生的变化，再来看中国对欧洲出口的下滑，我们可以看到这样的下滑是因为欧洲自身因素使然。直到过去一两年间，这一逻辑也适用于同样疲软的美国经济。

因此，综合上述四大理由，我的看法很简单，西方人对中国的增速从8%变为7%产生集体恐慌，是因为他们没有考虑上述所有相关因素。在看了所有正反两面的观点后，我自己的结论是，中国在下一个五年计划期间的经济增速会在6%以上。我的论点是如果中国的自然经济增速低于这个水平，中国有足够的金融、财政和货币政策能力来推动增速的提高。正因如此，我的观点——尽管我明白我的观点在目前西方评论中是少数派观点——是相对乐观的：我认为，中国经济增长不仅不会在未来12个月内结束，甚至还有六七年时间的增长区间。

中国政府并不傻。中国政府里有许多聪明人，他们知道在中国经济增长演算中是什么因素起作用，也知道什么时候应该进行干预。对此，他们至少已经有超过35年的经验。我想，在西方，我们有时候并不十分明白这种经验积累及其所代表的价值。

沈大伟关于中国政治与经济崩溃论的文章中还有第二个有关中国政治经济体制的要素，而这一要素也是根本错误的。关于这一点，我想再展开讲四个核心点，这几点在欧美等地的新闻头条中也常常被详细讨论。

其一，是经常被提到的，中国地方政府的债务水平的问题。人们会看到一个很大的数字，然后说，你看吧，有哪个政府在这种债务水平上还能可持续地、健康地走下去呢？我想，这里有几件事需要说明。第一，如果中国政府无视这一问题，我会十分担心。但是我们能看到大量的有关地方政府如何应对这一问题的官方声明。第二，他们采取的手段效果也是十分显著的。第三，不像其他许多国家，中国地方政府并未举外债，基本都是国内债务。我认为，这就使中国地方债水平所可能造成的影响无法与其他国家在拥有同等水平地方债务时所可能引发的问题相提并论。如果我们来看中国的中央政府债务，实际上，从债务净值与GDP之比的角度看，它比美国联邦政府的债务水平要低。因此，我再次重申，中国在中央政府的层面上是有能力有所作为的。

其二，是政府能否有效控制收入不平等与地区收入不平等的问题。比如，崔部长来自西藏，我知道，作为一个部长，她会很清楚地意识到过去35年中国各地收入增长的模式。首先被惠及的是沿海省份，其次是内陆省份，最后是西部省份。这背后的原因是显而易见的：中国对国际经济体开放并进行国内经济改革必须从某个地方开始。如果我们回顾历史，中国的改革开放始于四大经济特区。当邓小平在20世纪80年代初启动开放政策的时候，习近平的父亲曾在经济特区项目中作出贡献。但此后，改革开放的进程逐步从经济特区向中国的其他地区扩展。中国沿海开出了许多港口，之后，长江沿岸的内陆省份也是如此。

人们应该十分留心，比如，在这样的上下文里，“一带一路”的倡议会带来什么变化。我个人把它翻译成“泛大陆基础设施/投资议程”(Pan-Continental Infrastructural/Investment Agenda)。如果这里说的大陆是欧亚大陆，那么想想美国人在19世纪末叶建造泛大陆铁道时是怎么做的。这就是中国现在的打算,把中国与整个欧亚相连。但是中国在做法上,并不是仅仅依靠中国历史上的海上门户,而是打开了一个新的跨越整个欧亚大陆的通往世界的门户。当然,所有这一切的前线门户是中国的西部和西南省份,那里是经济发展最慢的地区。因此,与"一带一路"实施的一个相关因素是,假以时日,这一泛大陆基础设施投资计划会拉动中国西部地区的经济发展。

其三,是一个系统性问题,主要涉及国有企业改革的未来。有人说,这太难、太不可能,永远不会发生。我和很多中国的私营企业家讨论过他们在中国市场上的地位问题。一些人做得有声有色,而另一些人有时会抱怨公平竞争的缺位。但是,我在此提出的论点很简单:如果新的中国增长模式要取得成功,首先,中国的私营企业必须获得更多的市场份额,这正在发生;其次,要以公平竞争为基础,使金融和能源资源能以与目前国有企业所享有的价格具有可比性的价格,以更具竞争性的方式被获取。

这些改革正在发生。改革的速度未必像许多外国观察家所乐见的那样快。许多外国观察家希望看到各种国有企业的全盘私营化。但是,我想,事情是按照中国自己的方式在发生的,那就是中国的私营企业会逐步在未来的经济发展中发挥越来越大的推动作用。当然,如果我们来看中国的服务业,特别是IT领域,我只要提到马云和阿里巴巴的名字大家就知道了。而他只是许多例子中的一个。

最后一点,有人认为在提供就业岗位方面,服务业不能与制造业相比,也无法取代制造业。我想这是极大地低估了正在中国发生的与电子商务这个全新领域有关的一切。你只要花30秒时间看看淘宝就能明白其中的道理。这是一个面向数以亿计顾客的大众商业革命,它在中国引爆了巨大的经济活力。根据我所见的一些早前的预测数据,我们可以推论,中国服务业——特别是电子商务——的就业增长强度即将超过传统制造业。

因此,如果把当前关于GDP增速是6%、7%还是8%的争论放一放,看一看中国经济增长总模式中的这些关键的系统性因素,我所看到的是中国政府对其中的每一项挑战都有一系列的政策反应。如果我看不到任何政策反应,那么我会十分忧虑;如果他们只是想掩盖问题,我会非常担心。但他们并没有。他们会赢得每一项挑战吗?这很难说,但是我看到他们已经有了作战计划。因此,我得到的一个理性结论是,在上述的每一个领域内都有充分的政治意愿和政策导向去应对那些支撑中国长期增长模式的因素。

让我用对中美关系的一些观察来结束我的演讲。感谢崔部长积极评价我前几周发表的有关习近平治下的中美关系的报告。令我意外的是,迄今为止,这份报告在华盛顿得到的反响是积极的。令我同样意外的是,报告在北京和上海的反响也相当积极。但是,如果要保证未来中美关系的积极发展,要做的事情还有很多。

我在此重申,我选择对未来、对中美关系持乐观态度。我的理由是:做一个悲观者是非常懒惰的表现。世界上最容易的事,就是为一种关系、一项事业或一个政府列一个长长的问题清单;比较难的事情是罗列出那些积极的领域。显然,更难的事情是利用两国合作的积极领域内的能量去处理两国关系中悬而未决的问题。正因如此,我选择做一个不偏不倚的乐观派。在两边层面,如果中美两国能够达成一个双边投资协定,那会是一个巨大的推动力。在地区层面,围绕中国东海和南海存在的领土争端,两国有重大分歧。在全球层面,中美两国已开始就气候变化议题展开有力的合作。

我最后要说的是,如果中美两国政府有一个战略框架来处理彼此的分歧并扩展彼此的合作领域,他们最终会发现,在 21 世纪,他们有协同一致的目的。这个协同一致的目的是什么?当前存在着许多威胁,对中国是威胁,对美国也是威胁。这些威胁正在变得比中美存在的任何分歧都更值得担忧。我看到恐怖主义是对中国、美国以及一切文明社会的外部威胁,这是对秩序的威胁。我也看到其他领域的问题,如已经提到的气候变化问题,它还衍生出粮食安全和水源安全的问题。我看到全球流行病的前景,过去十年我们已经遭遇过两次冲击,而最近我们刚经历了又一次严重疫情。这个清单还可以继续写下去:金融稳定和其他各种形式稳定面临的外部威胁。所以,我要说的是,如果我们聚焦于那些可以联合我们而非分化我们的事情,就能释放出巨大的政治能量来应对中美关系中存在的问题。因此,崔部长,我们欢迎您今天做客亚洲协会,我们期待您和我们的中国朋友们再来纽约。显然在这个大会议厅里,在座各位会有各种不同的观点和关心的主题,对此,我有一个总体上的看法,那就是我们应该多瞩目那些可以聚合我们的事情,而不是仅仅沉溺于那些导致分歧的事情。

谢谢!

后　　记

第六届世界中国学论坛实录为上海社会科学院创新工程“世界中国学论坛成果智库转化平台”的系列成果之一，它是本团队成员集体整理和劳动的结晶。参加编辑和文字整理的成员均来自上海社科院世界中国学研究所，最后统稿由乔兆红完成。在整理与统稿的过程中，为体现“实录”的特点，我们保留了各位专家学者在论坛演讲时的口语化特征，有些演讲内容也会因为会场记录的原因而有所简略。如果有错误的地方，那一定是我们整理者的疏忽，恳请专家学者与读者指正。

具体分工如下：导论、开幕式和闭幕式致辞：乔兆红；美国论坛主题演讲：潘玮琳；上海论坛大会主题演讲：乔兆红、潘玮琳；第一圆桌和第八圆桌议题：乔兆红；第二圆桌和第七圆桌议题：张焮；第三圆桌和第六圆桌议题：樊慧慧；第四圆桌和第五圆桌议题：潘玮琳；第九圆桌议题：王圣佳。

图书在版编目(CIP)数据

第六届世界中国学论坛实录/上海社会科学院世界中国学研究所编.—上海:上海社会科学院出版社,2017

ISBN 978-7-5520-1714-4

Ⅰ.①第… Ⅱ.①上… Ⅲ.①中国学-文集 Ⅳ.①K207.8-53

中国版本图书馆 CIP 数据核字(2017)第 276063 号

第六届世界中国学论坛实录

编　　者:上海社会科学院世界中国学研究所
主　　编:乔兆红
责任编辑:陈如江
封面设计:黄婧昉
出版发行:上海社会科学院出版社
　　　　　上海顺昌路 622 号　邮编 200025
　　　　　电话总机 021-63315900　销售热线 021-53063735
　　　　　http://www.sassp.org.cn　E-mail:sassp@sass.org.cn
照　　排:南京理工出版信息技术有限公司
印　　刷:上海新文印刷厂
开　　本:710×1010 毫米　1/16 开
印　　张:17
插　　页:2
字　　数:280 千字
版　　次:2018 年 1 月第 1 版　2018 年 1 月第 1 次印刷

ISBN 978-7-5520-1714-4/R·037　　定价:68.00 元